编写指导单位

中华人民共和国人力资源和社会保障部人力资源市场司

编写组织单位

北京大学人力资源开发与管理研究中心

中国人力资源服务业蓝皮书 2018

萧鸣政 等 编著

Blue Paper

for Human Resources Service
Industry in China

人民出版社

《中国人力资源服务业蓝皮书 2018》
组 织 委 员 会

顾问委员会

赵履宽　　徐颂陶　　潘金云

专家委员会

王通讯	何　宪	余兴安	吴　江	刘福垣	田小宝	刘燕斌
莫　荣	刘学民	高小平	鲍　静	张　德	董克用	曾湘泉
郑功成	杨河清	廖泉文	赵曙明	石金涛	关培兰	车宏生
郑日昌	时　勘	王二平	叶忠海	沈荣华	王　磊	梁均平
孙建立	王克良	毕雪融	王建华	陈　军	樊进生	毛大力
萧鸣政	顾家栋	袁伦蕖	段兴民	赵永乐		

编辑委员会

萧鸣政	王周谊	李　震	陆　军	董　杲	张　满	王艳涛
李　净	胡　鹏	郝　路	史洪阳	范文琦	武雪健	徐　珊
林　禾	张智广					

目　　录

第三部分　人力资源服务机构经营业务情况及部分研究成果名录

CONTENTS

前　言

　　人力资源,是推动社会经济发展的第一资源;人才资源,是民族振兴与赢得国际竞争主动的战略性资源。我国拥有世界上规模最大的人力与人才资源,做好人力资源服务产业,深挖人力与人才资源这座"富矿",有利于新时代全面释放我国经济社会创新发展的潜能,实现国家创新发展战略。

　　人力资源服务业,是现代服务业发展中的重要产业。习近平总书记在党的十九大报告中明确指出,加快要素价格市场化改革,放宽服务业准入限制,完善市场监管体制,加快发展现代服务业。就业是最大的民生,要坚持就业优先战略和积极就业政策,实现更高质量和更充分就业;提供全方位公共就业服务,破除妨碍劳动力、人才社会性流动的体制机制弊端;加快建设人才强国,让各类人才的创造活力竞相迸发、聪明才智充分涌流。

　　面对新时代全球人力资源服务产业发展的新趋势,国务院从战略与法制层面上积极推进我国人力资源服务业的创新发展,加大顶层政策设计,引导人力资源服务产业转型升级;推进体制机制创新,有效维护统一开放、竞争有序的市场环境。2018年6月29日,国务院颁布了《人力资源市场暂行条例》。该条例对充分发挥市场在人力资源配置中的决定性作用、强化政府的人力资源市场培育职责、落实"放管服"改革要求、细化就业促进法及相关法律的规定等多方面内容作出了全面细致的规定;对健全完善人力资源市场体系,推动人力资源服务业健康发展,促进人力资源自由有序流动和优化配置,更好服务就业创业和高质量发展,实施就业优先战略和人才强国战略,具有重要意义。

　　一年来,国家人力资源和社会保障部积极贯彻落实党和国家的相关指示精神,着力推动与引领我国人力资源服务产业创新发展,取得了明显成效。人力资源服务产业地位已经确立,服务产品日益丰富,服务能力进一步提升,服务体系基本形成。截至2017年年底,我国人力资源服务业全年营业收入达到了 1.44 万亿元,各级各类人力资源服务机构 3.02 万家,从业人员 58.4 万人,服务 3190 多万家企业,帮助 2.3 亿人次实现就业或者转换工作岗位。中国国际技术智力合作有限公司、上海市对外服务有限公司、北京外企人力资源服务有限公司等一批骨干企业进入了中国企业 500 强。此外,人力资源和社会保障部已批复分别在上海、苏州、重庆、河南、浙江、福建等地建设 11 家国家级人力资源服务产业园。我国人力资源服务业在迅速发展的同时,也暴露出一些迫切需要解决的问题,整体发展水平和世界一流的人力资源服务业也存在一定的差距。因此,对我国人力资源服务业进行系统研究,了解其发展的现状、探究其发展过程中存在的问题、探索其未来的发展趋势,并采取有效措施,推动人力资源服务业发展,具有重要战略意义。

为了全面贯彻党和国家关于大力发展服务业的精神,进一步助力人力资源服务业的健康发展,提高人力资源服务业对实施人才强国战略的助推作用,在国家人力资源和社会保障部人力资源市场司的大力支持与指导下,北京大学继续推出《中国人力资源服务业蓝皮书 2018》。我们继续秉承推动人力资源服务业更好更快发展的宗旨,对 2017—2018 年度①中国人力资源服务业的发展状况进行了深入调查与系统梳理,并结合专业前沿理论对年度内行业实践的状况进行了包括理论概述、事实描述、量化实证、案例分析在内的具有科学性和前瞻性的评价、分析与预测,力图更加全面地展现当前中国及其各省市人力资源服务业的发展现状、重点、亮点、问题和最新进展。

《中国人力资源服务业蓝皮书 2018》与往年相比,全书对于结构进行了一些创新性的调整,并对内容又进行了大量的更新、补充和丰富,这主要表现在以下几个方面。

第一,2018 年继续"政策背景"部分的创新,深入探索每项政策实施的原因和发展路径。今年本章除了对政策进行解读外,在分类方法上采用了层级分类,有国家层面的如国务院颁布的政策法规,有人力资源和社会保障部制定的行业政策规定,也有地方政府、其他部委发布的相关政策规定。本

---

① 2017—2018 年度,主要是指 2017 年 8 月 1 日至 2018 年 7 月 30 日之间。

书进一步扩大了信息收集的来源,除了中央政府、地方政府和国家部委的政策外,还把一些基本有结论、正在进行发布程序的政策也纳入范围。同往年一样,除了详细解读政策本身外,本书还重点解读了政策给人力资源服务业带来的影响,包括对人力资源服务市场中供需变化、交易成本、监管措施等各个方面的短期和长期的影响,力求使读者能够快速掌握每条政策到人力资源服务业的影响传导路径。

第二,持续关注我国人力资源服务业的业态发展状况和新机遇,主要聚焦在两方面:政府人才服务机构的改革以及军民融合人力资源服务新需求。其中,政府人才服务机构的改革介绍了政府人才服务机构的发展历程和定位,分析了目前存在的主要问题以及原因,并在借鉴国内外人才公共服务机构发展经验的基础上提出了未来的改革思路。军民融合人力资源服务是顺应国家战略的新需求,相关的理论研究非常欠缺,因此本部分主要就军民融合人力资源服务的研究背景、整体策略和路径以及重点和难点问题进行了理论分析,同时以四川省和陕西省为例,对于我国军民融合人力资源服务的实践与经验进行了介绍。

第三,继续关注人力资源服务业发展的量化评价模型。各省市的发展状况方面,继续从公众、政府、非政府组织三大群体的视角出发,通过大数据方法和文本分析方法对主流社交媒介、纸质媒介、网站、各省政府工作报告以及相关政策法规、规划文件进行数量统计和内容分析,来阐述人力资源服务业在我国各省市受到的重视程度及发展情况。发展水平评价方面,通过设计人力资源服务业发展状况评价指标体系,在搜集相关数据资料基础上,依托这一指标体系利用主成分分析法等对各地区人力资源服务业发展水平进行了排序、分类,并对相关的数据分析结果进行了阐释与说明,最后概括总结了评价结果,提出了相应的政策建议,同往年相比,本书的评价模型更为准确,对人力资源服务业的评价结果分析更为科学和详细,提出的配套政策建议更加充实可靠。

第四,对人力资源服务业的竞争力进行了量化分析。本书在回顾相关研究的基础之上,构建出人力资源服务企业竞争力评价指标体系,并运用人力资源和社会保障部评选的全国人力资源诚信服务示范机构的相关数据,选取95家具有代表性的样本企业,采取主成分分析的方法,对企业竞争力进行了综合排名。最后,本书在对我国人力资源服务企业发展现状作出总体性把握的基础上,对企业间竞争力差异的原因进行进一步分析,并提出了相关建议。

第五,继续关注人力资源服务业十大事件评选。人力资源服务业十大事件的评选旨在展现中国人力资源服务业发展的延续性,让世人了解中国人力资源服务业在产、学、研三方面这一年来取得的突破性进展与重要成绩,大事件评选过程本身也能够提高全社会对人力资源服务业的关注和重视。蓝皮书秉承传统,优化了人力资源服务业十大事件部分的评选方式与流程,将原有正文中的"事件评述"部分拆分为"事件点评"和"重要启示"两部分,继续在专家评价和公共参与的基础上,进行了人力资源服务业发展十大事件评选。

蓝皮书共分为三个部分,具体结构如下:

第一部分为年度报告篇,共分为三章。第一章主要摘录和分析了 2017 年 8 月至 2018 年 7 月我国人力资源服务业有重大影响的法律法规政策及其新变化。本章通过这些法律法规政策进行深入解读,使读者能够及时掌握人力资源服务业所处的政策环境新变化和新动向。2018 年继续"政策背景"部分的创新,深入探索每项政策实施的原因和发展路径。今年本章除了对政策进行解读外,在分类方法上采用了层级分类,有国家层面的如国务院颁布的政策法规,有人力资源和社会保障部制定的行业政策规定,也有地方政府、其他部委发布的相关政策规定。

第二章的内容共分为五部分。第一部分首先根据《中国人力资源服务业发展报告》的数据,分析了我国人力资源服务机构及其从业人员、业务开展的现状。第二部分通过对比 2016 年和 2017 年两年的数据,分析了人力资源服务业业态发展及其变化。第三部分基于人力资源服务业的发展现状,合理预测人力资源服务机构未来发展趋势以及前景。第四部分重点介绍了人力资源服务技术创新与发展趋势,其中技术创新部分重点就大数据和移动管理平台在人力资源服务业的应用进行了介绍;发展趋势则结合了当前最为先进的技术趋势包括互联网、大数据、人工智能、云技术、VR 技术等,对于先进技术在人力资源服务业的应用进行了分析和展望。第五部分对于年度人力资源服务业发展新亮点进行了概括,主要聚焦在两方面:政府人才服务机构的改革以及军民融合人力资源服务新需求。其中,政府人才服务机构的改革介绍了政府人才服务机构的发展历程和定位,分析了目前存在的主要问题以及原因,并在借鉴国内外人才公共服务机构发展经验的基础上提出了未来的改革思路。军民融合人力资源服务是顺应国家战略的新需求,相关的理论研究非常欠缺,因此本部分主要就军民融合人力资源服务的研究背景、整体策略和路径以及重点和难点问题进行了理论分析,同时以四川省和陕西省为例,对于我国军民融合人力资源服务的实践与经验进行了介绍。

第三章以广西锦绣前程人力资源有限公司和深圳市人力资源保障局为案例,重点对其在行业发展和行政管理过程中的先进经验和突出贡献进行介绍,以期与其他地区和机构进行交流,并给国内的人力资源服务机构及相关政府部门提供参考和借鉴。

第二部分为专题报告篇,共分为四章。第一章进行了人力资源服务业各省市重视度与发展度评价。本章从公众、政府、非政府组织三大群体的视角出发,通过大数据方法和文本分析方法对主流社交媒介、纸质媒介、网站、各省政府工作报告以及相关政策法规、规划文件进行数量统计和内容分析,来阐述人力资源服务业在我国各省市受到的重视程度及发展情况。

第二章通过设计人力资源服务业发展状况评价指标体系,在搜集相关数据资料基础上,依托这一指标体系利用主成分分析法等对各地区人力资源服务业发展水平进行了排序、分类,并对相关的数据分析结果进行了阐释与说明,最后概括总结了评价结果,提出了相应的政策建议。研究结果显示:我国人力资源服务业区域性发展差异显著,中西部地区行业发展空间广阔;对于人力资源服务业的发展来讲,政府积极、及时的政策扶持与宏观调控是至关重要的;人力资源服务业的发展不能只关注发展的速度,产业发展的基础以及未来发展的潜力等均是产业水平的重要组成部分;人力资源服务业发展水平较高地区的辐射带动作用尚未充分发挥,未来需进一步关注地区行业互动机制的建立;应正确理解地区人力资源服务业的发展与经济发展间的相互协同关系。基于这些结果,本章最后也针对性地提出了相关政策建议,如产业发展的相关政策应与当地整体的社会经济发展政策相吻合,不能脱离现实而盲目追求产业发展的高速度;不断实现政策的完善化、精准化,保持政策的延续性和平稳性,因地制宜地保证政策实施落地;等等。

第三章在回顾相关研究的基础之上,构建出人力资源服务企业竞争力评价指标体系,并运用人力资源和社会保障部评选的全国人力资源诚信服务示范机构的相关数据,选取 95 家具有代表性的样本企业,采取主成分分析的方法,对企业竞争力进行了综合排名。最后,本书在对我国人力资源服务企业发展现状作出总体性把握的基础上,对企业间竞争力差异的原因进行进一步分析,并提出了相关建议。

第四章评选了人力资源服务业十大事件。本章延续以往蓝皮书传统,对 2017—2018 年促进人力资源服务业发展的十大事件进行了评选,继续记载中国人力资源服务业的发展历程,旨在让世人了解中国人力资源服务业一年来在政策、学术和行业三方面取得的突破性进展。本章首先介绍了大事件评选的指导思想、评选目的与意义、评选的原则与标准以及评选的方式与程序,接下来则是对年度十大事件进行述评,主要包括事件提要、事件点评和重要启示三个组成部分。

第三部分选编了我国部分人力资源服务网站、人才市场、服务企业名录,以及过去一年度的部分研究成果名录,供读者查阅了解更深入的信息。

蓝皮书由北京大学人力资源开发与管理研究中心负责组织编写,萧鸣政教授担任全书内容与各章节标题设计、指导各章节的编写,负责前言撰写、全书文字修改与审改,董昊博士后协助萧鸣政教授完成了大量的综合协调与统稿工作。

李净、胡鹏、王艳涛、张智广、王慧等同志参与了第一部分的编写工作,林禾、董昊、韩翘楚、魏忠凯等同志参与了第二部分的编写工作。王婉莹、多吉班丹参与了第三部分的编写工作。史洪阳参与了前言起草,并且与董昊等同志参与了目录与全书各章节英文标题、英文摘要的翻译工作。

特别感谢国家人力资源和社会保障部人力资源市场司孙建立司长等领导一直以来对北京大学在中国人力资源服务业方面研究的关注与大力支持,尤其对于本书以及未来研究提出的一系列指导性意见。

人才是国家发展的战略资源,人才强则科技强、国家强。伴随着人力资源配置的市场化改革进程,我国人力资源服务业从无到有,多元化、多层次的人力资源服务体系初步形成,服务产品日益丰富,服务能力进一步提升。

展望未来,人力资源服务业正面临前所未有的发展机遇。国家创新驱动战略的实施、"互联网+"时代的来临以及"一带一路""京津冀协同发展"等重大战略的实施都对人力资源服务业的发展提供了新的切入点、着力点和增长点,中国人力资源服务业将迎来新一轮跨越式发展。面对难得的发展机遇,我们继续秉承客观反映、系统提示、积极推动、方向探索的宗旨,希望《中国人力资源服务业蓝皮书2018》能够对中国人力资源服务业的发展起到一定的参考和推动作用,助力人才强国战略和中国梦的实现。

北京大学人力资源开发与管理研究中心主任
萧鸣政
2018 年 11 月

Preface

　　Human resources are the key resources to promote social and economic development; human resources are strategic resources for national rejuvenation and the initiative to win international competition. China has the largest talent and human resources in the world, improving the human resources service industry, and excavating into the "rich mine" of manpower and human resources, which is conducive to the full release of China's economic and social innovation and development potential in the new era, and realize the national innovation and development strategy.

　　The human resources service industry (hereinafter referred to as HRSI) is an important industry in the development of modern service industry. In the report of the 19th National Congress of the CPC, general secretary Xi Jinping clearly pointed out that in the future, we will speed up the reform of market-based pricing of factors of production, and relax control over market access in the service sector. The market supervision system should be improved, and the modern service industries should be accelerated. Employment is pivotal to people's well-being. We must give high priority to employment and pursue a proactive employment policy, striving to achieve fuller employment and create better quality jobs. We must remove institutional barriers that block the social mobility of labor and talent. We will step up efforts to make China a talent-strong country. We will provide comprehensive public employment services, remove the shortcomings of the system and mechanism that hinder the social mobility of labor and talents, and accelerate the building of a strong country of talents. We aim to see that in every field the creativity of talent is given great expression and their ingenuity and expertise flow freely.

Facing the new trend of global HRSI development in the new era, the State Council actively promotes the innovation and development of China's human resources service industry from the strategic and legal level, increases the top-level policy design, guides the transformation and upgrading of human resources service industry, and promotes institutional mechanism innovation. Effectively maintaining a unified, and open market environment with orderly competition. On June 29, 2018, the State Council promulgated the "Interim Regulations on the Human Resources Market". This regulation gives full play to the decisive role of the market in the allocation of human resources, strengthens the government's responsibilities forhuman resources market cultivation, and implements the "distribution service" reform requirements. Various aspects such as refining the Employment Promotion Law and related laws have been comprehensively and meticulously stipulated. This is of great significance for improving and perfecting the human resources market system, promoting the healthy development of the human resources service industry, promoting the free and orderly flow of human resources and optimizing the allocation, and better serving employment, entrepreneurship and high-quality development, and implementing the employment priority strategy and the strategy of talent-strong country.

Over the past year, the Ministry of Human Resources and Social Security has actively implemented the spirit of the relevant directives of the party and the state, and has made efforts to promote and lead the innovation and development of China's HRSI, and achieved remarkable results. The status of HRSI has been established, service products are increasingly enriched, service capabilities are further enhanced, and service systems are basically formed. By the end of 2017, China's HRSI's annual operating income reached 1.44 trillion yuan, with 30,200 human resources service agencies at all levels, employing 584,000 people, serving more than 31.9 million businesses and helping 230 million people to realize employment or convert jobs. A number of key enterprises such as China International Intellectech Co., Ltd., Shanghai Foreign Service(Group)Co., Ltd. and Beijing Foreign Enterprise Human Resources Service Co., Ltd. have entered the top 500 Chinese enterprises. In addition, the Ministry of Human Resources and Social Security has approved the construction of 11 national-level human resources service industrial parks in Shanghai, Suzhou, Chongqing, Henan, Zhejiang and Fujian. While China's HRSI is developing rapidly, it also exposes some problems that need to be solved urgently. There is also a certain gap between the overall development level and the world-class HRSI. Therefore, it is of great strategic significance to carry out systematic research on China's HRSI, understand its development status, explore problems in its development process, explore its future development trend, and take effective measures to promote the development of HRSI.

In order to fully implement the spirit of the party and the state on vigorously developing the service industry, further assist the healthy development of the HRSI, and improve the role of the HRSI in implementing the strategy of talent-strong country, under the strong support and guidance of Human Resources Marketing Department of the Ministry of Human Resources and Social Security, Peking University continued to launch the *Blue Paper 2018 for Human Resources Service Industry in China* (hereinafter referred to as *Blue Paper 2018*). We continue to uphold the purpose of promoting the better and faster development of the HRSI. We conducted an in-depth investigation and systematic review of the development of China's HRSI in 2017 – 2018, and combined the professional frontier theory to the status of industry practice during the year. Scientific and forward-looking evaluation, analysis and prediction are employed in the *Blue Paper 2018*, including theoretical overview, factual description, quantitative evidence, case analysis, in an attempt to more fully present the current situation, key points and highlights of China's HRSI, critical areas, and the latest developments.

Compared to previous years, the structure of the *Blue Paper 2018* makes some innovative adjustments, and a lot of content updates, supplements were added, which is mainly expressed in the following aspects.

First, *Blue Paper 2018* continued the innovation of "Policy Background" to deeply explore the causes and development path of every policy in 2018. Another new changes is the classification method by dividing relevant policies into three categories, i.e. (1) national policies enacted by the State Council that have a significant impact on China's human resources service industry, (2) policies that enacted by the Ministry of Human Resources and Social Security, (3) policies enacted by local governments and other Ministries that have a significant impact on the regional and vocational human resources service industry, which is unlike the practice of the previous years. Apart from the policies that have been released by the Central Government and local government departments, we also consider in advance some policies that have already derived some basic conclusions and are being processed for release. In addition to the in-depth interpretation of policies themselves, we also elaborate the impact of policies on the human resources service industry, including the short-term and long-term effects on changes in market changes of supply and demand, transaction costs, regulatory measures in every aspect of the human resources service industry. Such efforts are given to facilitate a quicker understanding of the readers on the impact transmission mechanism of each policy on the development of the human resources service industry.

Second, *Blue Paper 2018* continued to focus on the development of the forms of human resource service industry and new opportunities. The new highlights of the annual development of human resources services were summarized. The new highlights mainly included two aspects, the reform of government human resource service institutions and new demand of human resources services in civil-military integration. In the section of reform of the government human resource service organization, we firstly introduced the development course and orientation of the government human resource service institutions, analyzed the main problems and reasons and then put forward the future reform ideas on the basis of experience analysis of the government human resource service institutions both at home and abroad. In the section of new demand of human resources services in civil-military integration, we introduced the research background, discussed the overall strategy and path, and analyzed the most difficulty and critical issues of human resources services in civil-military integration. At last, the practice and experience of Sichuan and Shaanxi provinces of civil military integration of human resources services were introduced.

Third, *Blue Paper 2018* continues to put emphasis on the quantitative evaluation model of the development of human resource service industry. In terms of the development of various provinces and cities, we continue the concern of nongovernmental organizations, employ the methods of big data analysis and content analysis, analyze the mainstream social media, paper media, websites, provincial government work reports and relevant policies, regulations and planning documents, from three different perspectives of the public, government and non-governmental organizations, to describe the degree of attention and development situation of human resources services in China's provinces and cities. In terms of evaluation of development level, by designing the evaluation index system of human resources service industry development status, based on collecting relevant data, this index system is used to sort and classify the development level of human resources service industry in each region by principal component analysis. And the relevant data analysis results are explained. Finally, the evaluation results are summarized and the corresponding policy recommendations are put forward. Compared with previous years, the evaluation model of this book is more accurate, the analysis is more scientific and detailed, and the proposed supporting policy recommendations are more substantial and reliable.

Fourth, pay attention to the competitiveness of China's human resources service enterprises. Based on reviewing relevant research, this book builds an evaluation index system for human resources service enterprise competitiveness, and uses the relevant data of the National Human Resources Integrity Service Demonstration Organization selected by the Ministry of Human Resources and Social Security. We selected 95 sample companies and adopted a principal component analysis method to comprehensively rank the competitiveness of enterprises. Finally, based on the overall situation of the development of China's human resources service enterprises, this book further analyzes the reasons for the differences in competitiveness between enterprises, and puts forward relevant suggestions.

Fifth, *Blue Paper 2018* continue to pay close attention to the human resource service industry Top Ten Events selection. The poll for the Top Ten Events of the Development of the HR Service Industry is designed to reveal the development process of China's HR service industry, shedding light on the break throughs and accomplishments China's HR service industry has achieved in production, scholarship and research over the past year. The poll itself can also enhance public attention and support for the development of the HR service industry. *Blue Paper 2018* upholds the tradition and optimizes the selection methods and procedures for the Top Ten Events in the human resource service industry. The "event review" is divided into two parts: "event comments" and "key revelation". The poll for the Top Ten Events was conducted on the basis of experts rating and public participation.

Blue Paper 2018 for Human Resources Service Industry in China is divided into three units, the specific structure is as follows:

The first unit is the yearly report, divided into three chapters. The first chapter outlines and analyzes the laws, regulations and policies and their new changes that have significant impact on China's human resources service industry enacted by the State between August 2017 and July 2018. In-depth interpretation of these laws, regulations and policies enables us to keep better track of the new changes and new trends in policies and regulations concerning the HR service industry. In addition to the introduction and interpretation of relevant policies, this chapter of the Blue Paper continue the innovation of "Policy Background" to deeply explore the causes and development path of every policy in 2018. Another new changes is the classification method by dividing relevant policies into three categories, i.e. (1) national policies enacted by the State Council that have a significant impact on China's human resources service industry, (2) policies that enacted by the Ministry of Human Resources and Social Security,

（3）policies enacted by local governments and other Ministries that have a significant impact on the regional and vocational human resources service industry, which is unlike the practice of the previous years.

The second chapter divided into 5 parts. Firstly, according to the data of China Human Resources Service Industry Development Report, the current situation of human resources service organizations, their employees and business development in China were analyzed. Secondly, by comparing the data of 2016 and 2017, the development and changes of human resource service industry were discovered. Thirdly, based on the development status of human resource service industry, the future development trend and prospects of human resource service institutions were predicted reasonably. Fourthly, the technical innovation and development trend of human resources services were discussed. The technical innovation was reflected in the application of large data and mobile management platform in human resources services; while the trend of development had analyzed and prospected the application of advanced technology in the human resources service industry including the Internet, large data, artificial intelligence, cloud technology, VR technology and so on. Fifthly, the new highlights of the annual development of human resources services were summarized. The new highlights mainly included two aspects, the reform of government human resource service institutions and new demand of human resources services in civil-military integration. In the section of reform of the government human resource service organization, we firstly introduced the development course and orientation of the government human resource service institutions, analyzed the main problems and reasons and then put forward the future reform ideas on the basis of experience analysis of the government human resource service institutions both at home and abroad. In the section of new demand of human resources services in civil-military integration, we introduced the research background, discussed the overall strategy and path, and analyzed the most difficulty and critical issues of human resources services in civil-military integration. At last, the practice and experience of Sichuan and Shaanxi provinces of civil military integration of human resources services were introduced.

The third chapter taking Guangxi Bright Future Human Resources Co., Ltd. and Shenzhen Human Resources Guarantee Bureau as examples, this chapter focuses on introducing their advanced experiences and outstanding contributions in the process of industry development and administrative management, with a view to exchanging with other regions and institutions, and providing human resources services and relevant government departments in China. Provide reference and reference.

The second unit is the thematic reports, made up of four chapters. The first chapter has carried on the appraisal of recognition level and developmental evaluation of human resource service industry in different provinces and cities. This chapter employed the methods of Big Data Analysis and Content Analysis, analyzed the mainstream social media, paper media, websites, provincial government work reports and relevant policies, regulations and planning documents, from three different perspectives of the public, government and non-governmental organizations, to describe the degree of attention and development situation of Human Resources services in China's provinces and cities.

Based on the collection of relevant data and materials, the second chapter uses the principal component analysis (PCA) method to rank and classify the development level of human resource service industry in various regions through the design of evaluation index system of human resource service industry development status, the data analysis results are defined and explained. Finally, the evaluation results are summarized and the corresponding policy recommendations are put forward. The result of research indicates that there are significant differences among the HR service industry of different areas and there is broad space for industry development in Mid-west areas of China. The positive and timely policy support as well as the macroeconomic regulation and control by the government are of great significance for the development of HR service industry; the development of the HR service industry can not only focus on the speed of development, the foundation of industrial development and the potential for future development are all important components of the industry level, The leading role of areas in which the development of HR service is in a high level hasn't been fully played. Regional industry interaction mechanism should be further established in the future and the synergy relationship between HR service industry and economy development should be correctly understood. Based on these results, the chapter also puts forward relevant policy recommendations in the end. For example, the relevant policies of industrial development should also be consistent with the overall social and economic development policies of the locality. It cannot blindly pursue the high speed of industrial development without being separated from reality; The improvement and precision of the policy, the continuity and stability of the policy, the implementation of the policy according to local conditions, and so on.

Based on reviewing relevant research, the third chapter builds an evaluation index system for human resources service enterprise competitiveness, and uses the relevant data of the National Human Resources Integrity Service Demonstration Organization selected by the Ministry of Human Resources and Social Security. We selected 95 sample companies and adopted a principal component analysis method to comprehensively rank the competitiveness of enterprises. Finally, based on the overall situation of the development of China's human resources service enterprises, this book further analyzes the reasons for the differences in competitiveness between enterprises, and puts forward relevant suggestions.

The fourth chapter reports the poll for the Top Ten Events of human resource service industry. This chapter adopts the tradition of Blue Papers, selects the Top Ten Events which facilitate the development of human resource service industry. This chapter continues to record the development process of China's HR service industry, shedding light on the breakthroughs and accomplishments China's HR service industry has achieved in policy guidance, academic research and industrial development over the past year. First of all, this chapter introduces the guiding ideology of the Top Ten Event selection, purpose and significance of the selection, the methods and procedures as well as the principles and criteria of selection. Then this chapter reviews the Top Ten Events from three aspects: event summary, expert comments and event enlightenment.

The third unit of Blue Paper 2018 selects part of our human resources service website, talent market directory, service business directory, as well as a list of research results of the past year, which serves for readers to consult and understand detailed information.

Blue Paper 2018 for Human Resources Service Industry in China was written and edited by Center for Human Resource Development and Management Research of Peking University. Professor Xiao Mingzheng served as editor-in-chief, post-doctoral Dong Gao served as the assistant editor and completed a large number of coordinate work and compile work.

Li Jing, Hu Peng, Wang Yantao, Zhang Zhiguang and Wang Hui participated in the writing of Part I. Lin He, Dong Gao, Han Qiaochu and Wei Zhongkai participated in the writing of the Part II. Wang wanying and Duo-ji Bandan participated in the writing of the Part III. Shi Hongyang and Dong Gao participated in the translation work of the preface, the chapter title and the abstract.

Special thanks go to Sun Jianli, the director of the market department of Ministry of Human Resources and Social Security for his great support and guidance to Peking University's research on human resource service industry in China, especially for a series of guiding advice for this book.

Talent is a strategic resource for national development, well-equipped talents lead to a powerful country and sophisticated technology. With the progress of market-oriented reform in the allocation of human resources, human resource service industry in our country has basically taken shape from scratch. Diversified and multi-level human resource service systems have been constructed, increasingly enriched service products and service capabilities have further development. Looking ahead, the human resources service industry is facing unprecedented opportunities for development. The implementation of the innovation-driven development strategy, the advent of "Internet +" era as well as the implementation of the Belt and Road Initiative and the coordinated development of the Beijing-Tianjin-Hebei region provide new entry point, new focus and new growth point for China's human resource service industry. China's human resources service industry will usher in a new round of great leap forward development. In the face of rare opportunities for development, we continue to uphold the goal of objective reflection, systematic reminder, active promotion and direction exploration. We hope that Blue Paper 2018 for Human Resources Service Industry in China can give some reference and impetus to the development of China's human resource service industry, and can help to carry out the strategy on developing a quality workforce and to realize the Chinese Dream of national rejuvenation.

Director of Center for Human Resource
Development and Management Research of Peking University
Xiao Mingzheng
November 2018

第一部分
年度报告篇

第一章　人力资源服务业相关政策法规

【内容摘要】

本章主要摘录和分析了 2017 年 8 月—2018 年 7 月我国人力资源服务业有重大影响的法律法规政策及其新变化。本章通过对这些法律法规政策进行深入解读,使读者能够及时掌握人力资源服务业所处的政策环境新变化和新动向。

今年继续"政策背景"部分的创新,深入探索每项政策实施的原因和发展路径。本章除了对政策进行解读外,在分类方法上采用了层级分类,有国家层面的如国务院颁布的政策法规,有人力资源和社会保障部制定的行业政策规定,也有地方政府、其他部委发布的相关政策规定。

其次,本章扩大了信息收集的来源,除了中央政府、地方政府和国家部委的政策外,还把一些基本有结论、正在进行发布程序的政策也纳入范围。

此外,除了详细解读政策本身外,本章还重点解读了政策对人力资源服务业带来的影响,包括对人力资源服务市场中供需变化、交易成本、监管措施等各个方面的短期和长期的影响,力求使读者能够快速掌握每条政策到人力资源服务业的影响传导路径。

Chapter 1　Major Regulations and Policies Concerning Human Resources Service

【Abstract】

This chapter outlines and analyzes the laws, regulations and policies and their new changes that have significant impact on China's human resources service industry enacted by the State between August 2017 and July 2018. In-depth interpretation of these laws, regulations and policies enables us to keep better track of the new changes and new trends in policies and regulations concerning the HR service industry.

In addition to the introduction and interpretation of relevant policies, this chapter of the Blue Paper continues the innovation of "Policy Background" to deeply explore the causes and development path of every policy in 2018. Another new changes is the classification method by dividing relevant policies into three categories, i.e. (1) national policies enacted by the State Council that have a significant impact on China's human resources service industry, (2) policies that enacted by the Ministry of Human Resources and Social Security, (3) policies enacted by local governments and other Ministries that have a significant impact on the regional and vocational human resources service industry, which is unlike the practice of the previous years.

Apart from the policies that have been released by the Central Government and local government departments, we also take some policies into account in advance that have already derived some basic conclusions and are being processed for release.

In addition to the in-depth interpretation of policies themselves, we also elaborate the impact of policies on the human resources service industry, including the short-term and long-term effects on changes in market changes of supply and demand, transaction costs, regulatory measures in every aspect of the human resources service industry. Such efforts are given to facilitate a quicker understanding of the readers on the impact transmission mechanism of each policy on the development of the human resources service industry.

一、促进简政放权、优化人员与税务管理的相关政策法规

2016 年,党中央和政府提出了推进简政放权、放管结合、优化服务改革的总体要求:全面贯彻党的十八大和历次全会精神,按照创新、协调、绿色、

开放、共享的发展理念,紧紧扭住转变政府职能这个"牛鼻子",在更大范围、更深层次,以更有力举措推进简政放权、放管结合、优化服务改革,使市场在资源配置中起决定性作用和更好发挥政府作用,破除制约企业和群众办事创业的体制机制障碍,着力降低制度性交易成本,优化营商环境,激发市场活力和社会创造力,进一步形成经济增长内生动力,促进经济社会持续健康发展。

2017 年至 2018 年,简政放权、放管结合、优化服务改革的政策得到进一步延续和深化。党中央和政府要求,坚持以习近平新时代中国特色社会主义思想为指导,全面贯彻落实党的十九大和十九届二中、三中全会及习近平总书记系列重要讲话精神,以转变政府职能为核心,紧紧围绕供给侧结构性改革和经济发展转型升级,持续改善营商环境,为实现全面小康战略目标提供体制机制保障。

在 2016 年《关于做好人力资源和社会保障领域简政放权放管结合优化服务改革工作有关问题的通知》等政策的基础上,2017 年至 2018 年度的《聘任制公务员管理规定(试行)》和《国税地税征管体制改革方案》都进一步体现了简政放权、放管结合、优化服务的总体要求。前者是党的十八大以来公务员管理制度改革的重要成果,是完善选人用人制度、加强公务员队伍建设的重要制度安排;后者为构建优化高效统一的税收征管体系、为高质量推进新时代税收现代化提供有力制度保证,将更好地发挥税收在国家治理中的基础性、支柱性、保障性作用。

(一) 中共中央办公厅、国务院办公厅印发《聘任制公务员管理规定(试行)》

2017 年 9 月,中共中央办公厅、国务院办公厅印发了《聘任制公务员管理规定(试行)》①(以下简称《规定》),《规定》旨在健全用人机制,满足机关吸引和使用优秀人才的需求,提高公务员队伍专业化水平。

政策背景:

聘任制是我国公务员法的重要制度创新。《中华人民共和国公务员

---

① 中央人民政府网,http://www.gov.cn/zhengce/2017-09/29/content_5228595.htm。

法》第十六章对聘任制作出详细规定。按照深入实施公务员法的要求,2011 年中共中央组织部、人力资源社会保障部制定出台了《聘任制公务员管理试点办法》(以下简称《试点办法》),指导各地区、各部门有序扩大和深化试点。党的十八届三中全会提出,加快建立聘任人员管理制度。该《规定》是按照中央要求,适应全面深化改革的新形势,通过总结试点工作经验,在《试点办法》的基础上所研究起草的,于 2017 年 7 月 19 日由中央全面深化改革领导小组第三十七次会议审议通过。

政策内容:

1.《规定》所称聘任制公务员,是指以合同形式聘任、依法履行公职、纳入国家行政编制、由国家财政负担工资福利的工作人员。

2. 机关聘任公务员,主要面向专业性较强的职位。聘任为领导职务的,应当是专业性较强的职位。同时应当制定职位设置与招聘工作方案,包括聘任事由、编制使用情况、拟聘职位及名额、资格条件、待遇、聘期、招聘方式、程序等内容。

3. 聘任合同方面,《规定》指出,应当按照平等自愿、协商一致的原则,与所聘公务员签订书面的聘任合同,确定双方的权利和义务。聘任合同期限为一年至五年,由聘任机关根据工作任务和目标与拟聘任公务员协商确定。首次签订聘任合同的,可以约定一个月至六个月的试用期。

4. 对聘任制公务员的日常管理,聘任机关根据公务员考核有关规定,依据聘任合同全面考核聘任制公务员的德、能、勤、绩、廉,重点考核其完成聘任合同确定的工作任务情况。考核结果作为聘任制公务员获得工资、奖励等的依据。

5. 对在专业性较强的职位上表现突出、作出显著成绩和贡献、工作长期需要的聘任制公务员,聘期满五年,年度考核结果均为称职以上或者聘期考核结果为优秀的,经省级以上公务员主管部门批准,可以转为委任制公务员。

6. 纪律监督方面,《规定》指出,聘任制公务员必须遵守公务员法等相关法律法规规定和聘任合同约定的纪律要求。聘任制公务员在履行职责中有弄虚作假、滥用职权、玩忽职守、徇私舞弊等违纪违法行为的,依照有关规定给予批评教育、组织处理或者纪律处分;构成犯罪的,依法追究刑事责任。

《规定》自 2017 年 9 月 19 日起施行。2011 年 1 月 28 日中共中央组织部、人力资源社会保障部印发的《聘任制公务员管理试点办法》同时废止。

政策解读：

《中华人民共和国公务员法》只对聘任制作了原则规定，《规定》按照于法周延、于事简便的原则，在公务员法确立的框架下，围绕聘任制公务员进、管、出的主要环节作了细化。《规定》建立了符合我国国情和公务员管理实际的聘任人员管理制度。制定《规定》的总体考虑在于：一是坚持党管干部、党管人才原则。贯彻党的干部路线方针政策，立足于我国公务员队伍特点和现状，着眼于服务经济社会发展和满足机关用人需求，吸收干部人事制度改革的成果，提高选人用人的开放度。二是坚持依法合规、从严管理。《规定》在公务员法和党政领导干部选拔任用管理的有关政策框架内进行制度创新，注重与相关法律法规的衔接，落实中央推动全面从严治党向纵深发展的要求，坚持公开、平等、竞争、择优，坚持监督约束和激励保障并重，提高聘任制公务员管理的制度化、规范化水平，确保聘任工作按照法定权限、条件、标准和程序进行。三是坚持实事求是、改革创新。立足于解决公务员队伍建设的实际问题，聘任制定位于满足党政机关短期、急需的高层次专业人才的需求，尊重高层次人才的吸引使用规律，通过合同管理、聘期管理与市场接轨，着力构建能进能出的管理机制，切实发挥聘任制灵活用人的优势，达到提高效率、降低成本的目的。

聘任制公务员的适用范围是特定的，是拓宽公务员来源渠道的一种重要补充形式，不是用来替代其他来源渠道。要坚持公开招聘为主，严格程序和条件，对直接选聘要加强监督。按照《规定》，专业性较强职位上的聘任制公务员，符合条件的可以转为委任制公务员。这是一项增加职位吸引力的政策，但要从严把关，避免执行制度的走形变味。实施工作要把握好节奏，结合本地区本部门实际，具体情况具体分析，根据工作需要适时有序开展，确保取得实效。

聘任制公务员的管理引入市场机制，用人更加开放灵活，其主要特点：一是合同管理。机关对聘任制公务员的管理主要是依据公务员法和聘任合同进行。聘任制公务员根据合同约定履行职责，享受相应的待遇。二是平等协商。在聘任关系确定过程中，机关与应聘人员的地位是平等的。签订聘任合同以后,虽然机关与聘任制公务员已经是行政隶属关系,但双方仍然可以通过协商一致,变更或者解除聘任合同。三是聘期明确。聘任制公务员都有明确的聘任期限,聘任合同期限为一年至五年。聘任期内,聘任人员是公务员。聘任期满,任用关系自然解除,聘任人员就不再是公务员。

《规定》的出台,体现了以习近平同志为核心的党中央对公务员队伍建设的高度重视,是党的十八大以来公务员管理制度改革的重要成果,是完善选人用人制度、加强公务员队伍建设的重要制度安排。《规定》引入了市场机制,为社会优秀人才进入机关开辟了新渠道。《规定》的实施,有利于党政机关吸引和择优选用专业化人才,有利于提高我国公务员队伍专业化水平,有利于构建更加灵活的用人机制。

（二）中共中央办公厅、国务院办公厅印发《国税地税征管体制改革方案》,社会保险费将由税务统一征收

2018 年 7 月,中共中央办公厅、国务院办公厅印发了《国税地税征管体制改革方案》(以下简称《改革方案》)。国税地税征管体制改革是以习近平同志为核心的党中央着眼全局作出的重大决策。《改革方案》认真贯彻落实党中央、国务院决策部署,是保证国税地税征管体制改革平稳有序推进的指导性文件①。《改革方案》明确了国税地税征管体制改革的指导思想、基本原则和主要目标,提出了改革的主要任务及实施步骤、保障措施,并就抓好组织实施提出工作要求。

政策背景:

《改革方案》强调全面贯彻党的十九大和十九届二中、三中全会精神,以习近平新时代中国特色社会主义思想为指导,以加强党的全面领导为统领,改革国税地税征管体制,合并省级和省级以下国税地税机构,划转社会保险费和非税收入征管职责,构建优化高效统一的税收征管体系,为高质量推进新时代税收现代化提供有力制度保证,可以更好发挥税收在国家治理中的基础性、支柱性、保障性作用,更好服务决胜全面建成小康社会、开启全面建设社会主义现代化国家新征程、实现中华民族伟大复兴的中国梦。

---

① 新华网,http://www.xinhuanet.com/politics/2018-07/20/c_1123156533.htm。

政策内容:

《改革方案》提出了国税地税征管体制改革的4条原则,即:(1)坚持党的全面领导。坚决维护习近平总书记的核心地位,坚决维护以习近平同志为核心的党中央权威和集中统一领导,把加强党的全面领导贯穿国税地税征管体制改革各方面和全过程,确保改革始终沿着正确方向推进。(2)坚持为民便民利民。以纳税人和缴费人为中心,推进办税和缴费便利化改革,从根本上解决"两头跑""两头查"等问题,切实维护纳税人和缴费人合法权益,降低纳税和缴费成本,促进优化营商环境,建设人民满意的服务型税务机关,使人民有更多获得感。(3)坚持优化高效统一。调整优化税务机构职能和资源配置,增强政策透明度和执法统一性,统一税收、社会保险费、非税收入征管服务标准,促进现代化经济体系建设和经济高质量发展。(4)坚持依法协同稳妥。深入贯彻全面依法治国要求,坚持改革和法治相统一、相促进,更好发挥中央和地方两个积极性,实现国税地税机构事合、人合、力合、心合,做到干部队伍稳定、职责平稳划转、工作稳妥推进、社会效应良好。

《改革方案》提出按照先立后破、不立不破的要求,坚持统一领导、分级管理、整体设计、分步实施,采取先挂牌再落实"三定"规定,先合并国税地税机构再接收社会保险费和非税收入征管职责,先把省(区、市以及计划单列市,以下统称省)税务局改革做稳妥再扎实推进市(地、州、盟,以下统称市)税务局、县(市、区、旗,以下统称县)税务局改革的步骤,逐项重点工作、逐个时间节点抓好落实,确保2018年年底前完成各项改革任务。

《改革方案》要求加强税务系统党的领导,完善加强党对税收工作全面领导的制度安排,确保税务系统党的领导更加坚强有力。优化税务系统党的领导组织架构,完善税务系统纪检监察体制,进一步加强纪检监察工作。健全党建工作机制,税务总局承担税务系统党的建设、全面从严治党主体责任,地方党委负责指导加强各地税务部门党的基层组织建设和党员教育管理监督、群团组织建设、精神文明创建等工作,形成各级税务局党委与地方党委及其工作部门共抓党建的合力。

《改革方案》对税务部门领导管理体制作了规定,明确国税地税机构合并后实行以税务总局为主、与省区市党委和政府双重领导的管理体制,并着眼建立健全职责清晰、运行顺畅、保障有力的制度机制,在干部管理、机构编制管理、业务和收入管理、构建税收共治格局、服务经济社会发展等方面提出了具体要求,明晰了税务总局及各级税务部门与地方党委和政府在税收工作中的职责分工,有利于进一步加强对税收工作的统一管理,理顺统一税制和分级财政的关系,充分调动中央和地方两个积极性。

《改革方案》还就完成新税务机构挂牌、制定新税务机构"三定"规定、开展社会保险费和非税收入征管职责划转、推进税费业务和信息系统整合优化、强化经费保障和资产管理、清理修改相关法律法规等重点改革任务进行了具体部署,并明确了相关保障措施。要求各省、市、县税务局按期逐级分步完成集中办公、新机构挂牌并以新机构名义开展工作。从严从紧控制机构数量,进一步优化各层级税务组织体系和征管职责,完善结构布局和力量配置,做到机构设置科学、职能职责清晰、资源配置合理。同时,明确从2019 年 1 月 1 日起,将基本养老保险费、基本医疗保险费、失业保险费、工伤保险费、生育保险费等各项社会保险费交由税务部门统一征收。按照便民、高效的原则,合理确定非税收入征管职责划转到税务部门的范围,对依法保留、适宜划转的非税收入项目成熟一批划转一批,逐步推进。要求整合纳税服务和税收征管等方面业务,优化完善税收和缴费管理信息系统,更好便利纳税人和缴费人①。

政策解读:

《改革方案》除了强调坚持党的全面领导以外,还推进了办税和缴费便利化改革,以纳税人和缴费人为中心,从根本上解决"两头跑""两头查"等问题,切实维护纳税人和缴费人合法权益,降低纳税和缴费成本,促进优化营商环境,真正落实以人为本。《改革方案》也将有力地调整优化税务机构职能和资源配置,促进现代化经济体系建设和经济高质量发展。《改革方案》坚持改革和法治相统一、相促进,有利于更好发挥中央和地方两个积极性,实现国税地税机构事合、人合、力合、心合,做到干部队伍稳定、职责平稳划转、工作稳妥推进、社会效应良好。

《改革方案》强调,通过改革,逐步构建起优化高效统一的税收征管体

---

① 新华每日电讯,http://www.xinhuanet.com/mrdx/2018-07/21/c_137339351.htm。

系,为纳税人和缴费人提供更加优质高效便利服务,提高税法遵从度和社会满意度,提高征管效率,降低征纳成本,增强税费治理能力,确保税收职能作用充分发挥,夯实国家治理的重要基础。

二、促进就业与人力资源开发的相关政策法规

近年来,党中央和政府深入实施就业优先战略和积极就业政策,不断加强和改善以就业为底线的宏观调控,就业形势总体稳中向好。但 2017 年以来,国际经济形势复杂多变,国内一些长期积累的深层次矛盾逐步显现。受产业结构转型升级、宏观经济进入新常态以及国际中美贸易战等各种不确定、不稳定因素的影响,劳动者素质结构与经济社会发展需求不相适应、结构性就业矛盾突出等问题凸显。

就业是最大的民生,也是经济发展最基本的支撑。坚持实施就业优先战略,全面提升劳动者就业创业能力,实现比较充分和高质量的就业,是培育经济发展新动能、推动经济转型升级的内在要求。对发挥人的创造能力、促进群众增收和保障基本生活、适应人们对自身价值的追求具有一分重要的意义。

面对错综复杂的国际形势,党中央、国务院审时度势、科学决策,坚持稳中求进工作总基调,深入实施就业优先战略,把促进就业放在经济社会发展优先位置,加快完善更加积极的就业政策体系。在 2017 年 1 月《"十三五"促进就业规划的通知》等政策的基础上,2017 年至 2018 年度,党中央、国务院准确把握发展大势,不断创新宏观调控思路和方式,继续全面深化改革,先后发布了《关于实施失业保险援企稳岗"护航行动"的通知》《高校毕业生基层成长计划》《关于全面深化新时代教师队伍建设改革的意见》《人力资源市场暂行条例》等多项政策。这一系列促进就业和人力资源开发的政策主要瞄准了五个目标:一是增强经济发展创造就业岗位能力,积极培育新的就业增长点,着力缓解困难地区困难行业就业压力。二是提升创业带动就业能力。三是加强重点群体就业保障能力。四是提高人力资源市场供求匹配能力。五是强化劳动者素质提升能力。2017 年至 2018 年度,全国就业形势总体平稳、稳中向好。

（一）人力资源社会保障部办公厅下发《关于实施失业保险援企稳岗"护航行动"的通知》

2017 年 9 月 21 日，人社部制定下发了《人力资源社会保障部办公厅关于实施失业保险援企稳岗"护航行动"的通知》①（以下简称《通知》），决定从 2018 年至 2020 年在全国实施失业保险援企稳岗"护航行动"，为企业脱困发展、减少失业、稳定就业护航。

政策背景：

近年来，失业保险功能不断拓展，2014 年 11 月，经国务院同意，人力资源和社会保障部会同财政部、发展改革委、工信部印发了《关于失业保险支持企业稳定岗位有关问题的通知》（人社部发〔2014〕76 号），对在兼并重组、化解产能过剩、淘汰落后产能中采取措施不裁员或少裁员稳定职工队伍的企业，由失业保险基金给予稳岗补贴，补贴标准为不超过本企业及其职工上年度实际缴纳失业保险费的 50%。

2015 年初，国务院又下发了《关于进一步做好新形势下就业创业工作的意见》（国发〔2015〕23 号），将失业保险基金支持企业稳岗政策实施范围由三类企业扩大到所有符合条件的企业。

2017 年下发的《国务院关于做好当前和今后一段时期就业创业工作的意见》（国发〔2017〕28 号）文件又提出对不裁员或少裁员的钢铁煤炭煤电行业企业，要降低稳岗补贴门槛，提高稳岗补贴标准。各地主动作为、开拓创新，积极推动政策落实，2015 年至今，全国向近 64 万户企业发放稳岗补贴 424 亿元，惠及职工 7926 万人，取得了积极成效。但实践中仍存在区域进展不平衡、经办服务不到位、政策效应发挥不足等问题。

为此，人社部下发《人力资源社会保障部办公厅关于实施失业保险援企稳岗"护航行动"的通知》（人社厅发〔2017〕129 号），决定从 2018 年至 2020 年在全国实施失业保险援企稳岗"护航行动"。

政策内容：

《通知》提出了"护航行动"的目标和基本原则。行动目标是"两个全覆

---

① 人力资源和社会保障部网站，http://www.mohrss.gov.cn/SYrlzyhshbzb/dongtaixinwen/buneiyaowen/201709/t20170928_278422.html。

盖"：符合条件的统筹地区政策全覆盖，符合申领条件企业的主体全覆盖。基本原则是"三个并重"：一是坚持全面落实和适度拓展并重原则。二是坚持兜牢民生底线与助力企业发展并重原则。三是坚持加强管理和优化服务并重原则。

《通知》明确，推进"护航行动"有六大工作措施：一是公平公正，推动政策全面实施。不仅要让政策在上年度失业保险基金滚存结余具备一年以上支付能力且基金管理规范的统筹地区全面落地，还要使用失业保险省级调剂金支持基金支撑能力较弱的统筹地区适度开展稳岗补贴工作。二是扶困扶危，加大精准帮扶力度。重点支持去产能任务较重的钢铁、煤炭、煤电等行业，以及发展前景好但生产经营遇到暂时性困难的企业。三是强化服务、增强政策可获得感。以"简化手续，缩短流程、高效便企"为原则，积极主动服务，按规定及时发放。四是严格审批，切实维护基金安全。对企业申领资格要严格把握、在经办过程要动态监管，同时加强跟踪问效，指导企业按规定使用资金。五是扩大宣传，提升经办服务能力。加大政策宣传力度，不断提高经办人员的能力素质。六是信息先行，提高稳岗政策效应。积极推广使用稳岗补贴实名制信息系统，深度挖掘数据价值，开展多角度分析。

《通知》要求，各级人社部门要切实加强组织领导，明确职责分工，确保各项政策落到实处。

政策解读：

实施"护航行动"是进一步贯彻落实党中央、国务院的重大决策部署的重要举措，是经济发展新常态下助力企业脱困发展、稳定就业岗位的一项重要举措，是失业保险援企稳岗的服务品牌。通过对企业提供"真金白银"的支持，提高企业履行稳定就业岗位社会责任的积极性，促进职工岗位稳定，从源头上减少失业，对构建和谐劳动关系、推动企业健康发展、维护就业局势总体稳定具有重要意义。

（二）人社部、中组部、教育部、财政部、共青团中央联合印发《高校毕业生基层成长计划》

2017年11月16日，人社部、中组部、教育部、财政部、团中央联合印发通知,共同启动实施《高校毕业生基层成长计划》①(以下简称《计划》)。

政策背景:

高校毕业生是国家宝贵的人才资源,基层是高校毕业生成长成才的重要平台。党的十九大报告提出要鼓励高校毕业生多渠道就业创业,加强青年人才选拔培养,引导人才向基层一线流动。中共中央办公厅、国务院办公厅《关于进一步引导和鼓励高校毕业生到基层工作的意见》和国务院《关于做好当前和今后一段时期就业创业工作的意见》对实施高校毕业生基层成长计划提出了明确要求。按照中央部署和要求,五部门联合制定了《计划》,将更好地引导高校毕业生在基层就业创业,促进高校毕业生在基层成长成才,建设高素质基层人才队伍,为基层经济社会发展提供人才支持。

政策内容:

《计划》主要面向以各种形式在基层服务工作的高校毕业生,力争用 10 年左右的时间,通过强化教育培训、实践锻炼、职业发展、管理服务等全链条的扶持措施,建设一支结构合理、素质优良、作风过硬的基层青年人才队伍。通过建立分层次、多渠道的基层优秀青年后备人才选拔体系,有计划、有重点地遴选一批基层管理人才、一批基层专业技术人才和一批基层创新创业人才。

针对高校毕业生基层成长的特点和需求,《计划》包括六项具体计划,即实施能力素质培育计划、岗位锻炼成才计划、职业发展支持计划、成长环境营造计划、服务体系建设计划和后备人才选拔计划,针对高校毕业生在基层工作的不同环节分别制定了相应的政策措施。

在能力素质培育方面,《计划》规定,与高校毕业生相关的各类培训项目、培训经费要向基层倾斜。全国每年培训人数不少于 1 万人,基层高校毕业生参加创业培训、职业技能培训的,按规定给予职业培训补贴。建立基层人才导师结对帮扶制度,推动国家、省市学术技术带头人、高层次人才与基层高校毕业生建立结对培养关系。鼓励行业部门实施基层人才专项培训计划。鼓励有条件的地方选送扎根基层高校毕业生到国外境外考察学习等。

---

① 人力资源和社会保障部网站, http://www.mohrss.gov.cn/SYrlzyhshbzb/dongtaixinwen/buneiyaowen/201711/t20171123_282142.html。

在岗位锻炼方面，《计划》提出，各地及各用人单位要积极搭建工作平台，将基层高校毕业生放在重要岗位上培养锻炼。建立健全导师培养制度，由单位负责同志或业务带头人进行"一对一"传帮带；建立健全多岗位锻炼制度，有针对性地进行多岗位锻炼，培养一专多能复合型人才；建立健全交流锻炼制度，选派到上级单位或发达地区挂职锻炼、跟班学习；等等。

围绕改善基层高校毕业生工作生活条件，《计划》提出，落实新录用到中西部地区、东北地区或艰苦边远地区、国家扶贫开发工作重点县县以下机关事业单位工作的高校毕业生高定级别工资档次或薪级工资相关政策。将基层高校毕业生纳入当地人才政策扶持范围，符合条件的提供住房、医疗、子女就读、落户、职称申报等方面配套支持。同时，各级各类人才表彰奖励项目进一步向基层一线倾斜，将基层高校毕业生纳入表彰奖励对象范围。

围绕形成关心关爱基层高校毕业生成长的良好氛围，《计划》提出实施基层成长服务体系建设计划。加强党组织对高校毕业生基层成长的领导和引导，对党员加强教育管理和激励关怀，严格组织生活和纪律约束；对非党员的优秀人才加强政治引领和政治吸引，使他们在基层充分感受党的关怀关爱，沿着正确方向健康成长。人社部门会同有关部门建立高校毕业生基层成长联系服务机制，开展座谈、走访慰问等活动，密切与基层高校毕业生联系。教育、卫生、农业、文化等行业部门要关心关爱本行业基层高校毕业生，格外关注长期在基层艰苦岗位上工作的高校毕业生，了解他们思想动态和工作生活情况，帮助解决实际困难。公共就业和人才服务机构要及时提供就业创业服务，落实相关政策扶持。同时，鼓励基层用人单位结合实际，加大对高校毕业生的政策倾斜和照顾。

助推高校毕业生职业发展的具体措施有：一是在干部人才选拔任用中坚持基层导向。二是适当提高基层事业单位中、高级专业技术岗位设置比例。三是对优秀的基层高校毕业生在专业技术职务（职称）评聘、人才项目选拔、出国深造、参加进修学习和学术会议等方面予以优先。四是创新完善基层专业技术人才职称评审制度，对长期在基层一线工作且作出重要贡献的可破格晋升职称等级。五是对参加高校毕业生基层服务项目服务期满后留在基层工作的人员，及时纳入高校毕业生基层成长计划，跟踪培养。六是对工作条件特别艰苦或岗位职责重、压力大的基层高校毕业生，适时组织交流或轮岗。

与此同时,《计划》提出建立分层次、多渠道的基层后备人才选拔体系。人社部会同有关部门建立国家基层成长计划后备人才库,每年从基层优秀高校毕业生中遴选 5000 人左右;各地建立本地后备人才库。对基层成长后备人才纳入本地青年干部队伍、人才队伍建设规划予以支持,在干部人才选拔、岗位职务(等级)晋升等方面作为重点人选对象,同时各级财政提供适当的培养经费补助。

政策解读:

《计划》是全面贯彻落实党的十九大精神,以习近平新时代中国特色社会主义思想为指导,统筹推进"五位一体"总体布局和"四个全面"战略布局,按照鼓励高校毕业生多渠道就业创业、加强青年人才选拔培养、引导人才向基层一线流动的决策部署,深入实施人才强国战略、就业优先战略和乡村振兴战略,紧紧围绕决胜全面建成小康社会和坚决打赢脱贫攻坚战对基层人才的需求,坚持服务基层和培养人才相结合,市场主导和政府推动相结合,政策支持和完善服务相结合,适应基层发展需要,尊重人才成长规律的创新措施和精准施策。《计划》着力在基层一线和困难艰苦的地方培养锻炼青年人才,有利于培养一支高素质基层人才队伍,为基层经济社会发展提供人才支持,实现基层发展和人才成长的融合互动。

《计划》是建立高校毕业生到基层工作长效机制的创新举措和重要抓手,有利于促进高校毕业生在基层稳定就业并成长成才。《计划》的实施,将与"三支一扶"计划等短期服务项目相衔接,形成短期与长期相结合、服务与工作相配套的政策体系,对于加快构建引导和鼓励高校毕业生到基层工作服务保障机制具有重要意义。

(三) 中共中央、国务院印发《关于全面深化新时代教师队伍建设改革的意见》

2018 年 1 月 20 日,中共中央、国务院印发了《关于全面深化新时代教师队伍建设改革的意见》①(以下简称《意见》)。

---

① 中央人民政府网站,http://www.gov.cn/zhengce/2018-01/31/content_5262659.htm。

政策背景：

教师承担着传播知识、传播思想、传播真理的历史使命,肩负着塑造灵魂、塑造生命、塑造人的时代重任,是教育发展的第一资源,是国家富强、民族振兴、人民幸福的重要基石。党和国家历来高度重视教师工作。党的十八大以来,以习近平同志为核心的党中央将教师队伍建设摆在突出位置,作出一系列重大决策部署,各地区各部门和各级各类学校采取有力措施认真贯彻落实,教师队伍建设取得了显著成就。广大教师牢记使命、不忘初衷,爱岗敬业、教书育人,改革创新、服务社会,作出了重要贡献。

当今世界正处在大发展大变革大调整之中,新一轮科技和工业革命正在孕育,新的增长动能不断积聚。中国特色社会主义进入了新时代,开启了全面建设社会主义现代化国家的新征程。我国社会主要矛盾已经转化为人民日益增长的美好生活需要和不平衡不充分的发展之间的矛盾,人民对公平而有质量的教育的向往更加迫切。面对新方位、新征程、新使命,教师队伍建设还不能完全适应。有的地方对教育和教师工作重视不够,在教育事业发展中重硬件轻软件、重外延轻内涵的现象还比较突出,对教师队伍建设的支持力度亟须加大;师范教育体系有所削弱,对师范院校支持不够;有的教师素质能力难以适应新时代人才培养需要,思想政治素质和师德水平需要提升,专业化水平需要提高;教师特别是中小学教师职业吸引力不足,地位待遇有待提高;教师城乡结构、学科结构分布不尽合理,准入、招聘、交流、退出等机制还不够完善,管理体制机制亟须理顺。时代越是向前,知识和人才的重要性就愈发突出,教育和教师的地位和作用就愈发凸显。各级党委和政府要从战略和全局高度充分认识教师工作的极端重要性,把全面加强教师队伍建设作为一项重大政治任务和根本性民生工程切实抓紧抓好。

政策内容：

1. 全面深化新时代教师队伍建设改革的目标

全面深化新时代教师队伍建设改革,目的是要培养造就党和人民满意的高素质专业化创新型教师队伍。通过采取一系列政策举措,经过5年左右努力,教师培养培训体系基本健全,职业发展通道比较畅通,事权人权财权相统一的管理体制普遍建立,待遇提升保障机制更加完善,教师职业吸引力明显增强。教师队伍规模、结构、素质能力基本满足各级各类教育发展需要。到 2035 年,教师综合素质、专业化水平和创新能力大幅提升,培养造就数以百万计的骨干教师、数以十万计的卓越教师、数以万计的教育家型教师。教师管理体制机制科学高效,实现教师队伍治理体系和治理能力现代化。教师主动适应信息化、人工智能等新技术变革,积极有效开展教育教学。尊师重教蔚然成风,广大教师在岗位上有幸福感、事业上有成就感、社会上有荣誉感,让教师成为让人羡慕的职业。

2. 改革总体的原则

要坚持五个基本原则:一是确保方向,确保党牢牢掌握教师队伍建设的领导权。二是强化保障,把教师工作置于教育事业发展的重点支持战略领域。三是突出师德,把提高教师思想政治素质和职业道德水平摆在首要位置。四是深化改革,把管理体制改革与机制创新作为突破口。五是分类施策,根据各级各类教师的不同特点和发展实际,考虑区域、城乡、校际差异,采取针对性的政策举措。

3. 具体的改革举措

在全面加强师德师风建设方面,一是加强教师党支部和党员队伍建设,二是提高思想政治素质,三是弘扬高尚师德。为更好地提升教师专业素质能力,一是加大对师范院校支持力度,二是支持高水平综合大学开展教师教育,三是分类提高教师教育质量。在切实理顺体制机制方面,一是创新和规范中小学教师编制配备,二是优化义务教育教师资源配置,三是完善中小学教师准入和招聘制度,四是深化中小学教师职称和考核评价制度改革,五是健全职业院校教师管理制度,六是深化高等学校教师人事制度改革。在提高教师地位待遇方面,一是明确教师的特别重要地位,二是完善中小学教师待遇保障机制,三是大力提升乡村教师待遇,四是维护民办学校教师权益,五是推进高等学校教师薪酬制度改革,六是提升教师社会地位①。

政策解读:

《意见》是新中国成立以来党中央出台的第一个专门面向教师队伍建设的里程碑式政策文件。出台《意见》,是以习近平同志为核心的党中央高瞻远瞩、审时度势,立足新时代作出的重大战略决策,将教育和教师工作提

---

① 新华社,http://www.gov.cn/zhengce/2018-01/31/content_5262676.htm。

到了前所未有的政治高度,对于建设教育强国、决胜全面建成小康社会、夺取中国特色社会主义伟大胜利、实现中华民族伟大复兴的中国梦,具有十分重要的意义。

《意见》的出台,是学习贯彻习近平新时代中国特色社会主义思想的重要举措,是贯彻落实党的十九大精神的重要举措,是满足人民日益增长的美好生活需要的重要举措。

(四) 李克强签署国务院令,公布《人力资源市场暂行条例》

2018 年 6 月 29 日,国务院总理李克强签署国务院令,公布《人力资源市场暂行条例》①(以下简称《条例》),自 2018 年 10 月 1 日起施行。

政策背景:

《条例》是系统规范在我国境内通过人力资源市场求职、招聘和开展人力资源服务活动的第一部行政法规,对建设统一开放、竞争有序的人力资源市场,更好服务于就业创业和高质量发展,实施就业优先战略和人才强国战略,具有重要意义。《条例》对人力资源市场培育、人力资源服务机构、人力资源市场活动规范、人力资源市场监督管理及法律责任等作了全面规定。

政策内容:

在人力资源市场培育方面,强调国家建立统一开放、竞争有序的人力资源市场体系,发挥市场在人力资源配置中的决定性作用,健全人力资源开发机制,激发人力资源创新创造创业活力,促进人力资源市场繁荣发展。国家建立政府宏观调控、市场公平竞争、单位自主用人、个人自主择业、人力资源服务机构诚信服务的人力资源流动配置机制,促进人力资源自由有序流动。县级以上人民政府应当将人力资源市场建设纳入国民经济和社会发展规划,运用区域、产业、土地等政策,推进人力资源市场建设,发展专业性、行业性人力资源市场,鼓励并规范高端人力资源服务等业态发展,提高人力资源服务业发展水平。国家鼓励社会力量参与人力资源市场建设。县级以上人民政府建立覆盖城乡和各行业的人力资源市场供求信息系统,完善市场信息发布制度,为求职、招聘提供服务。国家引导和促进人力资源在机关、企

---

① 中央人民政府网,http://www.gov.cn/zhengce/content/2018-07/17/content_5306967.htm。

业、事业单位、社会组织之间以及不同地区之间合理流动。任何地方和单位不得违反国家规定在户籍、地域、身份等方面设置限制人力资源流动的条件。

在人力资源服务机构方面,强调公共人力资源服务机构在八种情况下提供服务不得收费,公共人力资源服务机构应当加强信息化建设,不断提高服务质量和效率。公共人力资源服务经费纳入政府预算。人力资源社会保障行政部门应当依法加强公共人力资源服务经费管理。国家通过政府购买服务等方式支持经营性人力资源服务机构提供公益性人力资源服务。经营性人力资源服务机构从事职业中介活动的,应当依法向人力资源社会保障行政部门申请行政许可,取得人力资源服务许可证。经营性人力资源服务机构开展人力资源供求信息的收集和发布、就业和创业指导、人力资源管理咨询、人力资源测评、人力资源培训、承接人力资源服务外包等人力资源服务业务的,应当自开展业务之日起 15 日内向人力资源社会保障行政部门备案。经营性人力资源服务机构从事劳务派遣业务的,执行国家有关劳务派遣的规定。

在人力资源市场活动规范方面,规范了个人求职、用人单位发布或者提供招聘信息的流程和要求,用人单位自主招用人员,需要建立劳动关系的,应当依法与劳动者订立劳动合同,并按照国家有关规定办理社会保险等相关手续。规定人力资源流动,应当遵守法律、法规对服务期、从业限制、保密等方面的规定。人力资源服务机构接受用人单位委托招聘人员,应当要求用人单位提供招聘简章、营业执照或者有关部门批准设立的文件、经办人的身份证件、用人单位的委托证明,并对所提供材料的真实性、合法性进行审查。对人力资源服务机构接受用人单位委托招聘人员或者开展其他人力资源服务,进行了行为规范,并对人力资源服务机构举办现场招聘会、发布人力资源供求信息、通过互联网提供人力资源服务做了相应规定。

此外,还对经营性人力资源服务机构在服务场所应该明示的事项进行了详尽要求,并要求其接受人力资源社会保障行政部门和市场监督管理、价格等主管部门的监督检查,包括营业执照、服务项目、收费标准、监督机关和监督电话。从事职业中介活动的,还应当在服务场所明示人力资源服务许可证。

人力资源服务机构应当加强内部制度建设,健全财务管理制度,建立服务台账,如实记录服务对象、服务过程、服务结果等信息。服务台账应当保存 2 年以上。

政策解读:

《条例》的出台,一是可以更好发挥政府作用,加强对人力资源市场的培育。国家建立政府宏观调控、市场公平竞争、单位自主用人、个人自主择业、人力资源服务机构诚信服务的人力资源流动配置机制。县级以上人民政府运用区域、产业、土地等政策,推进人力资源市场建设,建立覆盖城乡和各行业的人力资源市场供求信息系统。引导和促进人力资源合理流动,任何地方和单位不得违反国家规定设置限制流动的条件。鼓励开展平等、互利的人力资源国际合作与交流,开发利用国际国内人力资源。

二是可以落实改革要求,推进人力资源市场领域的"放管服"改革。明确了公共人力资源服务机构应当免费提供的服务事项。经营性人力资源服务机构从事职业中介活动,需要取得行政许可,开展其他人力资源服务实行备案管理;设立分支机构,变更名称、住所、法定代表人或者终止经营活动,需要书面报告。取得行政许可或者经过备案的经营性人力资源服务机构名单及其变更、延续等情况应当及时向社会公布。

三是明确了人力资源市场活动规范,促进市场主体诚信守法。个人应当诚实求职,用人单位应当依法如实发布或者提供招聘信息,人力资源应当依法流动。人力资源服务机构举办现场招聘会、收集和发布人力资源供求信息、提供人力资源服务外包、通过互联网提供人力资源服务等,应当严格遵守法律规定,不得采取欺诈、暴力、胁迫或者其他不正当手段,不得介绍从事违法活动;违法开展业务的,依法承担法律责任。

四是强化事中事后监管,维护人力资源市场秩序。人力资源社会保障行政部门采取"双随机、一公开"的方式实施监督检查。经营性人力资源服务机构应当提交经营情况年度报告,但是通过信息共享可以获取的信息,行政机关不得要求其重复提供。加强人力资源市场诚信建设,实施信用分类监管。加强人力资源服务标准化建设,发挥人力资源服务行业协会作用。

三、促进社会保障的相关政策法规

在社会保障领域,各部门致力于完善社会保障体制,为人民编织更加细密结实的"安全网"。对于保险制度的完善仍旧是各项工作的重点,强调工伤保险待遇调整要与经济社会发展水平相适应,并且着重对伤残津贴、供养亲属抚恤金、生活护理费及职工住院治疗工伤的伙食补助费的调整作出规范。

为了应对人口老龄化的压力,实现发展成果由人民共享,国务院印发了《划转部分国有资本充实社保基金实施方案的通知》。为了解决社会保障水平较低、待遇确定和正常调整机制尚未健全、缴费激励约束机制不强等问题,人力资源社会保障部、财政部印发了《关于建立城乡居民基本养老保险待遇确定和基础养老金正常调整机制的指导意见》。

对于残疾人的关注和扶助政策也得到了延续。在《关于扶持残疾人自主就业创业的意见》中,提及了涉及为残疾人自主就业创业提供合理便利和优先照顾、落实税收优惠和收费减免、提供金融扶持和资金补贴、支持重点对象和"互联网+"创业、提供支持保障和就业服务等多个方面的各项政策。

与 2016 年相比,有关国有企业工资改革的政策是新的亮点。国务院印发《关于改革国有企业工资决定机制的意见》,深刻体现了国家适应市场化趋势,深化国有企业改革的决心和所做的努力。

(一) 人力资源和社会保障部印发《关于工伤保险待遇调整和确定机制的指导意见》

2017 年 7 月 18 日,人社部印发了《关于工伤保险待遇调整和确定机制的指导意见》①(以下简称《意见》),作为调整和确定工伤保险待遇水平的政策依据。

---

① 人力资源和社会保障部网站,http://www.mohrss.gov.cn/gkml/zcfg/gfxwj/201708/t20170818_275938.html。

政策背景：

党的十八届三中全会提出建立健全合理兼顾各类人员的社会保障待遇确定和正常调整机制,2016 年发布的人社事业发展"十三五"规划纲要进一步明确,要建立并完善科学、规范的工伤保险待遇正常调整机制。2017 年,中央深改组将进一步规范工伤保险待遇调整和确定工作纳入年度工作任务。为更好地贯彻执行社会保险法和《工伤保险条例》,建立工伤保险待遇调整和确定机制,科学合理确定待遇调整水平,提高工伤保险待遇给付的服务与管理水平,推进建立更加公平、更可持续的工伤保险制度,不断增强人民群众的获得感与幸福感,人社部启动了《意见》的制定工作。

政策内容：

《意见》指出,工伤保险待遇是工伤保险制度的重要内容。随着经济社会发展,职工平均工资与生活费用发生变化,适时调整工伤保险待遇水平,既是工伤保险制度的内在要求,也是促进社会公平、维护社会和谐的职责所在,是各级党委、政府保障和改善民生的具体体现。

《意见》强调,工伤保险待遇调整和确定要与经济发展水平相适应,综合考虑职工工资增长、居民消费价格指数变化、工伤保险基金支付能力、相关社会保障待遇调整情况等因素,兼顾不同地区待遇差别,按照基金省级统筹要求,适度、稳步提升,实现待遇平衡。原则上每两年至少调整一次。

《意见》重点对伤残津贴、供养亲属抚恤金、生活护理费及职工住院治疗工伤的伙食补助费的调整作出规范。《意见》明确,一级至四级伤残津贴调整以上年度省(区、市)一级至四级工伤职工月人均伤残津贴为基数,综合考虑职工平均工资增长和居民消费价格指数变化情况,侧重职工平均工资增长因素,兼顾工伤保险基金支付能力和相关社会保障待遇调整情况,综合进行调节。供养亲属抚恤金调整以上年度省(区、市)月人均供养亲属抚恤金为基数,综合考虑职工平均工资增长和居民消费价格指数变化情况,侧重居民消费价格指数变化,兼顾工伤保险基金支付能力和相关社会保障待遇调整情况,综合进行调节。生活护理费按照上年度省(区、市)职工平均工资增长比例同步调整,职工平均工资下降时不调整。住院伙食补助费原则上不超过上年度省(区、市)城镇居民日人均消费支出额的 40%。

政策解读：

《工伤保险条例》（以下简称《条例》）规定的工伤待遇项目共有 13 项。一次性伤残补助金、一次性工亡补助金、丧葬补助金 3 项待遇，《条例》已规定了计发标准。工伤医疗、辅助器具配置、工伤康复和统筹地区以外就医期间交通食宿费 4 项待遇，根据《条例》和相关目录、标准据实支付。对此，《意见》做了强调和重申。

一次性伤残就业补助金和一次性工伤医疗补助金 2 项待遇，《条例》授权省（区、市）人民政府规定具体标准。《意见》提出了原则要求，即综合考虑工伤职工伤残程度、伤病类别、年龄等因素，并注重引导和促进工伤职工稳定就业。

伤残津贴、供养亲属抚恤金、生活护理费 3 项长期待遇，《条例》规定了计发标准，同时授权地方根据职工平均工资和生活费用变化等情况适时调整。实践中由于尚未建立科学规范的调整机制，各地做法不一，规范性、稳定性较差。职工住院治疗工伤的伙食补助费，《条例》规定具体标准由地方确定，实践中同样存在差距过大的问题。

因此，伤残津贴、供养亲属抚恤金、生活护理费及职工住院治疗工伤的伙食补助费是《意见》规范调整的重点。

工伤保险待遇调整和确定要与经济发展水平相适应，综合考虑职工工资增长、居民消费价格指数变化、工伤保险基金支付能力、相关社会保障待遇调整情况等因素，兼顾不同地区待遇差别，按照基金省级统筹要求，适度、稳步提升，实现待遇平衡，原则上每两年至少调整一次。

人社部请研究机构对基金支出的影响进行评估后认为，调整方案设计较为科学，总体不会降低工伤职工的待遇，不会造成基金支出的大幅波动，不构成基金支出风险，具有良好的操作性和可持续性。

（二）国务院印发《划转部分国有资本充实社保基金实施方案》

2017 年 11 月 9 日，国务院印发《划转部分国有资本充实社保基金实施方案》①（以下简称《方案》）。《方案》是全面贯彻落实党的十九大精神，深

---

① 中央人民政府网，http://www.gov.cn/zhengce/content/2017-11/18/content_5240652.htm。

入贯彻习近平新时代中国特色社会主义思想,加强社会保障体系建设的重要举措。

政策背景:

我国统一的企业职工基本养老保险制度建立以来,各项工作取得明显成效,对建立社会主义市场经济体制、维护改革发展稳定大局、保障企业离退休人员权益发挥了重要作用。与此同时,受多种因素影响,形成了一定的企业职工基本养老保险基金缺口。随着经济社会发展和人口老龄化加剧,基本养老保险基金支付压力不断加大,需要通过多种渠道加以解决。

党中央、国务院高度重视社会保障体系建设,为有效增强基本养老保险制度可持续性,党的十八届三中、五中全会明确提出,划转部分国有资本充实社保基金。党的十九大进一步对加强社会保障体系建设提出要求。《中共中央、国务院关于深化国有企业改革的指导意见》和《国务院关于改革和完善国有资产管理体制的若干意见》分别对划转部分国有资本充实社保基金作出了具体规定。

政策内容:

《方案》指出,我国统一的企业职工基本养老保险制度建立以来,各项工作取得明显成效,对建立社会主义市场经济体制、维护改革发展稳定大局、保障企业离退休人员权益发挥了重要作用。同时,受多种因素影响,形成了一定的企业职工基本养老保险基金缺口。随着经济社会发展和人口老龄化加剧,基本养老保险基金支付压力不断加大。在推动国有企业深化改革的同时,通过划转部分国有资本充实社保基金,使全体人民共享国有企业发展成果,增进民生福祉,促进改革和完善基本养老保险制度,实现代际公平,增强制度的可持续性。

《方案》提出,划转工作要坚持目标引领,与基本养老保险制度改革目标紧密结合;坚持系统规划,与深化国有企业改革目标紧密结合;坚持立足长远,与弥补企业职工基本养老保险基金缺口的目标相结合;坚持独立运营,与社保基金多渠道筹集的政策目标相结合。

《方案》主要内容包括:一是划转范围、对象、比例和承接主体。将中央和地方国有及国有控股大中型企业、金融机构纳入划转范围。公益类企业、文化企业、政策性和开发性金融机构以及国务院另有规定的除外。划转比例统一为企业国有股权的 10%。社保基金会和各省(区、市)国有独资公司等承接主体,作为财务投资者,不干预企业日常生产经营管理,其收益主要来源于股权分红。二是划转程序和划转步骤。按照试点先行、分级组织、稳步推进的原则完成划转工作。2017 年选择部分中央企业和部分省份开展试点;2018 年及以后,分批开展。三是划转配套措施。自《方案》印发之日起,划转范围内企业涉及国有股权变动的改革事项,企业改革方案应与国有资本划转方案统筹考虑。探索建立对划转国有股权的合理分红机制。承接主体持有的国有资本收益,由同级财政部门适时实施收缴,专项用于弥补企业职工基本养老保险基金缺口。自《方案》印发之日起,现行国有股转(减)持筹集社会保障基金政策停止执行。

政策解读:

划转部分国有资本充实社保基金,是深入贯彻党的十九大精神,在统筹考虑基本养老保险制度改革和深化国有企业改革的基础上,增强基本养老保险制度可持续性的重要举措。一是有利于充分体现国有企业全民所有,发展成果全民共享,增进民生福祉。二是有利于实现基本养老保险制度的代际公平,避免将实施视同缴费年限政策形成的基本养老保险基金缺口,通过增加税收、提高在职人员养老金缴费率等方式转移给下一代人。三是有利于推进国有企业深化改革,实现国有股权多元化持有,推动完善公司治理结构,建立现代企业制度,促进国有资本做强做优做大,发展成果更多用于保障和改善民生。

划转部分国有资本充实社保基金的主要原则:一是坚持目标引领,与基本养老保险制度改革目标紧密结合。通过划转部分国有资本,弥补因实施视同缴费年限政策形成的企业职工基本养老保险基金缺口,促进建立更加公平更可持续的养老保险制度。二是坚持系统规划,与深化国有企业改革目标紧密结合。统筹考虑划转部分国有资本的目标、企业职工基本养老保险基金缺口成因、国有资本现状和企业发展需要,科学界定划转范围,合理确定划转比例。三是坚持立足长远,与弥补企业职工基本养老保险基金缺口的目标相结合。建立企业国有资本划转和企业职工基本养老保险基金缺口逐步弥补相结合的运行机制。四是坚持独立运营,与社保基金多渠道筹集的政策目标相结合。划转的国有资本具有特定用途和政策目标,运营收益专项用于弥补企业职工基本养老保险基金缺口。

《方案》的实施,并不意味着要通过大量变现国有资本用于弥补企业职工基本养老保险基金缺口。对于划转的国有资本,《方案》明确指出,要建立国有资本划转和企业职工基本养老保险基金缺口逐步弥补相结合的运行机制。国有资本划转后,一是国有资本的收益主要来源于股权分红,由社保基金会等承接主体持有。今后,由各承接主体的同级财政部门统筹考虑基本养老保险基金的支出需要和国有资本收益状况,适时实施收缴。目前,我国企业养老保险基金总体上有较大规模的结余,基本养老保险基金有相当存量,短期内财政部门不会对划转的国有资本实施收益收缴,不会导致承接主体变现国有资本。二是《方案》提出,社保基金会等承接主体经批准可以通过国有资本运作获取收益。国有资本运作主要是国有资本的结构调整和有序进退,目标是实现国有资本保值增值,获取更多收益,不是简单的变现国有资本。三是社保基金会等承接主体要履行3年以上的禁售期义务,并应承继原持股主体的其他限售义务。在禁售期内,如划转涉及的相关企业上市,还应承继原持股主体的禁售期义务。因此,在上述期限内承接主体也不会变现国有资本。综上,划转建立的是补充社保基金的长效机制,随着国有资本的做强做优做大,将更好地体现国有企业发展成果全民共享,更好地保障和改善民生。在《方案》实施的过程中,不会也不允许出现大量变现国有资本的情况。

社保基金会负责管理运营全国社会保障基金,基金运营情况良好,收益水平较高,实施中积累了资本管理经验。鉴于上述情况,《方案》提出,划转的中央企业国有股权,由国务院委托社保基金会负责集中持有,单独核算,接受考核和监督。同时,与现行基本养老保险体制相适应,划转的地方企业国有股权,由各省级人民政府设立国有独资公司集中持有、管理和运营;也可将划转的国有股权委托本省(区、市)具有国有资本投资运营功能的公司专户管理。

社保基金会等承接主体作为财务投资者,享有所划入国有股权的收益权和处置权,不干预企业日常生产经营管理。社保基金会等承接主体的收益主要来源于股权分红。对划入的国有股权,要按规定履行相应的禁售期义务。除国家规定须保持国有特殊持股比例或要求的企业外,承接主体经批准也可以通过国有资本运作获取收益。

社保基金会等承接主体参与持股,将进一步优化上市企业法人治理结构,有利于提升企业经营水平,对资本市场将产生积极正面的影响。划转部分国有资本充实社保基金,主要划转对象是中央和地方企业集团的股权,一般不涉及上市企业。对于少量涉及的上市企业,划转是原国有股东将其10%的股权转至社保基金会等承接主体,属于国有股权的多元化持有,不改变企业国有股权的属性和总量。社保基金会等承接主体作为长期财务投资者,以获得股权分红收益为主。涉及上市企业的划转,不会改变现行管理体制和方式。社保基金会等承接主体作为上市企业的国有股东之一,除履行方案中有关禁售期的义务外,国有股权的变动等事项需执行国有股权管理的相关制度规定。

(三) 人力资源社会保障部、财政部印发《关于建立城乡居民基本养老保险待遇确定和基础养老金正常调整机制的指导意见》

2018 年 3 月 26 日,人力资源社会保障部会同财政部制定并下发了《关于建立城乡居民基本养老保险待遇确定和基础养老金正常调整机制的指导意见》①(以下简称《指导意见》),这是贯彻落实党的十九大精神的重大举措,对于进一步完善城乡居民基本养老保险制度具有重大意义,有助于推动城乡居民基本养老保险迈进新的发展阶段,标志着城乡居民基本养老保险跨入全面发展的新时代②。

政策背景:

城乡居民基本养老保险是我国基本养老保险制度的重要组成部分,这项制度建立以来,城乡居民基本养老保险在保障老年居民基本生活、调节收入分配、促进社会和谐稳定、强化党在基层执政基础等方面发挥了积极作用,受到国内外普遍好评。截至 2017 年底,全国参加城乡居民养老保险的总人数已经达到 51255 万人,使全国参加各类基本养老保险的总人数突破9 亿人大关,参保率达到 85% 以上,成为世界上养老保险制度覆盖人数最多

---

① 人力资源和社会保障部网站,http://www.mohrss.gov.cn/ncshbxs/NCSHBXSzhengcewenjian/201803/t20180329_291007.html。

② 金融界网站,http://insurance.jrj.com.cn/2018/04/02165224339242.shtml。

的国家;月人均养老金 125 元,其中:由各级财政支付的基础养老金增加到 113 元,由中央财政支付的养老金人均达到 70 元,基础养老金水平比试点初期增长超过一倍,占城乡居民人均养老金的 90% 以上,充分体现了党中央、国务院对于努力改善民生、不断提高城乡居民养老保障水平方面的高度重视和大力支持。

但是,目前而言,城乡居民养老保险还存在着保障水平较低、待遇确定和正常调整机制尚未健全、缴费激励约束机制不强等问题。党中央、国务院高度重视城乡居民养老保险工作。党的十九大要求完善城乡居民养老保险制度;党的十八大、十八届三中全会要求建立健全合理兼顾各类人员的社会保障待遇确定和正常调整机制;2017 年,中央全面深化改革领导小组将制定城乡居民基本养老保险待遇确定和基础养老金正常调整机制政策文件列为重点改革任务。为贯彻落实党中央、国务院部署,人社部会同财政部起草了《关于建立城乡居民基本养老保险待遇确定和基础养老金正常调整机制的指导意见》,经报请党中央、国务院同意,两部印发了这一政策文件①。

政策内容:

党中央、国务院高度重视城乡社会保障体系建设,2014 年在全国建立了统一的城乡居民基本养老保险制度,在保障城乡老年居民基本生活、调节收入分配、促进社会和谐稳定等方面发挥了积极作用。同时,还存在着保障水平较低、待遇确定和正常调整机制尚未健全、缴费激励约束机制不强等问题。根据中央关于改革和完善基本养老保险制度的要求,为进一步完善城乡居民基本养老保险制度,经党中央、国务院同意,现就建立城乡居民基本养老保险待遇确定和基础养老金正常调整机制提出以下意见。

1. 完善待遇确定机制。城乡居民基本养老保险待遇由基础养老金和个人账户养老金构成。基础养老金由中央和地方确定标准并全额支付给符合领取条件的参保人;个人账户养老金由个人账户全部储存额除以计发系数确定。明确各级人民政府、集体经济组织和参保居民等各方面的责任。中央根据全国城乡居民人均可支配收入和财力状况等因素,合理确定全国

---

① 人力资源和社会保障部网站,http://www.mohrss.gov.cn/SYrlzyhshbzb/zcfg/SYzhengce-jiedu/201803/t20180329_291012.html。

基础养老金最低标准。地方应当根据当地实际提高基础养老金标准,对65岁及以上参保城乡老年居民予以适当倾斜;对长期缴费、超过最低缴费年限的,应适当加发年限基础养老金。各地提高基础养老金和加发年限基础养老金标准所需资金由地方负担。引导激励符合条件的城乡居民早参保、多缴费,增加个人账户资金积累,优化养老保险待遇结构,提高待遇水平。

2. 建立基础养老金正常调整机制。人力资源社会保障部会同财政部,统筹考虑城乡居民收入增长、物价变动和职工基本养老保险等其他社会保障标准调整情况,适时提出城乡居民全国基础养老金最低标准调整方案,报请党中央和国务院确定。地方基础养老金的调整,应由当地人力资源社会保障部门会同财政部门提出方案,报请同级党委和政府确定。

3. 建立个人缴费档次标准调整机制。各地要根据城乡居民收入增长情况,合理确定和调整城乡居民基本养老保险缴费档次标准,供城乡居民选择。最高缴费档次标准原则上不超过当地灵活就业人员参加职工基本养老保险的年缴费额。对重度残疾人等缴费困难群体,可保留现行最低缴费档次标准。

4. 建立缴费补贴调整机制。各地要建立城乡居民基本养老保险缴费补贴动态调整机制,根据经济发展、个人缴费标准提高和财力状况,合理调整缴费补贴水平,对选择较高档次缴费的人员可适当增加缴费补贴,引导城乡居民选择高档次标准缴费。鼓励集体经济组织提高缴费补助,鼓励其他社会组织、公益慈善组织、个人为参保人缴费加大资助。

5. 实现个人账户基金保值增值。各地要按照《国务院关于印发基本养老保险基金投资管理办法的通知》(国发〔2015〕48 号)要求和规定,开展城乡居民基本养老保险基金委托投资,实现基金保值增值,提高个人账户养老金水平和基金支付能力。

政策解读:

该文件的出台,将对城乡居民基本养老保险制度产生重大而深远的影响,这意味着中国城乡居民养老保险制度将进入完善运行机制的发展阶段①。

---

① 人力资源和社会保障部网站, http://www. mohrss. gov. cn/wap/zc/qwjd/201804/ t20180402_291433.html。

在我国老龄化速度加快的背景下,完善养老金制度结构和运行机制至关重要。《指导意见》的出台将推动城乡居民养老保险制度健康发展,在应对人口老龄化方面具有积极的战略意义。《指导意见》的出台,将全面推进城乡居民基本养老保险制度完善,促进城乡居民基本养老保险从过去注重外延式扩张的数量型增长模式转向注重完善内在机制的质量型增长模式,有利于提高城乡居民基本养老保险制度运行质量和效益,有利于促进这项制度的公平与可持续发展,有利于不断满足广大城乡居民日益增长的对于享有更高水平、更高质量、更加可靠的养老保障的美好愿望。

第一,这是完善城乡居民基本养老保险制度的重大举措。党的十九大要求完善城乡居民养老保险制度,提出了兜底线、织密网、建机制的要求,只有建立起符合中国实际的制度机制,才能把社会保障网织密;只有将制度机制的作用发挥好,才能兜得住底线。所以,建立激励约束有效、筹资权责清晰、保障水平适度的待遇确定和基础养老金正常调整机制,既是措施也是目的。

第二,建立基础养老金正常调整机制。在规范各级政府预算与支出的基础上,可以统筹考虑城乡居民收入增长、物价变动和有关保障标准调整等情况,确定基础养老金最低标准和基础养老金调整机制,包括调整原则、调整参数和调整周期等问题。同时,基础养老金可以适当向高龄老人倾斜。

第三,充分发挥基础养老金和个人账户养老金的结构效应和共同保障功能。一是明确政府在基础养老金方面的责任。目前经合组织国家老遗残保障的公共支出均值为 GDP 的 8% 和财政支出的 18%(参见《2017 年 OECD 养老金概览》)。2017 年,我国财政总支出突破 20 万亿元,根据《指导意见》中尽力而为、量力而行的要求,界定政府责任,规范各级政府在城乡居民基本养老保险的预算投入,提高基础养老金还有空间,应进一步落实。二是促进个人账户当期缴费正常增长。个人缴费档次标准根据城乡居民收入和经济发展等因素调整,有利于缴费整体水平"水涨船高";同时动态调整政府缴费补贴,激励个人多缴费;缴费年限与计发养老金待遇相关联,激励个人早缴费、长缴费。

第四,实现个人账户基金保值增值。建立居民养老保险个人账户的意义在于调动居民积累养老金的积极性,满足养老金保值增值需求。按照

《国务院关于印发基本养老保险基金投资管理办法的通知》（国发〔2015〕48号）要求和规定，借鉴全国社会保障基金和企业年金的受托人制度和投资管理经验，开展城乡居民基本养老保险基金委托投资，实现养老基金保值增值，则会激励居民多缴费、长缴费，增加个人养老金积累，提高居民养老保险的支付水平。

（四）国务院印发《关于改革国有企业工资决定机制的意见》

2018 年 5 月 25 日，国务院印发《关于改革国有企业工资决定机制的意见》①（以下简称《意见》）。《意见》要求，要全面贯彻党的十九大精神，以习近平新时代中国特色社会主义思想为指导，以增强国有企业活力、提升国有企业效率为中心，建立健全与劳动力市场基本适应、与国有企业经济效益和劳动生产率挂钩的工资决定和正常增长机制，完善国有企业工资分配监管体制，推动国有资本做强做优做大，促进收入分配更合理、更有序。《意见》指出，国有企业工资决定机制改革是完善国有企业现代企业制度的重要内容，是深化收入分配制度改革的重要任务，事关国有企业健康发展，事关国有企业职工切身利益，事关收入分配合理有序。改革要坚持建立中国特色现代国有企业制度改革方向、坚持效益导向与维护公平相统一、坚持市场决定与政府监管相结合、坚持分类分级管理的基本原则。

政策背景：

国有企业工资决定机制改革是完善国有企业现代企业制度的重要内容，是深化收入分配制度改革的重要任务，事关国有企业健康发展，事关国有企业职工切身利益，事关收入分配合理有序。1985 年以来，国家对国有大中型企业实行工资总额同经济效益挂钩办法，职工工资总额增长按经济效益增长的一定比例浮动，对促进国有企业提高经济效益和调动国有企业职工积极性发挥了重要作用。但随着社会主义市场经济体制逐步健全和国有企业改革不断深化，现行国有企业工资决定机制还存在市场化分配程度不高、分配秩序不够规范、监管体制尚不健全等问题，难以适应改革发展需要。党中央、国务院高度重视国有企业工资分配制度改革工作。党的十九

---

① 中央人民政府网，http://www.gov.cn/xinwen/2018-05/25/content_5293682.htm。

大报告明确提出,要坚持按劳分配原则,完善按要素分配的体制机制,促进收入分配更合理、更有序。《中共中央、国务院关于深化国有企业改革的指导意见》(中发〔2015〕22号)提出,要实行与社会主义市场经济相适应的企业薪酬分配制度,对深化国有企业工资决定机制改革提出了具体要求。这次国务院印发《意见》,是落实党中央有关决策部署的具体举措,目的是进一步建立健全灵活、高效的国有企业经营机制,推动国有企业全面提升发展质量和效率。继深化国有企业负责人薪酬制度改革之后,这次国有企业工资决定机制改革举措的出台,标志着与中国特色现代国有企业制度相适应的国有企业工资分配制度体系基本形成。

政策内容:

《意见》明确了改革的指导思想和基本原则,即:改革要全面贯彻党的十九大精神,以习近平新时代中国特色社会主义思想为指导,按照深化国有企业改革、完善国有资产管理体制和坚持按劳分配原则、完善按要素分配体制机制的要求,以增强国有企业活力、提升国有企业效率为中心,建立健全与劳动力市场基本适应、与国有企业经济效益和劳动生产率挂钩的工资决定和增长机制,完善国有企业工资分配监管体制,充分调动国有企业职工的积极性、主动性和创造性,进一步激发国有企业创造力和提高市场竞争力,推动国有资本做强做优做大,促进收入分配更合理、更有序。改革要遵循四项基本原则:坚持建立中国特色现代国有企业制度改革方向,坚持效益导向与维护公平相统一,坚持市场决定与政府监管相结合,坚持分类分级管理。

按照上述指导思想和基本原则,这次改革的思路是以国有企业工资总额分配为重点,兼顾国有企业内部分配,坚持问题导向和目标导向,按照工资分配市场化改革方向,改革企业工资总额确定办法和管理方式,进一步落实企业工资分配自主权。同时,改进和加强政府对企业工资分配的监管,强化事前引导和事中事后监督。通过改革,完善既有激励又有约束、既讲效率又讲公平、既符合企业一般规律又体现国有企业特点的分配机制。

《意见》重点围绕国有企业工资总额分配,对决定机制、管理方式和监管体制机制进行了改革完善。主要包括:一是改革工资总额决定机制。《意见》明确指出,确定国有企业工资总额,要综合考虑国家工资收入分配宏观政策要求、企业发展战略和薪酬策略、生产经营目标和经济效益、劳动生产率、人工成本投入产出率、职工工资水平等一揽子因素。同时,《意见》完善了工资与效益同向联动机制,明确了企业经济效益增则工资增、企业经济效益降则工资降的挂钩联动原则,对科学确定企业工资效益联动指标也提出了指导性意见。二是改革工资总额管理方式。《意见》明确指出,对国有企业工资总额全面实行预算管理,根据企业功能性质定位、行业特点并结合法人治理结构完善程度,对其工资总额预算方案分别实行备案制或核准制。同时,对合理确定工资总额预算周期、强化工资总额预算执行等作出了规定。三是完善企业内部工资分配管理。《意见》在坚持落实国有企业内部薪酬分配法定权利的基础上,对完善企业内部工资总额管理制度、深化企业内部分配制度改革、规范企业工资列支渠道提出了原则要求。四是健全工资分配监管体制机制。《意见》进一步理顺了政府职能部门和履行出资人职责机构的监管责任,对加强和改进政府对国有企业工资分配的宏观指导调控、落实履行出资人职责机构监管职责、健全国有企业工资内外收入监督检查制度和问责机制作出明确规定。同时,对完善国有企业工资分配内部监督机制、建立国有企业工资分配信息公开制度等提出了要求。

政策解读:

《意见》是对国有企业工资分配管理办法的重大改革,标志着既符合企业一般规律又体现国有企业特点的工资分配机制进一步健全,对充分调动国有企业职工的积极性、主动性和创造性,进一步激发国有企业创造力和提高市场竞争力,推动国有资本做强做优做大具有重要意义。

1. 改革聚焦于解决国有企业工资分配面临的"成长中的烦恼"①

近年来特别是党的十八大以来,国有企业随社会主义市场经济体制逐步健全而成长壮大,同时也面临一些"成长中的烦恼",工资分配尤为突出:一是市场化分配程度不高,工资能增不能减,部分行业企业工资水平偏离市场价位,该高的不高,该低的不低,没有真正根据贡献大小拉开档次。二是随着国有企业现代企业制度逐步建立健全、越来越多参与国际国内市场竞争,国有企业自身的公司治理水平、市场竞争意识、工资分配规范自律能力

---

① 常风林:《国有企业工资决定机制改革取得重大突破》,《光明日报》2018 年 5 月 26 日。

等方面有了质的飞跃,现有工资分配的监管体制机制难以适应国有企业发展需要。三是对工资分配不合理差距的宏观调控缺乏有效手段。长期以来,部分竞争性企业工资增长偏慢、工资水平偏低,同时垄断性程度较高行业企业工资增长管控不到位,部分企业凭借特殊资源优势或政策因素,较容易获得高额利润,造成职工工资增长过快、水平过高,导致不同行业、企业之间工资分配不合理差距较大。党的十八大和十八届三中、五中全会都明确提出要"调节过高收入",缩小收入分配差距,党的十九大再次提出要"促进收入分配更合理、更有序""调节过高收入"。社会公众对解决工资分配不公也寄予厚望,期待已久。此次改革坚持问题导向,聚焦于系统解决国有企业工资分配中面临的突出问题,改革目标比较明确,取向符合实际。

2. 改革总体符合国有企业建立健全现代企业制度方向

此次改革突出市场竞争越充分,政府放权越充分;企业自律机制越有效,分配自主权越充分。这种政策设计从根本上有利于调动国有企业主动参与竞争、规范经营、提升公司治理水平的积极性、主动性。改革赋予自我约束机制强特别是充分竞争行业和领域的国有企业更充分的二资分配自主权,这与近年来我国国有企业公司制改革、市场化经营机制改革、落实董事会职权试点等深化国有企业改革政策相呼应,有利于进一步增强国有企业的活力。改革提出对工资分配的备案制、核准制管理方式与国有企业董事会规范程度、公司治理结构完善程度、内控机制健全程度相挂钩并且实行动态化调整。竞争性企业原则上实行备案制,但如果董事会建设、公司治理、内控机制出现违规问题就会被取消备案制转为核准制;非竞争性国有企业如果董事会建设规范、治理结构完善、内控机制健全也有机会实行备案制。这种激励约束机制设计科学有效,客观上有利于倒逼国有企业千方百计提升公司治理水平、建立健全现代企业制度。

3. 改革最大亮点是坚持国有企业工资分配市场化方向

改革的市场化方向非常鲜明。第一,进一步突出了国有企业的市场主体地位。企业董事会的工资分配管理权进一步落实,国有企业采取更符合市场规律要求的全面预算管理办法制订工资总额预算方案,自主编制、自我约束。第二,出资人监管方式更多采用备案制等市场化方式,给予企业更多自主权。第三,工资水平确定要求对标劳动力市场价位、参照市场标准,国有企业工资水平是否合理更多由市场说了算,特别是对主业不处于充分竞争行业和领域的企业,职工工资水平过高偏高的,通过落实政府部门规定的工资增长调控目标实现其工资增长相对少增,并逐步向市场合理价位接轨。第四,工资决定办法更符合市场规律。国有企业工资决定既考虑经济效益,也考虑劳动生产率,还参考同期劳动力市场价位,并与国有企业功能分类、考核指标与考核目标值高低难易程度等紧密联系,同时探索采用周期制预算管理。工资能增能减的机制更明确,即经济效益增、工资增,经济效益降、工资降;劳动生产率高的相对多增,劳动生产率低的相对少增。新的工资决定办法更全面、更科学,这有利于增强企业的市场对标意识,提升企业市场竞争力。

4. 工资决定机制的核心内涵仍要坚持咬定"效益"不放松

现行的国有企业工资决定机制特点是工资增长与经济效益"单一挂钩";改革之后,国有企业工资决定机制变"单一挂钩"为"一适应、两挂钩"(即与劳动力市场基本适应,与企业经济效益和劳动生产率挂钩)多因素综合决定,不再简单以经济效益论英雄,而是统筹考虑企业经济效益、劳动生产率、劳动力市场价位对标以及政府职能部门发布的工资指导线等多重因素。改革着眼于使国有企业职工更好分享企业经济效益增长、劳动生产率提高的成果,使职工工资增长与经济效益增长、劳动生产率提高同步,一定程度将使国有企业特别是充分竞争性行业和领域职工工资收入方面有更多获得感,给部分国有企业职工带来实实在在的改革红利。

强调工资增长由经济效益、劳动生产率、劳动力市场对标等多因素决定,并非弱化企业经济效益的极端重要性,也不是只讲公平不讲效率,更不是普涨工资。改革聚焦于激励经济效益更好、劳动生产率更高、劳动力市场价位更合理的国有企业工资较快增长,改革的核心内涵仍是工资增长咬定"效益"不放松。国有企业的企业属性,决定了国有企业特别是主业处于充分竞争行业和领域的商业类企业,必须更好遵循市场规律,以经济效益最大化、提高市场竞争力为主要目标,工资增长要在更高水平、更高层面讲效率,真正实现工资总额与国有企业经济效益、劳动生产率等挂钩同向联动、能增能减。

5. 改革对改进完善国有企业内部分配进一步指明了方向

改革对改进完善国有企业内部分配提出了明确要求。一方面,明确提出国有企业要完善工资正常增长机制,同时分配要向关键岗位、生产一线岗位和紧缺急需的高层次、高技能人才倾斜,这不但有利于从宏观层面扩大我国中等收入群体,而且有利于进一步打破长期以来部分国有企业内部分配中的平均主义大锅饭,合理拉开工资分配差距。在市场竞争环境下,民营企业等非国有经济市场主体往往表现为更偏重效率,企业内部工资分配收入差距更容易偏大过大。国有企业在收入分配中具有示范引领作用,通过在企业内部分配中主动作为,调节不合理过高收入,形成内部合理分配关系,成为促进收入分配更合理、更有序的"参照系"、排头兵。另一方面,改革明确要求以业绩为导向,加强全员绩效考核,职工工资收入与工作业绩和实际贡献紧密挂钩,收入能增能减,这将使国有企业内部分配结果更符合市场机制的内在要求,防止市场失灵。同时,改革要求完善国有企业工资分配内部监督机制、信息对外公开制度等,也将进一步有助于建立健全国有企业公司治理结构。

6. 改革对政府部门、履行出资人职责机构的监管能力提出了更高要求

改革要体现更科学有效的宏观调控,提出了多项创新性监管方式,如明确提出人力资源社会保障部门会同有关部门实施政策"组合拳",包括定期制定发布工资指导线、及时提供更充分企业薪酬信息、调节过高收入、开展国有企业工资内外收入监督检查等一揽子精准化的事前引导事后监管政策措施,力求做到坚持效益导向与维护公平相统一,着力规范工资分配秩序,坚持宏观调控全覆盖,促进收入分配更合理、更有序。履行出资人职责机构通过组织业绩考核、事中动态监控、执行结果事后清算等方式督促所监管企业落实国家相关政策规定。可以预期,此次改革既是对加强和改进国有企业工资分配宏观调控的难得机遇,同时也对政府部门特别是履行出资人职责机构的监管能力提出了更高要求,各级政府部门、履行出资人职责机构必须认真学习文件精神,不断提升相应能力。

（五）国家发改委等 15 部门印发《关于扶持残疾人自主就业创业的意见》

2018 年 1 月 12 日,中国残联联合国家发改委等 15 部门印发《关于扶持残疾人自主就业创业的意见》(以下简称《意见》)。《意见》明确了 20 多

项促进残疾人自主就业创业、脱贫解困的扶持政策。这些政策包括为残疾人自主就业创业提供合理便利和优先照顾、落实税收优惠和收费减免、提供金融扶持和资金补贴、支持重点对象和"互联网+"创业、提供支持保障和就业服务等多个方面。

政策背景：

自主创业、灵活就业是残疾人实现就业的主渠道之一。为落实国家关于大力推进大众创业、万众创新和坚决打赢脱贫攻坚战的有关部署，进一步促进残疾人自主就业创业，加快推进残疾人小康进程，依据《残疾人保障法》和《残疾人就业条例》"国家鼓励扶持残疾人自主择业、自主创业"要求和《国务院关于做好当前和今后一段时期就业创业工作的意见》精神，中国残联联合国家发改委等 15 部门印发了《关于扶持残疾人自主就业创业的意见》，明确了多项促进残疾人自主就业创业、脱贫解困的扶持政策。意见还要求，通过政府购买服务，加大各类孵化基地、众创空间、创新工场、创业园等对残疾人创业培训、开业指导、项目推介、融资咨询、法律援助等孵化服务力度。鼓励建立残疾人就业创业孵化基地，2018 年底前各省、自治区、直辖市和计划单列市至少建有一个残疾人创业孵化基地①。

政策内容：

根据《意见》，残疾人自主就业创业包括残疾人自主创业和灵活就业。其中规定，残疾人在登记个体工商户、各类企业、农民专业合作社等经济实体，或登记各类社会团体、民办非企业单位等社会组织时，相关部门应提供合理便利，优先办理登记注册手续。政府和街道兴办贸易市场，设立商铺、摊位，以及新增建设彩票投注站、新增建设邮政报刊零售亭等便民服务网点时，应预留不低于 10% 给残疾人，并适当减免摊位费、租赁费，有条件的地方应免费提供店面。

《意见》明确，残疾人本人为社会提供的服务和加工、修理修配劳务，按照有关规定免征增值税。残疾人个体就业或创办的企业，可按规定享受增值税优惠政策。对残疾人个人取得的劳动所得，根据《中华人民共和国个人所得税法》和《中华人民共和国个人所得税法实施条例》有关规定，按照

---

① 新华网，http://www.xinhuanet.com/gongyi/2018-02/01/c_129800853.htm。

省、自治区、直辖市人民政府规定的减征幅度和期限减征个人所得税。

对残疾人自主就业创业的,按照有关规定免收管理类、登记类和证照类等有关行政事业性收费和具有强制垄断性的经营性收费。征得行业协会商会同意,适当减免或降低会费及其他服务收费。生产经营困难的,可依法申请降低住房公积金缴存比例或缓缴,待效益好转后再提高缴存比例或补缴。残疾人创办具有公益性、福利性且在民政部门登记为民办非企业单位的经营场所用电、用水、用气、用热按照民用标准收取。

残疾人自主创业、灵活就业的经营场所租赁、启动资金、设施设备购置符合规定条件的,可由各地给予补贴和小额贷款贴息。建档立卡贫困残疾人可申请扶贫小额信贷,具体贴息标准参考各地贴息管理办法执行。政府支持的融资性担保机构和再担保机构应加大对残疾人自主就业创业的融资服务力度。有条件的地区可多渠道筹资设立残疾人小额贷款风险补偿基金。对信用良好的残疾人创业者经综合评估后可取消反担保。

残疾人首次创办小微企业或从事个体经营,且所创办企业或个体工商户自工商登记注册之日起正常运营1年以上的,鼓励地方开展一次性补贴试点。符合就业困难人员条件的残疾人实现灵活就业的,按规定给予社会保险补贴,由就业补助资金支出。享受城乡低保的残疾人首次自主就业创业的,在核算其家庭收入时,扣减必要的就业成本,鼓励残疾人通过自身努力就业增收,摆脱贫困。特殊教育院校教育类、残疾人高校等毕业生按规定享受求职创业补贴。

《意见》对支持重点对象和互联网+创业作出了具体规定,重点扶持残疾人自主就业创业致富带头人和非遗继承人。残疾人自主创业并带动其他残疾人稳定就业的、获得有关部门认定的残疾人非遗继承人自主创业的,给予贴息贷款扶持。残疾人利用网络就业创业的,给予设施设备和网络资费补助。

政策解读:

这是新时代党和政府对残疾人工作生活的特别关照,体现了以人为本的宗旨。自主创业、灵活就业(以下统称自主就业创业)是残疾人实现就业的主渠道之一。意见的颁布,有利于落实国家关于大力推进大众创业、万众创新和坚决打赢脱贫攻坚战的部署,进一步促进残疾人自主就业创业,加快推进残疾人小康进程,对广大残疾人群体而言是非常明显的政策利好①。

四、促进人员开发优化、民生方面的相关政策法规

与 2017 年相比,2018 年民生工作延续了对农民工群体的关注,并且对各项问题提出了更为具体的方案和举措。国务院办公厅印发了《保障农民工工资支付工作考核办法》,拟对各省(区、市)人民政府及新疆生产建设兵团保障农民工工资支付工作实施年度考核,推动落实保障农民工工资支付工作属地监管责任,切实保障农民工劳动报酬权益,着重解决农民工"欠薪"问题。

面对劳动力市场中的各种压力,2018 年民生工作在劳动力培训、评价和待遇方面给予了更大投入。在倡导劳模精神、工匠精神和敬业风气的时代背景下,面对技工短缺的劳动力市场结构性矛盾,人力资源社会保障部《关于贯彻落实〈关于提高技术工人待遇的意见〉精神的通知》,提出了全面提高技术工人待遇的各项举措。社会保障的完善以及乡村振兴战略也是本年度工作的重点。中共中央办公厅、国务院办公厅印发的《关于分类推进人才评价机制改革的指导意见》,突出道德评价,强调科学的标准和多元的形式,努力加快推进重点领域人才评价改革以实现人才强国、民族振兴的目标。面临劳动力市场的结构性矛盾,推动大众创业、万众创新,《国务院关于推行终身职业技能培训制度的意见》为完善职业技能培训制度提供了具体指导。

扶贫攻坚、社会保障和乡村振兴也是本年度工作的重点。为了打好脱贫攻坚战,逐步提高社会保险待遇水平,助力参保贫困人员精准脱贫,人力资源和社会保障部、财政部、国务院扶贫办颁布了《关于切实做好社会保险扶贫工作的意见》,致力于减轻贫困人员的各项保险和医疗负担,为贫困人员提供更全面和便利的服务。为了贯彻落实党中央、国务院关于建立多层次社会保障体系、大力发展企业年金要求的具体举措,人力资源和社会保障部、财政部出台《企业年金办法》,为企业年金制度提供更为具体的指导。

①　中国国家人才网,http://www.newjobs.com.cn/Details? newsId=02C6A588E713C84E。

《中共中央、国务院关于实施乡村振兴战略的意见》则描绘了乡村振兴道路的宏伟政策蓝图,以"七个之路"为主线和灵魂,以"四梁八柱"为政策体系,对强化乡村振兴人才作出五方面政策部署,为走好中国特色社会主义乡村振兴道路制定了科学的战略规划。

（一）人力资源社会保障部、财政部、国务院扶贫办发布《关于切实做好社会保险扶贫工作的意见》

2017年8月1日,人社部、财政部、国务院扶贫办发布了《关于切实做好社会保险扶贫工作的意见》①（以下简称《意见》),明确要支持帮助建档立卡贫困人口、低保对象、特困人员等困难群体及其他社会成员参加社会保险,基本实现法定人员全覆盖。

政策背景:

党的十八大以来,以习近平同志为核心的党中央把扶贫开发工作提升到治国理政新高度,把贫困人口脱贫作为全面建成小康社会的底线任务和标志性指标。脱贫攻坚是一项政治任务,我国脱贫攻坚任务艰巨,是各级党委政府的重点难点工作。开展社会保险扶贫,是贯彻落实党中央、国务院和省委省政府打赢脱贫攻坚战决策部署的重要举措,是进一步织密织牢社会保障"安全网"的重要内容,是人社领域聚焦和服务精准扶贫的具体行动。

政策内容:

《意见》对建档立卡未标注脱贫的贫困人口、低保对象、特困人员等困难群体的城乡居民养老保险、医疗保险、工伤保险、失业保险方面进行了政策安排。参加城乡居民基本养老保险的,地方人民政府为其代缴部分或全部最低标准养老保险费。对贫困人员参加城乡居民基本医疗保险个人缴费部分由财政给予补贴。

《意见》要求完善并落实社会保险扶贫政策,主要措施包括:

1. 减轻贫困人员参保缴费负担。对建档立卡未标注脱贫的贫困人口、低保对象、特困人员等困难群体,参加城乡居民基本养老保险的,地方人民

---

① 财政部网站,http://www.mof.gov.cn/zhengwuxinxi/caizhengxinwen/201708/20170810_2670326.htm。

政府为其代缴部分或全部最低标准养老保险费,并在提高最低缴费档次时,对其保留现行最低缴费档次。对贫困人员参加城乡居民基本医疗保险个人缴费部分由财政给予补贴。进一步做好建筑业农民工按项目参加工伤保险工作,对用工方式灵活、流动性大、建档立卡农村贫困劳动力(以下简称贫困劳动力)相对集中的行业,探索按项目等方式参加工伤保险。用人单位招用农民合同制工人应当依法缴纳失业保险费,农民合同制工人本人不缴纳失业保险费。依法将包括农民工在内的合同制工人纳入生育保险,由用人单位缴纳生育保险费,职工个人不缴费。

2. 减轻贫困人员医疗费用负担。结合城乡居民基本医疗保险制度整合,做好制度平稳并轨,确保贫困人员保障待遇不降低。巩固完善城乡居民大病保险,对贫困人员通过降低起付线、提高报销比例和封顶线等倾斜性政策,实行精准支付。对贫困人员中已核准的因病致贫返贫患者,通过加强基本医保、大病保险和医疗救助的有效衔接,实施综合保障,提高其医保受益水平。对其他罹患重特大疾病陷入贫困的患者,可采取综合保障措施。对工伤尘肺病患者,按规定将疗效可靠的尘肺病治疗药物列入工伤保险药品目录,将符合医疗诊疗规范的尘肺病治疗技术和手段纳入工伤保险基金支付范围。将参加城乡居民基本医疗保险的非就业妇女符合条件的住院分娩医疗费用纳入城乡居民基本医疗保险报销范围。

3. 适时提高社会保险待遇水平。研究建立城乡居民基本养老保险待遇确定与基础养老金最低标准正常调整机制,完善城乡居民基本养老保险筹资和保障机制。根据经济发展和居民收入水平增长情况,适时适度逐步提高城乡居民基本养老保险最低缴费标准和基础养老金标准。强化多缴多得、长缴多得的激励约束机制,完善缴费补贴政策,引导城乡居民主动参保缴费。完善基本养老保险基金投资运营政策,加强风险管理,提高投资回报率。农民合同制工人在用人单位依法为其缴纳失业保险费满1年,劳动合同期满不续订或提前与其解除劳动合同后,可申领一次性生活补助。

4. 体现对贫困人员的适度优先。加强城乡居民基本养老保险与农村最低生活保障、特困人员救助供养等社会救助制度的统筹衔接,"十三五"期间,在认定农村低保和扶贫对象时,中央确定的城乡居民基本养老保险基础养老金暂不计入家庭收入。充分运用浮动费率政策,促使企业加强工伤预防,有效降低工伤发生率。对符合工伤保险待遇先行支付情形的贫困劳动力,工伤保险经办机构应给予先行支付。有条件的地区可打破户籍限制,统一农民合同制工人和城镇职工失业保险政策。

《意见》强化社会保险扶贫的保障措施包括:

1. 推进贫困人员应保尽保和法定人员全覆盖。全面实施全民参保计划,深入贫困地区、农民工集中的高风险行业、单位和岗位,重点摸清贫困人员和贫困劳动力参加社会保险情况,采取通俗易懂的方式开展政策宣传。根据贫困人员和贫困劳动力参保信息,认真落实社会保险扶贫政策,积极主动开展参保登记及缴费等经办服务工作。各地社会保险经办机构要按规定支付参保人员社会保险待遇。

2. 增强贫困地区社会保险经办服务能力。各地要科学整合贫困地区现有公共服务资源和社会保险经办管理资源,采取政府购买服务、增加公益性岗位、聘用合同工等方式充实基层经办力量。加强经办窗口作风建设,简化优化流程,推进标准应用,提升服务水平。加大贫困地区社会保险经办人员培训支持力度,开展"送培训到基层"活动,提高培训层次和质量。组织实施"互联网+人社"2020行动计划,将社会保险信息系统向基层延伸,打造方便快捷的基层经办平台。

3. 提高对贫困人员的医疗保险服务水平。加强定点医疗机构监管,完善协议管理,积极探索按人头、按病种等付费方式,促进医疗机构为贫困人员提供合理必要的医疗服务,主动控制医疗成本,进一步降低其医疗费用负担。充分依托基层医疗卫生机构,结合建立分级诊疗体系,完善医保差异化支付政策,适当提高基层医疗卫生机构政策范围内医疗费用报销比例,促进贫困人员就近合理有序就医。依托基本医保信息平台,实现基本医保、大病保险、医疗救助"一站式"即时结算,切实减轻贫困患者垫资压力。

4. 加强对社会保险扶贫工作的组织领导。各地要充分认识开展社会保险扶贫工作的重要性,围绕扶贫大局,创新思路对策,加强协调配合,全力抓好社会保险扶贫政策的落实。人力资源社会保障部和国务院扶贫办建立信息共享机制,定期开展建档立卡贫困人口与全国社会保险参保人员数据信息比对工作。各级人力资源社会保障部门要建立管理台账,做好人员标识,动态掌握建档立卡贫困人口参保和待遇保障情况,为实施社会保险精准扶贫提供数据支撑。各地财政部门要做好社会保险补助资金的预算安排和分配下达,确保按时足额拨付到位。

政策解读:

社会保险扶贫的目标任务是,充分发挥现行社会保险政策作用,完善并落实社会保险扶贫政策,提升社会保险经办服务水平,支持帮助建档立卡贫困人口、低保对象、特困人员等困难群体(以下简称贫困人员)及其他社会成员参加社会保险,基本实现法定人员全覆盖,逐步提高社会保险待遇水平,助力参保贫困人员精准脱贫,同时避免其他参保人员因年老、疾病、工伤、失业等原因陷入贫困,为打赢脱贫攻坚战贡献力量。

《意见》政策措施细致,比如医保政策和社保经办等内容,都很具体;逻辑层次清晰,容易被群众理解;对扶贫对象、保险内容、经办方法考虑全面。

(二) 国务院办公厅印发《保障农民工工资支付工作考核办法》

2017 年 12 月 6 日,国务院办公厅印发了《保障农民工工资支付工作考核办法》①(以下简称《办法》),决定自 2017 年至 2020 年,对各省(区、市)人民政府及新疆生产建设兵团保障农民工工资支付工作实施年度考核,推动落实保障农民工工资支付工作属地监管责任,切实保障农民工劳动报酬权益。

政策背景:

保障农民工工资支付,事关广大农民工切身利益。2016 年 1 月,国务院办公厅印发《关于全面治理拖欠农民工工资问题的意见》,明确了从根本上解决拖欠农民工工资问题的目标任务和政策措施。近年来,各地区、各有关部门多措并举,治欠保支工作取得较明显成效。

但欠薪问题依然没有得到根本解决。从一些地区的实践情况看,加强目标考核、落实属地监管责任是保障农民工工资支付的关键措施。《关于全面治理拖欠农民工工资问题的意见》明确提出,要"完善目标责任制度,制定实施办法,将保障农民工工资支付纳入政府考核评价指标体系"。

---

① 中央人民政府网,http://www.gov.cn/zhengce/content/2017－12/12/content_5246271. htm。

2017年2月,国务院常务会议也要求严格落实省市县各级政府的属地监管责任,对工作不到位的要实施问责。在这种背景下,《办法》正式出台。

政策内容:

《办法》共13条,明确了考核的主体和对象、考核的内容和程序、考核分级和评价标准、考核结果的运用等事项。考核工作在国务院领导下,由解决企业工资拖欠问题部际联席会议负责实施,部际联席会议办公室具体组织落实。

《办法》指出,考核工作要坚持目标导向、问题导向和结果导向,强调突出重点,注重实效。考核对象是各省级政府。考核内容主要包括加强对保障农民工工资支付工作的组织领导、建立健全工资支付保障制度、治理欠薪特别是工程建设领域欠薪工作成效等情况。

《办法》规定,考核分为三个步骤。一是省级自查。由各省级政府对照考核方案及细则,对考核年度保障农民工工资支付工作进展情况和成效进行自查,形成自查报告报部际联席会议办公室。二是实地核查。由部际联席会议办公室组织各成员单位组成考核组,采取抽查等方式,对省级政府自查报告进行实地核查。三是综合评议。根据省级政府自查报告,结合实地核查等情况,由部际联席会议办公室组织各成员单位进行考核评议,形成考核报告。

《办法》指出,考核结果分为A、B、C三个等级。其中,各项工资支付保障制度完备、工作机制健全、成效明显且得分排在前10名的省份为A级;保障农民工工资支付工作不得力、欠薪问题突出、考核得分排在全国后三名,或因欠薪问题引发一定数量和规模的重大群体性事件或极端事件的省份为C级;A、C级以外的省份为B级。考核结果作为对各省级政府领导班子和有关领导干部进行综合考核评价的参考;考核过程中发现需要问责的问题线索,移交纪检监察机关。

《办法》明确,对考核结果为A级的省级政府,由部际联席会议予以通报表扬;对考核结果为C级的省级政府,由部际联席会议对该省级政府有关负责人进行约谈,责成其限期整改并提交书面报告。对在考核工作中弄虚作假、瞒报谎报造成考核结果失实的,予以通报批评,情节严重的,依纪依法追究相关人员责任。

政策解读：

为落实治欠保支工作的属地监管责任，国务院决定从 2017 年到 2020 年，对各省级政府保障农民工工资支付工作实施考核。考核工作由解决企业工资拖欠问题部际联席会议负责实施，部际联席会议办公室具体组织落实。考核对象为各省、自治区、直辖市人民政府及新疆生产建设兵团。

《办法》规定，考核内容主要包括加强保障农民工工资支付工作的组织领导、建立健全工资支付保障制度、治理欠薪特别是工程建设领域欠薪工作成效等情况。考核采取分级评分法，明确重点和要求，准确反映工作实际。目的是通过实施考核，进一步落实各级地方政府的属地监管责任，推动各地工作部署落到实处，努力实现到 2020 年基本无拖欠的目标。

《办法》也明确规定，各省级政府也要参照本办法，结合本地区实际，加强对辖区内各级政府的考核。

（三）　人力资源和社会保障部、财政部联合印发《企业年金办法》

2017 年 12 月 18 日，人社部、财政部联合印发《企业年金办法》①（以下简称《办法》）。《办法》是贯彻落实党中央、国务院关于建立多层次社会保障体系、大力发展企业年金要求的具体举措，是在我国社会保障制度不断健全和企业年金市场持续发展的基础上，对 2004 年《企业年金试行办法》的修订和完善。《办法》将自 2018 年 2 月 1 日起施行。

政策背景：

企业年金是企业及其职工在依法参加基本养老保险的基础上，通过集体协商自主建立的补充养老保险制度，是我国多层次养老保险制度体系中第二支柱的重要组成部分。企业建立企业年金，有利于完善职工薪酬体系，展现企业良好文化、增强人才吸引力、稳定职工队伍。职工参加企业年金，有利于在基本养老保险的基础上，另外增加一份养老积累，进一步提高退休后的收入水平和生活质量。

政策内容：

《办法》明确，企业年金是指企业及其职工在依法参加基本养老保险的

① 中央人民政府网，http://www.gov.cn/xinwen/2017-12/22/content_5249399.htm。

基础上,自主建立的补充养老保险制度。参加企业职工基本养老保险的其他用人单位及其职工建立补充养老保险的,参照本办法执行。

《办法》规定,企业年金所需费用由企业和职工个人共同缴纳,基金实行完全积累,为每个参加企业年金的职工建立个人账户。企业缴费每年不超过本企业职工工资总额的8%,企业和职工个人缴费合计不超过本企业职工工资总额的12%,具体所需费用由企业和职工一方协商确定。

《办法》要求,企业缴费应当按照企业年金方案确定的比例和办法计入职工企业年金个人账户,职工个人缴费计入本人企业年金个人账户。企业当期缴费计入职工企业年金个人账户的最高额不得超过平均额的5倍。

《办法》规定,职工企业年金个人账户中企业缴费及其投资收益,企业可以与职工一方约定其自始归属于职工个人,也可以约定随着职工在本企业工作年限的增加逐步归属于职工个人,完全归属于职工个人的期限最长不超过8年,并明确了几种例外情形。

《办法》规定,职工达到国家规定的退休年龄或者完全丧失劳动能力时,可以从本人企业年金个人账户中按月、分次或者一次性领取企业年金,也可以将本人企业年金个人账户资金全部或者部分购买商业养老保险产品,依据保险合同领取待遇并享受相应的继承权。出国(境)定居人员的企业年金个人账户资金,可以根据本人要求一次性支付本人。职工或者退休人员死亡后,其企业年金个人账户余额可以继承。

政策解读:

《办法》主要适用于企业及其职工。需要说明的是,经过多年的改革发展,企业职工基本养老保险已覆盖城镇各类企业及其职工、社会组织及其专职工作人员、机关事业单位编制外工作人员等。《办法》规定,参加企业职工基本养老保险的其他用人单位及其职工建立补充养老保险的,参照本办法执行。因此,只要参加了企业职工基本养老保险的用人单位及其职工,都可以建立企业年金制度。

企业年金实行完全积累,为每个参加企业年金的职工建立企业年金个人账户。职工企业年金个人账户下设企业缴费子账户和个人缴费子账户,分别记录企业缴费分配给个人的部分及其投资收益,以及本人缴费及其投资收益。企业年金基金按照国家有关规定进行投资运营,投资运营收益并入企业年金基金。

企业年金遵循信托法原则。企业年金方案备案后,企业和职工(合称委托人)应当选定企业年金受托人(符合国家规定的法人受托机构或者企业按照国家规定成立的企业年金理事会),由企业代表委托人与受托人签订受托管理合同。受托管理合同签订后,受托人应当委托具有企业年金管理资格的账户管理人、投资管理人和托管人,负责企业年金基金的账户管理、投资运营和托管。企业年金基金管理人按照国家规定分工协作,共同实现企业年金基金的依法合规运营和保值增值。

企业年金方案应当包括参加人员、资金筹集与分配的比例和办法、账户管理、权益归属、基金管理、待遇计发和支付方式、方案的变更和终止、组织管理和监督方式、双方约定的其他事项等内容。实践中,企业确实有变更和终止企业年金方案的需求。《办法》规定,企业与职工一方可以根据本企业情况,按照国家政策规定,经协商一致,变更企业年金方案。企业因依法解散、被依法撤销、被依法宣告破产或者因不可抗力等原因,致使企业年金方案无法履行的,以及企业年金方案约定的其他终止条件出现的,企业年金方案终止。企业年金方案变更和终止所需材料,按照《人力资源社会保障部办公厅关于进一步做好企业年金方案备案工作的意见》(人社厅发〔2014〕60号)规定执行。

对于职工企业年金个人账户中企业缴费及其投资收益,企业年金方案普遍设置了归属于职工个人的规则,但一些企业年金方案设置的归属规则不够合理,不利于保护职工权益。《办法》兼顾了企业和职工双方的权利和义务,并明确了几种例外情形。为保障流动就业职工的企业年金权益,《办法》在完善企业年金个人账户转移规定的基础上,增加了与职业年金转移接续的规定。另外,《办法》还明确了企业年金方案终止后,职工企业年金个人账户的转移办法。

《办法》规定,职工在达到国家规定的退休年龄、完全丧失劳动能力、出国(境)定居时,可以领取企业年金;职工或者退休人员死亡后,其企业年金个人账户余额可以继承。其中,职工完全丧失劳动能力时可以领取企业年金是新增内容,这有利于进一步体现企业年金的保障作用,适当改善完全丧失劳动能力职工的生活。

与职业年金办法基本一致并保持适当灵活性,是企业年金待遇领取方式的特点。一是倡导按月领取,有利于发挥企业年金长期养老保险的作用。二是允许分次领取,有利于退休人员根据本人企业年金个人账户资金额,结合企业年金个人所得税政策和自己的需要,选择合适的领取次数。三是保留了一次性领取方式,更加人性化,给予退休人员更多选择。四是可以购买商业养老保险产品,进一步丰富补充养老保险方式。

（四）中共中央办公厅、国务院办公厅印发《关于提高技术工人待遇的意见》,人力资源社会保障部下发《关于贯彻落实〈关于提高技术工人待遇的意见〉精神的通知》

2018 年 3 月,中共中央办公厅、国务院办公厅印发《关于提高技术工人待遇的意见》(以下简称《意见》),明确了提高技术工人待遇的指导思想、基本原则和政策措施。2018 年 4 月 15 日,人力资源和社会保障部下发《关于贯彻落实〈意见〉精神的通知》。党的十九大报告提出要建设知识型、技能型、创新型劳动者大军,弘扬劳模精神和工匠精神,营造劳动光荣的社会风尚和精益求精的敬业风气。

政策背景:

《意见》最主要的是体现了党的十九大精神。十九大提出了要建设知识型、技能型、创新型劳动者大军,弘扬劳模精神和工匠精神,营造劳动光荣的社会风尚和精益求精的敬业风气,要实施人才强国战略和创新驱动发展战略。十九大报告特别提出要建设现代化经济体系,这一经济体系包含了实体经济、科技创新、现代金融和人力资本的协同发展。2017 年中央推出了《新时期产业工人队伍建设改革方案》,《意见》是该《改革方案》的配套措施。

《意见》抓住了技工短缺的现象是劳动力市场结构性矛盾。全国的就业人员有 7.7 亿,技术工人有 1.65 亿,其中高技能人才有 4700 多万。这三组数据有两个比例可以在国际上做比较。技能劳动者,也就是技术工人占就业人员的比重大体上占到 20%,而高技能人才只占 6%,这两个比例都是比较低的。目前,就业市场求人倍率技术工人都在 1.5—2,特别是高技能人才,高级工以上包含技师和高级技师非常短缺,所以技工短缺的现象是劳动力市场结构性矛盾的体现,就业难与招工难同时存在。

《意见》抓住了技术工人的利益问题并推出提高技术工人待遇的政策。当前存在问题的主要原因是技术工人的社会地位不够高,受社会环境、传统思维观念的影响,再加上收入水平偏低,许多青年人不愿意当技术工人,这些问题需要统筹研究、综合施策、长期努力。提高技术工人待遇政策的推出,第一次把提高技术工人待遇上升到全局高度,摆在一个重要位置,抓住了技术工人最关心、最直接、最现实的利益问题。《意见》聚焦企业人才瓶颈,突出激励提升,强化问题导向,具有鲜明的导向性、针对性和标志性。

党中央、国务院历来高度重视产业工人队伍建设,特别是党的十八大以来,习近平总书记站在党和国家工作全局的战略高度,就新时期产业工人队伍建设作出一系列重要论述,提出明确要求,为推动新时期产业工人队伍建设改革提供了基本遵循和行动指南。《意见》的制定出台,是以习近平同志为核心的党中央站在决胜全面建成小康社会、夺取新时代中国特色社会主义伟大胜利的高度,针对加快推进新时期产业工人队伍建设改革,提高保障和改善民生水平作出的重大战略决策,对实施人才强国战略和创新驱动发展战略,实现"两个一百年"奋斗目标、实现中华民族伟大复兴的中国梦具有重要意义①。

政策内容:

《意见》共分七个部分。第一部分指导思想,第二部分基本原则,第七部分加强组织领导,三四五六部分一共 16 条具体措施,是一个含金量比较高的政策意见。

政策重点支持五方面高技能领军人才。关于对高技能领军人才的界定问题,实际上是《意见》起草过程中研究的一项重点问题,就是高技能人才的待遇水平提升问题。从总体上来讲,技术工人的待遇普遍需要提高,而在技术工人当中最需要提高的是高技能人才,而在高技能人才当中最需要关注的是高技能领军人才。《意见》对高技能的领军人才有一个范围上的界定,大体上是"5+1"。从国家的层面认定是五个方面,主要包括:一是全国劳动模范。二是全国五一劳动奖章获得者。三是中华技能大奖获得者。四

---

① 中国人力资源市场网,http://www.chrm.gov.cn/Content/825/2018/04/171021.html。

是全国技术能手。五是享受特殊津贴。"+1"是加上省级政府根据本省的产业情况、经济发展情况所认定的"高精尖缺"的高技能人才。以上五类加上省级政府认定的高技能人才,作为高技能领军人才确定为政策重点支持范围。

进一步激发技术工人骨干作用的五方面措施具体包括:第一个方面,加强对高技能领军人才的服务保障,要求各地设立服务窗口,结合实际制定相关的支持政策。第二个方面,在提高政治待遇方面,包括纳入党委联席专家,鼓励各方力量、以各种方式进行特殊的奖励,包括鼓励企业吸收他们参与经营管理决策。第三个方面,经济待遇,主要是鼓励企业为高技能领军人才制定职业发展规划和年资年功的工资制度,试行高技能人才的年薪制和股权、期权激励,参照高级管理人员的标准落实或者兑现相关待遇,按实际贡献给予绩效的奖励。第四个方面,提高他们的社会待遇,鼓励社会方面多做工作,包括解决他们的困难问题,如住房、安家、子女教育方面,包括大城市的积分落户等方面给予帮助。第五个方面,主要是鼓励高技能领军人才更多地参与国家科研项目,开展科研攻关,发挥他们的作用,保护他们的知识产权和技术创新成果,支持他们参与企业的职工教育培训,组织开展各种交流活动,包括海外的交流活动,同时也加强高技能领军人才绝招、绝活、绝技的宣传推广。

提高技术工人待遇的16条政策措施。《意见》提出提高技术工人待遇的16条政策措施,均明确由人力资源社会保障部为牵头(或联合牵头)单位,这是党中央、国务院赋予人力资源社会保障部的重要使命,凸显了人力资源社会保障部作为高技能人才队伍建设政府主管部门的重要职责。《意见》提出要以为国家作出突出贡献的高技能领军人才为重点支持对象,提高其政治待遇、经济待遇、社会待遇,有利于激励技术工人提升技能水平,在全社会形成尊重劳动、崇尚技能的良好氛围。

政策解读:

《意见》第一次把提高技术工人待遇上升到全局的高度,摆在党和国家重要的位置,充分体现了中国共产党坚持以人民为中心的发展思想。《意见》的实施发现了几个前所未有:前所未有的政策高度、前所未有的政策力度、前所未有的协同实施范围、前所未有的社会形态变革、前所未有的分配政策导向①。《意见》抓住了广大工人最关心、最直接、最现实的利益问题，促进改革发展成果更多更公平惠及技术工人，必将进一步增强技术工人的获得感、自豪感、荣誉感，激发他们创新创造的热情，积极投身社会主义现代化建设。各级人力资源社会保障部门应高度重视《意见》的学习和贯彻落实工作，深刻领会《意见》出台的重要意义，提出切实可行的贯彻措施，促进我国建设现代化经济体系，推进实体经济、科技创新、现代金融、人力资源协同发展，为培育一支数量充足、素质优良，拥有现代科技知识、精湛技术技能和较强创新能力的技术工人队伍贡献力量。

制定《意见》是党中央的重大战略决策。《意见》的出台是以习近平同志为核心的党中央立足新时期产业工人队伍建设改革的又一重大战略决策。《意见》体现"两个坚持"，一个是坚持人民为中心的发展思想，二是坚持全心全意依靠工人阶级的方针。它是围绕技术工人培养、使用、评价、激励和保障等环节提出意见，重点是增强技术工人的职业荣誉感、自豪感和获得感，激发工人的积极性、主动性和创造性。在文件的实施过程中主要是发挥好三个方面的作用，即政府、企业和社会这三个方面的作用。党中央、国务院高度重视产业工人和技术工人的待遇问题。对如何提高产业工人和技术工人的待遇，习近平总书记从 2013 年开始就多次强调，要在全社会营造一种尊重劳动的氛围。习近平总书记关于工人阶级每年都有重要指示，在十九大报告中专门提出"弘扬劳模精神和工匠精神，营造尊重劳动的社会风尚和精益求精的敬业风气"。

《意见》是《中国制造 2025》的一项配套政策。《中国制造 2025》配套政策中有一个关于人才保障和支撑方面的文件。在《中国制造 2025》实施过程中，除了企业经营管理人员，很重要的一块是科技，就是专业技术人才，最基础的是技能人才，就是广大的一线工人，特别是技术工人，是《中国制造 2025》实施落实的生力军。如果把技术工人的技能水平提升了，无论是中国制造还是中国服务，无论是一线产品还是后续的服务跟进，质量上都会有提升。

2018 年中央对经济工作特别提出要实现高质量发展，这个高质量发展

---

① 搜狐网,http://www.sohu.com/a/228374319_497872。

就要实现动能转换和质量提升,而在质量提升过程当中需要把技术工人的积极性激发调动起来,更重要的是把技术工人的技能水平真正提升起来,这样无论是实施创新驱动战略,还是人才强国战略,《意见》都发挥了积极的作用,会形成一个良性的互动,通过提高技术工人的收入水平、待遇水平,达到激发调动积极性的目的,通过这种积极性的激发和调动,能够更好地把中国制造质量进一步提升,从而实现发展目标。

(五)2018年中央一号文件颁布《中共中央、国务院关于实施乡村振兴战略的意见》

2018年1月2日,2018年中央一号文件《中共中央、国务院关于实施乡村振兴战略的意见》(以下简称《意见》)颁布。实施乡村振兴战略,是党的十九大作出的重大决策部署,是决胜全面建成小康社会、全面建设社会主义现代化国家的重大历史任务,是新时代"三农"工作的总抓手①。党的十八大以来,在以习近平同志为核心的党中央坚强领导下,坚持把解决好"三农"问题作为全党工作重中之重,持续加大强农惠农富农政策力度,扎实推进农业现代化和新农村建设,全面深化农村改革,农业农村发展取得了历史性成就,为党和国家事业全面开创新局面提供了重要支撑。5年来,粮食生产能力跨上新台阶,农业供给侧结构性改革迈出新步伐,农民收入持续增长,农村民生全面改善,脱贫攻坚战取得决定性进展,农村生态文明建设显著加强,农民获得感显著提升,农村社会稳定和谐。农业农村发展取得的重大成就和"三农"工作积累的丰富经验,为实施乡村振兴战略奠定了良好基础。

农业农村农民问题是关系国计民生的根本性问题。没有农业农村的现代化,就没有国家的现代化。当前,我国发展不平衡不充分问题在乡村最为突出,主要表现在:农产品阶段性供过于求和供给不足并存,农业供给质量亟待提高;农民适应生产力发展和市场竞争的能力不足,新型职业农民队伍建设亟须加强;农村基础设施和民生领域欠账较多,农村环境和生态问题比较突出,乡村发展整体水平亟待提升;国家支农体系相对薄弱,农村金融改

---

① 中央人民政府网,http://www.gov.cn/zhengce/2018-02/04/content_5263807.htm。

革任务繁重,城乡之间要素合理流动机制亟待健全;农村基层党建存在薄弱环节,乡村治理体系和治理能力亟待强化。实施乡村振兴战略,是解决人民日益增长的美好生活需要和不平衡不充分的发展之间矛盾的必然要求,是实现"两个一百年"奋斗目标的必然要求,是实现全体人民共同富裕的必然要求。

在中国特色社会主义新时代,乡村是一个可以大有作为的广阔天地,迎来了难得的发展机遇。我们有党的领导的政治优势,有社会主义的制度优势,有亿万农民的创造精神,有强大的经济实力支撑,有历史悠久的农耕文明,有旺盛的市场需求,完全有条件有能力实施乡村振兴战略。必须立足国情农情,顺势而为,切实增强责任感使命感紧迫感,举全党全国全社会之力,以更大的决心、更明确的目标、更有力的举措,推动农业全面升级、农村全面进步、农民全面发展,谱写新时代乡村全面振兴新篇章。

政策背景:

实施乡村振兴战略,是以习近平同志为核心的党中央,着眼党和国家事业全局,顺应亿万农民对美好生活的期待,作出的重大决策部署,是决胜全面建成小康社会、全面建设社会主义现代化国家的重大历史任务,是新时代做好"三农"工作的新旗帜和总抓手。

第一个百年奋斗目标,就是到 2020 年全面建成小康社会。全面小康,强调的是城市要小康,农村也要小康。目前,农村是全面建成小康社会的短板。习近平总书记曾说,"小康不小康,关键看老乡"。也就是说,只有农村特别是贫困地区的老乡都脱贫进入了小康,全面建成小康社会才能真正实现。因此,要全面建成小康社会,就要加快农业农村发展。加快农业农村发展,就是要促进农业全面转型、农村全面发展、农民全面进步。而这就是乡村振兴的主要内容。从这个意义上看,乡村振兴是全面建成小康社会的要求①。

政策内容:

《意见》的最大亮点是走中国特色社会主义乡村振兴道路。从 20 世纪80 年代 5 个中央一号文件,再到 21 世纪以来,党中央连续发布 15 个中央

---

① 道客巴巴网,http://www.doc88.com/p-0991773662516.html。

一号文件,加起来一共是 20 个中央一号文件,党中央 21 世纪以来连续 15 年发布中央一号文件都聚焦"三农",彰显了"三农"问题在中国现代化进程当中"重中之重"的地位,彰显了党中央解决"三农"问题的坚强决心。2018 年是改革开放 40 周年,《意见》具有承前启后的里程碑意义,既体现了改革开放 40 年以来"三农"政策的继承和总结,更是开创新时代"三农"工作新局面的一个纲领性文件。《意见》的分量很重,是一个管全面、管长远的文件,是一个指导性、针对性和前瞻性都很强的文件,是一个政策含金量很高的文件。简要归纳一下就"定方向、定思路"而言,《意见》最大的亮点是,提出要走中国特色社会主义乡村振兴道路,这是贯穿 2018 年中央一号文件始终的主线。

"七个之路"是《意见》的主线和灵魂。中央农村工作会议提出了走中国特色社会主义乡村振兴道路,并把它归纳为"七个之路",也就是重塑城乡关系,走城乡融合发展之路;巩固和完善农村的基本经营制度,走共同富裕之路;深化农业供给侧结构性改革,走质量兴农之路;坚持人与自然和谐共生,走乡村绿色发展之路;传承发展提升农耕文明,走乡村文化兴盛之路;创新乡村治理体系,走乡村善治之路;打好精准脱贫攻坚战,走中国特色减贫之路。这"七个之路"的要求已经体现在《意见》中,是《意见》的主线和灵魂。就定任务和定政策而言,《意见》的最大亮点就是通过某些一系列的重要工作抓手,搭建起了实施乡村振兴战略的"四梁八柱"。在这个"四梁八柱"的顶层设计中,最基础性的支撑是"三个一":一是制定国家乡村振兴战略规划,制定国家乡村振兴战略规划(2018—2022 年),以规划指导各地各部门有序分类来推进乡村振兴;二是制定中国共产党农村工作条例,完善党的农村工作领导体制和机制;三是抓紧研究制定乡村振兴法的有关工作,把行之有效的乡村振兴的政策法定化。

《意见》包含了"四梁八柱"的政策体系。在"四梁八柱"的政策体系当中,包含了一系列重要战略、重大行动和重大工程。文件中这方面的内容加起来大约有 50 多项。在"四梁八柱"的政策体系中,包括了一系列强化乡村振兴制度性供给的重大改革举措,比如,提出探索宅基地的所有权、资格权、使用权"三权分置"改革;包括建设高标准农田等新增耕地指标和城乡建设用地增减挂钩节余指标跨省域调节机制等。在"四梁八柱"政策体系中,包括把党管农村工作落到实处的硬要求。《意见》提出要建立实施乡村振兴战略的领导责任制,实行中央统筹省负总责市县抓落实的工作机制,党政一把手是第一责任人,五级书记抓乡村振兴,县委书记是"一线总指挥"。今后,每年各省(自治区、直辖市)党委和政府要向党中央、国务院报告推进乡村振兴战略的进展情况。建立党政领导班子和党政干部推进乡村振兴战略实绩考核制度,将考核结果作为选拔任用领导干部的重要依据。

《意见》的出台标志着中央关于实施乡村振兴战略大政方针已经明确。三分部署,七分落实。现在,已经有了清晰的路线图。接下来,就是要实化、细化有关政策,制定相关配套方案,把施工图抓紧做好,把党中央的战略部署落到实处,把乡村振兴的宏伟蓝图一步一步变为现实。

《意见》对强化乡村振兴人才支撑作出五方面政策部署。乡村振兴离不开资源的投入,也离不开要素的聚集。所以,要通过改革打破乡村要素单向流入城市的格局,打通进城与下乡的通道,引导、吸引更多的城市要素包括资金、管理、人才向乡村流动。乡村振兴不但需要钱,实际推动过程中还缺"人"。要完成乡村振兴这个宏大战略,就要汇聚全社会的力量,强化乡村振兴的人才支撑,把人力资源开发放在首位。要做好两个方面的工作:一方面要培养造就一支懂农业、爱农村、爱农民的"三农"工作队伍,要培育新型职业农民和乡土人才;另一方面,要以更加开放的胸襟引来人才,用更加优惠的政策留住人才,用共建共享的机制用好人才,掀起新时代"上山下乡"的新热潮。对此,《意见》在五个方面作出具体政策部署:一是要大力培育新型职业农民。要全面建立职业农民制度,实施新型职业农民培育工程。二是要加强农村专业人才队伍建设。特别是要扶持培养一批农业职业经理人、经纪人、乡村工匠、文化能人和非遗传承人等。三是要发挥科技人才支撑作用。要探索新机制,全面建立高等院校、科研院所等事业单位专业技术人员到乡村和企业挂职、兼职和离岗创新创业制度,发挥好各类农业科技人员的作用。四是要鼓励社会各界投身乡村建设。乡村振兴要有全社会各类人才的参与,要建立有效激励机制,吸引支持企业家、党政干部、专家学者、技能人才等通过下乡担任志愿者、投资兴业、包村包项目、捐资捐物等方式,参与到乡村振兴的伟大事业中来。文件中提出两条具体的政策:第一个是要研究制定管理办法,允许符合要求的公职人员回乡任职;第二个是加快制定鼓励引导工商资本参与乡村振兴的指导意见,落实和完善融资贷款、配套设施建设补助、税费减免、用地等扶持政策,明确政策边界,保护好农民利益。五是创新乡村人才培育引进使用机制,主要是"三大机制":第一是多方式并举的人力资源开发机制;第二是城乡、区域、校地之间人才培养合作与交流机制;第三是城市医生教师、科技文化人员定期服务乡村机制。文件还对"新乡贤"提出了明确要求。文件强调,要培育富有地方特色和时代精神的新乡贤文化,积极引导发挥新乡贤在乡村振兴,特别是在乡村治理中的积极作用。

政策解读[①]:

党的十九大报告指出,实施乡村振兴战略,要坚持农业农村优先发展,按照产业兴旺、生态宜居、乡风文明、治理有效、生活富裕的总要求,建立健全城乡融合发展体制机制和政策体系,加快推进农业农村现代化。实施乡村振兴战略是全面建成小康社会、全面建设社会主义现代化强国的必然要求。深入理解乡村振兴战略的总要求,才能科学制定战略规划,走好中国特色社会主义乡村振兴道路。

乡村振兴战略是社会主义新农村建设的升华版。从总要求来看,它用"产业兴旺"替代"生产发展",要求在发展生产的基础上培育新产业、新业态和完善产业体系,使农村经济更加繁荣;用"生态宜居"替代"村容整洁",要求在治理村庄脏乱差的基础上发展绿色经济、治理环境污染并进行少量搬迁,使农村人居环境更加舒适;用"治理有效"替代"管理民主",要求加强和创新农村社会治理,使农村社会治理更加科学高效,更能满足农村居民需要;用"生活富裕"替代"生活宽裕",要求按照全面建成小康社会奋斗目标和分两步走全面建设社会主义现代化强国的新目标,使农民生活更加富裕、更加美满;"乡风文明"四个字虽然没有变化,但在新时代,其内容进一步拓展、要求进一步提升。同社会主义新农村建设相比,乡村振兴战略的内容更加充实,逻辑递进关系更加清晰,为在新时代实现农业全面升级、农村全面

---

① 国务院新闻办公室网,http://www.scio.gov.cn/34473/34515/Document/1623029/1623029.htm。

进步、农民全面发展指明了方向和重点①。

《意见》描绘了乡村振兴道路的宏伟政策蓝图。2018 年中央一号文件是改革开放以来第 20 个、进入 21 世纪以来连续下发的第 15 个中央一号文件。文件全面贯彻党的十九大精神，以习近平新时代中国特色社会主义思想为指导，围绕实施乡村振兴战略定方向、定思路、定任务、定政策，坚持问题导向，对统筹推进农村经济建设、政治建设、文化建设、社会建设、生态文明建设和党的建设作出全面部署。2018 年中央一号文件（《意见》）描绘了加快推进农业农村现代化，走中国特色社会主义乡村振兴道路的宏伟政策蓝图。

第一，明确了实施乡村振兴战略的总体要求和主要任务。《意见》将实施乡村振兴战略的总体要求和主要任务概括为"五个新"和"一个增强"，即以产业兴旺为重点，提升农业发展质量，培育乡村发展新动能；以生态宜居为关键，推进乡村绿色发展，打造人与自然和谐共生发展新格局；以乡风文明为保障，繁荣兴盛农村文化，焕发乡风文明新气象；以治理有效为基础，加强农村基层基础工作，构建乡村治理新体系；以生活富裕为根本，提高农村民生保障水平，塑造美丽乡村新风貌；以摆脱贫困为前提，打好精准脱贫攻坚战，增强贫困群众获得感。

第二，明确了实施乡村振兴战略的重大政策举措。《意见》提出，实施乡村振兴战略，要突出"四个强化"，即以完善农村产权制度和要素市场化配置为重点，强化制度性供给；畅通智力、技术、管理下乡通道，造就更多乡土人才，强化人才支撑；健全投入保障制度，开拓投融资渠道，强化投入保障；制定国家乡村战略规划，强化规划引领作用。

第三，要求把党管农村工作落到实处。文件提出，要发挥党的领导的政治优势，压实责任，完善机制，强化考核，把实施乡村振兴战略作为全党的共同意志、共同行动，做到认识统一、步调一致，把农业农村优先发展原则体现到各个方面，在干部配备上优先考虑，在要素配置上优先满足，在资金投入上优先保障，在公共服务上优先安排，确保党在农村工作中始终总揽全局、

①　人民网，http://paper.people.com.cn/rmrb/html/2018－02/05/nw.D110000renmrb_20180205_2-07.htm。

协调各方,为乡村振兴提供坚强有力的政治保障。

(六) 中共中央办公厅、国务院办公厅印发《关于分类推进人才评价机制改革的指导意见》

2018年2月26日,中共中央办公厅、国务院办公厅印发了《关于分类推进人才评价机制改革的指导意见》①(以下简称《意见》)。《意见》的制定出台是深入实施人才强国战略、全面深化人才发展体制机制改革的重大举措,将有力推进人才评价机制改革,充分发挥评价正向激励作用,引导广大人才为决胜全面建成小康社会、夺取新时代中国特色社会主义伟大胜利、实现中华民族伟大复兴的中国梦贡献聪明才智。

政策背景:

党中央、国务院高度重视人才和人才评价机制改革工作。党的十九大提出,人才是实现民族振兴、赢得国际竞争主动的战略资源。要坚持党管人才原则,聚天下英才而用之,加快建设人才强国。习近平总书记强调,要完善好人才评价"指挥棒"作用,为人才发挥作用、施展才华提供更加广阔的天地。《中共中央印发〈关于深化人才发展体制机制改革的意见〉的通知》明确提出,要研究制定分类推进人才评价机制改革的指导意见,并列入中央全面深化改革重点工作任务。

人才评价是人才发展体制机制的重要组成部分,是人才资源开发管理和使用的前提。当前人才评价机制还存在分类评价不足、评价标准单一、评价手段趋同、评价社会化程度不高、用人主体自主权落实不够等问题,尤其是对不同人才评价"一把尺子量到底"等做法备受社会关注。制定《意见》,就是要通过深化改革,破除思想观念和体制机制障碍,以分类评价为基础,加快形成导向明确、精准科学、规范有序、竞争择优的科学化社会化人才评价机制,最大限度激发和释放各类人才活力,让人才放开手脚创新创造,多出创新思想,多出创新成果,促进人才更多更好成长起来。

政策内容:

《意见》分总体要求和基本原则、分类健全人才评价标准、改进和创新

---

① 中央人民政府网,http://www.gov.cn/zhengce/2018-02/26/content_5268965.htm。

人才评价方式、加快推进重点领域人才评价改革、健全完善人才评价管理服务制度五大部分共 18 条。《意见》明确要实行分类评价。以职业属性和岗位要求为基础,健全科学的人才分类评价体系。根据不同职业、不同岗位、不同层次人才特点和职责,坚持共通性与特殊性、水平业绩与发展潜力、定性与定量评价相结合,分类建立健全涵盖品德、知识、能力、业绩和贡献等要素,科学合理、各有侧重的人才评价标准。加快新兴职业领域人才评价标准开发工作。建立评价标准动态更新调整机制。

《意见》突出品德评价。坚持德才兼备,把品德作为人才评价的首要内容,加强对人才科学精神、职业道德、从业操守等评价考核,倡导诚实守信,强化社会责任,抵制心浮气躁、急功近利等不良风气,从严治理弄虚作假和学术不端行为。完善人才评价诚信体系,建立诚信守诺、失信行为记录和惩戒制度。探索建立基于道德操守和诚信情况的评价退出机制。

《意见》强调科学设置评价标准。坚持凭能力、实绩、贡献评价人才,克服唯学历、唯资历、唯论文等倾向,注重考察各类人才的专业性、创新性和履责绩效、创新成果、实际贡献。着力解决评价标准"一刀切"问题,合理设置和使用论文、专著、影响因子等评价指标,实行差别化评价,鼓励人才在不同领域、不同岗位作出贡献、追求卓越。

在改进和创新人才评价方式方面,《意见》提出要创新多元评价方式,按照社会和业内认可的要求,建立以同行评价为基础的业内评价机制,注重引入市场评价和社会评价,发挥多元评价主体作用。基础研究人才、应用研究和技术开发人才、哲学社会科学人才有不同的评价方式。《意见》科学设置人才评价周期,遵循不同类型人才成长发展规律,科学合理设置评价考核周期,注重过程评价和结果评价、短期评价和长期评价相结合,克服评价考核过于频繁的倾向。《意见》畅通人才评价渠道,进一步打破户籍、地域、所有制、身份、人事关系等限制,依托具备条件的行业协会、专业学会、公共人才服务机构等,畅通非公有制经济组织、社会组织和新兴职业等领域人才申报评价渠道。《意见》促进人才评价和项目评审、机构评估有机衔接,按照既出成果、又出人才的要求,在各类工程项目、科技计划、机构平台等评审评估中加强人才评价,避免简单通过各类人才计划头衔评价人才。

《意见》强调了加快推进重点领域人才评价改革,涉及以下几方面内容:(1)改革科技人才评价制度。围绕建设创新型国家和世界科技强国目标,结合科技体制改革,建立健全以科研诚信为基础,以创新能力、质量、贡献、绩效为导向的科技人才评价体系。(2)科学评价哲学社会科学和文化艺术人才。根据人文科学、社会科学、文化艺术等不同学科领域,理论研究、应用对策研究、艺术表演创作等不同类型,对其人才实行分类评价。对主要从事理论研究的人才,重点评价其在推动理论创新、传承文明、学科建设等方面的能力贡献。对主要从事应用对策研究的人才,重点评价其围绕统筹推进"五位一体"总体布局和协调推进"四个全面"战略布局,为党和政府决策提供服务支撑的能力业绩。对主要从事艺术表演创作的人才,重点评价其在艺术表演、作品创作、满足人民精神文化需求等方面的能力业绩。突出成果的研究质量、内容创新和社会效益,推行理论文章、决策咨询研究报告、建言献策成果、优秀网络文章、艺术创作作品等与论文、专著等效评价。(3)健全教育人才评价体系。坚持立德树人,把教书育人作为教育人才评价的核心内容。坚持分类指导和分层次评价相结合,根据不同类型高校、不同岗位教师的职责特点,分类分层次分学科设置评价内容和评价方式。(4)改进医疗卫生人才评价制度。(5)创新技术技能人才评价制度。(6)完善面向企业、基层一线和青年人才的评价机制。

政策解读:

《意见》全面贯彻党的十九大精神,以习近平新时代中国特色社会主义思想为指导,围绕经济社会发展和人才发展需求,遵循人才成长规律,突出品德、能力和业绩导向,分类构建体现不同职业、不同岗位和不同层次人才特点的评价机制,是人才评价机制改革的综合性、指导性文件。在《意见》制定过程中,一是坚持正确改革方向。贯彻落实习近平总书记关于人才工作重要思想和中央关于深化人才发展体制机制改革总体部署,坚持党管人才原则,遵循科学评价规律,加强总体谋划,对改革完善人才评价机制提出总体性、方向性和原则性要求。二是坚持问题导向。聚焦人才评价机制关键环节和突出问题,找准突破口和切入点,深入研究论证,提出针对性改革思路和办法,既不搞推倒重来,也不搞大水漫灌。三是突出重点领域。在总体谋划的基础上,重点针对科技、哲学社会科学和文化艺术、教育、医疗卫生、技术技能人才以及企业、基层一线、青年等行业领域人才,分类提出评价机制改革要求。四是加强衔接配套。把握《意见》作为综合性、指导性文件的定位，注重与职称、职业资格等单项人才评价制度改革相互衔接配套，《意见》主要侧重于评价标准、评价方式、评价分类、评价管理等宏观机制改革。

（七）国务院印发《关于推行终身职业技能培训制度的意见》

2018 年 5 月 8 日，国务院印发了《关于推行终身职业技能培训制度的意见》（国发〔2018〕11 号）（以下简称《意见》），这是当前和今后一个时期推进职业技能培训工作的指导性文件[①]。

政策背景：

职业技能培训是国民教育体系和人力资源开发的重要组成部分，承载着培养多样化人才、传承技术技能、促进就业创业的重要职责。国务院印发《关于推行终身职业技能培训制度的意见》，进一步明确了职业技能培训是全面提升劳动者就业创业能力、缓解技能人才短缺的结构性矛盾、提高就业质量的根本举措，是适应经济高质量发展、培育经济发展新动能、推进供给侧结构性改革的内在要求。推行终身职业技能培训制度，对推动大众创业万众创新、推进制造强国建设、提高全要素生产率、推动经济迈上中高端具有重要意义[②]。

李克强总理在国务院第五次常务会议上指出，建立并推行终身职业技能培训制度，以促进就业创业为目标，面向城乡全体劳动者提供贯穿学习和职业生涯全过程的终身职业技能培训，有利于缓解技能人才短缺的结构性矛盾、提高全要素生产率、推动经济迈上中高端。出台《意见》主要有以下考虑：一是落实党中央、国务院决策部署。党的十八届五中全会确定了推行终身职业技能培训制度的改革任务。党的十九大作出了建设知识型、技能型、创新型劳动者大军，大规模开展职业技能培训，注重解决结构性就业矛盾的决策部署。2018 年政府工作报告任务分工中，将职业技能培训工作确定为重点任务。二是经济社会发展的内在要求。职业技能培训是就业工作

---

① 中央人民政府网，http://www.gov.cn/xinwen/2018-05/12/content_5290921.htm。
② 新华网，http://m.xinhuanet.com/2018-05/09/c_1122808837.htm。

的重要组成部分,与经济社会发展密切相关。职业技能培训是劳动者提升技能、成才发展的重要基础,是提高就业质量、解决结构性就业矛盾的根本举措,是适应经济高质量发展、培育经济发展新动能的内在要求,是标本兼治、打赢脱贫攻坚战的有效手段,更是推进制造强国建设、全面建成小康社会的现实需要。三是职业技能培训改革工作的迫切需要。随着产业转型升级进程加快,劳动者对实现更高质量更充分就业的愿望越来越强烈,职业技能培训工作覆盖面不够广泛、培训质量有待提高、供给能力不足等问题逐渐凸显。推行终身职业技能培训制度需要加强顶层设计。

政策内容:

《意见》坚决贯彻党中央、国务院决策部署,坚持需求导向,立足于面向城乡全体劳动者提供普惠性、均等化的职业培训服务,在构建培训体系、深化机制体制改革、提升培训基础能力和加强工作保障等方面提出一系列政策措施。一是在构建终身职业技能培训体系方面,要求完善终身职业技能培训政策和组织实施体系;围绕就业创业重点群体,广泛开展就业技能培训;充分发挥企业主体作用,全面加强企业职工岗位技能提升培训;适应产业转型升级需要,着力加强高技能人才培训;大力推进创业创新培训;强化工匠精神和职业素质培育。二是在深化职业技能培训体制机制改革方面,提出建立职业技能培训市场化社会化发展机制,加大政府、企业、社会等各类培训资源优化整合力度,提高培训供给能力;建立技能人才多元评价机制,建立与国家职业资格制度相衔接、与终身职业技能培训制度相适应的职业技能等级制度;建立职业技能培训质量评估监管机制,对培训机构、培训过程进行全方位监管;建立技能提升多渠道激励机制,支持劳动者凭技能提升待遇,建立健全技能人才培养、评价、使用、待遇相统一的激励机制。三是在提升职业技能培训基础能力方面,提出加强职业技能培训服务能力建设,创新培训内容和方式;加强职业技能培训教学资源建设,加快职业标准开发工作;加强职业技能培训基础平台建设,逐步形成覆盖全国的技能实训和创业实训网络。四是在加强工作保障方面,要求加强组织领导,做好公共财政保障,多渠道筹集经费,建立政府、企业、社会多元投入机制,进一步优化社会环境,大力营造劳动光荣的社会风尚和精益求精的敬业风气。

政策解读：

根据新的形势发展需要,《意见》对职业技能培训政策作了完善创新,有很多新亮点新变化,主要体现在八个方面。一是在政策目标上,明确建立并推行覆盖城乡全体劳动者、贯穿劳动者学习工作终身、适应就业创业和人才成长需要以及经济社会发展需求的终身职业技能培训制度,力争 2020 年后基本满足劳动者培训需要。二是在重点群体上,对高校毕业生、农民工、化解过剩产能企业职工等群体分别实施专项职业技能培训行动计划,同时突出强调企业职工培训和高技能人才培训。三是在培训类型上,在就业技能培训、岗位技能提升培训、创业培训三大类型基础上,适应发展需要,增加了工匠精神和职业素质培育,将创业培训拓展为创业创新培训。四是在培训供给上,突出发挥企业主体作用,鼓励支持社会力量参与,要求采取政府补贴培训、企业自主培训、市场化培训等方式,大规模开展职业技能培训。五是在机制创新上,提出建立职业技能培训市场化社会化发展机制、技能人才多元评价机制、培训质量评估监管机制和技能提升多渠道激励机制。六是在经费保障上,将资金渠道扩大为建立政府、企业、社会多元投入机制,通过就业补助资金、企业职工教育培训经费、社会捐助赞助、劳动者个人缴费等多种渠道筹集培训资金,失业保险基金也可以用于参加失业保险职工的技能提升培训。七是在购买服务上,由政府购买定点培训机构培训成果的方式,改革为政府补贴的职业技能培训项目全部向具备资质的职业院校和培训机构开放。八是在质量监管上,对职业技能培训公共服务项目实施目录清单管理,对社会公开政府补贴培训目录、培训机构目录、鉴定评价机构目录和职业资格目录。

第二章　人力资源服务业发展与创新

【内容摘要】

随着人才强国战略的推进,人力资源是第一资源的概念逐渐深入人心。而人力资源服务业更是受到党和国家的高度重视,进入快速发展阶段。人力资源服务业的蓬勃发展一方面体现在数量上,主要是服务机构以及从业人员等的迅速增加以及服务业态更加多元化;另一方面体现在质量上,主要是人力资源服务的技术创新。随着互联网、大数据、人工智能等技术的应用越来越广泛,对人力资源服务业也产生了重要影响。因此,系统梳理人力资源服务业的发展现状,了解人力资源服务业在服务机构、服务业态等方面的新变化,把握人力资源服务技术创新的现状以及未来的发展趋势,对于准确理解人力资源服务业的行业发展动态,把握人力资源服务业未来的机遇和挑战,推动我国人力资源服务业的健康发展以及国家人才强国战略的实现都具有重要意义。

本章的内容共分为 5 部分。第一部分首先根据《中国人力资源服务业发展报告》的数据,分析了我国人力资源服务机构及其从业人员、业务开展的现状。第二部分通过对比 2016 年和 2017 年两年的数据,分析了人力资源服务业业态发展及其变化。第三部分基于人力资源服务业的发展现状,合理预测人力资源服务机构未来发展趋势以及前景。第四部分重点介绍了人力资源服务技术创新与发展趋势,其中技术创新部分重点就大数据和移动管理平台在人力资源服务业的应用进行了介绍;发展趋势则结合了当前最为先进的技术趋势包括互联网、大数据、人工智能、云技术、VR 技术等,对先进技术在人力资源服务业的应用进行了分析和展望。第五部分对于年度人力资源服务业发展新亮点进行了概括,主要聚焦在两方面,政府人才服务机构的改革以及军民融合人力资源服务新需求。其中,政府人才服务机构的改革介绍了政府人才服务机构的发展历程和定位,分析了目前存在的主要问题以及原因,并在借鉴国内外人才公共服务机构发展经验的基础上提出了未来的改革思路。军民融合人力资源服务是顺应国家战略的新需求,相关的理论研究非常欠缺,因此本部分主要就军民融合人力资源服务的研究背景、整体策略和路径以及重点和难点问题进行了理论分析,同时以四川省和陕西省为例,对于我国军民融合人力资源服务的实践与经验进行了介绍。

Chapter 2　Development and Innovation of Human Resources Service Industry

【Abstract】

With the promotion of the strategy of strengthening the country by human resources, the concept of "human resource is the first resource" has gradually entered into the mind of the people. The human resources service industry(HRSI) is highly valued by the party and the state and has entered into the period of rapid development. On the one hand, the flourish of human resources service industry is mainly reflected in the quantity and the rapid increase of service institutions and employees and the diversification of service pattern. On the other hand, the flourish of human resources service industry is reflected in the quality improvement, especially in the technical innovation of human resources service. With the application of Internet, big data, artificial intelligence and other technologies more and more widely, they also have important impact on human resources services. Therefore, it is necessary to systematically sort out the current development situation of HRSI, understand the new changes of HRSI in service organization and service mode, grasp the present situation and future development trend of human resource service technology innovation, so as to accurately understand the development trend of human resource service industry and predict the future opportunities and challenges of HR service industry, which are both of great significance to promote the healthy development of HRSI and the realization of the strategy of strengthening the country by human resources.

The contents of this chapter are divided into 5 parts. Firstly, according to the data of *China Human Resources Service Industry Development Report*, the current situation of human resources service organizations, their employees and business development in China were analyzed. Secondly, by comparing the data of 2016 and 2017, the development and changes of human resource service industry were discovered. Thirdly, based on the development status of human resource service industry, the future development trend and prospects of human resource service institutions were predicted reasonably. Fourthly, the technical innovation and development trend of human resources services were discussed. The technical innovation was reflected in the application of large data and mobile management platform in human resources services; while the trend of development had analyzed and prospected the application of advanced technology in the human resources service industry including the Internet large data, artificial intelligence, cloud technology, VR technology and so on. Fifthly, the new highlights of the annual development of human resources services were summarized. The new highlights mainly included two aspects, the reform of government human resource service institutions and new demand of human resources services in civil-military integration. In the section of reform of the government human resource service organization, we firstly introduced the development course and orientation of the government human resource service institutions, analyzed the main problems and reasons and then put forward the future reform ideas on the basis of experience analysis of the government human resource service institutions both at home and abroad. In the section of new demand of human resources services in civil-military integration, we introduced the research background, discussed the overall strategy and path, and analyzed the most difficulty and critical issues of human resources services in civil-military integration. At last, the practice and experience of Sichuan and Shaanxi provinces of civil military integration of human resources services were introduced.

一、人力资源服务机构与发展概况

人力资源是推动经济社会发展的第一资源。人力资源服务业是生产性服务业和现代服务业的重要组成部分,对推动经济发展、促进就业创业和优化人才配置具有重要作用。人力资源服务,既包括政府部门所属人力资源服务机构本着公益目的开展的各项公共服务活动,也包括各类人力资源服务机构按照市场运行规则依法从事的市场经营性服务活动,涵盖人力资源招聘、职业指导、人力资源和社会保障事务代理、人力资源培训、人才测评、劳务派遣、人力资源管理咨询、高级人才寻访、人力资源外包、人力资源信息软件服务等业态。

当前,中国特色社会主义进入新时代,社会主要矛盾发生新变化,人力资源市场领域发展不平衡不充分问题更加凸显。从经济发展态势来看,由高速增长进入高质量发展新阶段的转变需要高质量人力资源服务支撑;从人力资源市场本身来看,供求呈现新特点,亟须人力资源服务业发挥促进人力资源优化配置的作用;从科技和产业融合发展新趋势来看,"互联网+"等新兴信息技术在人力资源市场领域广泛应用;从顶层设计的要求来看,"放管服"改革必然推动人力资源市场管理体制改革向纵深发展①。围绕加快发展现代服务业要求、推动人力资源服务业繁荣发展是推动新时代人力资源市场建设创新发展的应有之义。

截至 2017 年底,全国共设立各类人力资源服务机构 3.02 万家,从业人员 58.37 万人,全行业营业收入 1.44 万亿元,有力地推动了人力资源的优化配置。各类人力资源服务机构共为 3190 万家次用人单位提供了人力资源服务,帮助 2.03 亿劳动者实现了求职择业和流动服务②。人力资源和社会保障部组织开展了人力资源服务机构诚信主题创建活动,全国共有

---

① 《推动新时代人力资源市场建设创新发展》,中华人民共和国人力资源和社会保障部网站,http://www.mohrss.gov.cn/rlzyscs/RLZYSCSshichangdongtai/201803/t20180328_290796.html。

② 《2017 年度人力资源和社会保障事业发展统计公报》,中华人民共和国人力资源和社会保障部网站,http://www.mohrss.gov.cn/ghcws/BHCSWgongzuodongtai/201805/t20180521_294290.html。

25818 家人力资源服务机构参加,经各地推荐、专家评审,遴选确定了 129 家"全国人力资源诚信服务示范机构",进一步发挥诚信机构的示范引领和典型带动作用①。人力资源服务业快速发展,新模式、新业态不断涌现,服务产品日益丰富,服务能力进一步提升,但与我国经济社会发展对人力资源服务业的要求相比,与世界先进水平相比,还有一定差距②。

(一) 人力资源服务机构及人员情况

1. 机构及人员数量

截至 2017 年底,全国共设立各类人力资源服务机构 3.02 万家,从业人员 58.37 万人(见图 1-2-1)。其中,综合性公共就业和人才服务机构从业人员 28301 人,占从业人数总量 4.85%;公共就业服务机构从业人员 40664 人,占从业人数总量 6.97%;人才公共服务机构从业人员 11071 人,占从业人数总量 1.90%;行业所属服务机构(事业单位)从业人员 8419 人,占从业人数总量 1.44%;国有性质的服务企业从业人员 65856 人,占从业人数总量 11.28%;民营性质的服务企业从业人员 395768 人,占从业人数总量 67.80%;外资性质的服务企业从业人员 17831 人、港资性质的服务企业从业人员 3166 人、澳资性质的服务企业从业人员 46 人、台资性质的服务企业从业人员 78 人,共占从业人数总量 3.62%;民办非企业等其他性质的服务机构从业人员 12492 人,占从业人数总量 2.14%。从总体上看,2017 年人力资源服务机构数量同比上涨了 13.1%,但综合近 5 年的数据来看,服务机构的数量有增有减,逐步趋于稳定,这也是人力资源服务业逐步趋于成熟的表现。与服务机构数量波动不同,从业人员的数量一直稳定增长,同比增长了 5.6 个百分点。

2. 人力资源服务机构性质

截至 2017 年底,全国共设立各类人力资源服务机构 3.02 万家,其中,

---

① 《人力资源社会保障部 2017 年贯彻落实〈法治政府建设实施纲要(2015—2020 年)〉情况报告》,中华人民共和国人力资源和社会保障部网站,http://www.mohrss.gov.cn/SYrlzyhshbzb/dongtaixinwen/buneiyaowen/201803/t20180329_291030.html。

② 《人力资源服务业发展行动计划》,中华人民共和国人力资源和社会保障部网站,http://www.mohrss.gov.cn/SYrlzyhshbzb/jiuye/zcwj/renliziyuanshichang/201710/t20171011_278956.html。

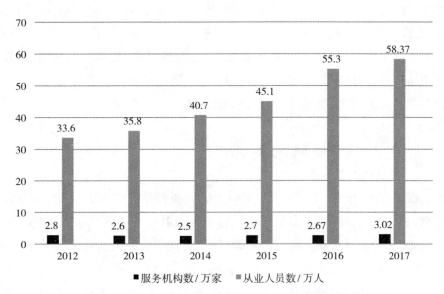

图 1-2-1　人力资源服务机构与从业人员变化情况

综合性公共就业和人才服务机构 1714 家,占 5.68%;公共就业服务机构 1766 家,占 5.86%;人才公共服务机构 1144 家,占 3.79%;行业所属服务机构(事业单位)635 家,占 2.11%;国有性质服务企业 1793 家,占 5.94%;民营性质服务企业 21990 家,占 72.91%;外资性质服务企业 128 家、港资性质服务企业 101 家、澳资性质服务机构 1 家、台资性质服务企业 5 家,共占 0.78%;民办非企业等其他性质服务机构 885 家,占 2.93%(见图 1-2-2)。

3. 人力资源服务业从业人员学历情况

随着人力资源服务业的快速发展,截至 2017 年底,从从业人员学历层次上来看,硕士及以上学历 15335 人,占 2.6%,与 2016 年持平;本科学历 188190 人,占 32.3%,同比下降 1.3 个百分点;大专及以下学历 380167 人,占 65.1%,同比提高 1.2%(见图 1-2-3)。从业人员中取得从业资格证的有 180599 人,占从业人员总数的 30.9%(见图 1-2-4)。

(二)人力资源服务机构开展业务情况

截至 2017 年底,人力资源服务业共设立线下招聘场所 2.15 万个,举办现场招聘会 22.3 万次(见图 1-2-5),同比增加 1.4%(其中毕业生专场

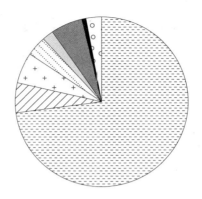

☐ 民营性质服务企业　　　　　　☑ 综合性公共就业和人才服务机构
⊡ 公共就业服务机构　　　　　　☐ 人才公共服务机构
☐ 行业所属服务机构（事业单位）　☐ 国有性质服务企业
■ 外资及港澳台资性质的服务企业　☒ 民办非企业等其他性质服务机构

图 1-2-2　人力资源服务机构的性质情况

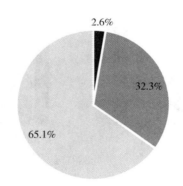

■ 硕士及以上学历　■ 本科学历　■ 大专及以下学历

图 1-2-3　从业人员学历情况

65631 次,占 29.37%,农民工专场 62247 次,占 27.86%);共有 702.45 万个
用人单位参与,11050.05 万人次参加,提供招聘岗位 10399.86 万个。2017
年,人力资源服务业在网络招聘服务方面,建立人力资源服务网站 1.2 万
个,各招聘网站共发布岗位信息 30787 万条,同比增加 8%;发布求职信息
62650 万条,同比增加 5.8%(见图 1-2-6)。可以看出,近五年来,传统的线
下招聘服务,举办的招聘会次数并没有发生很大变化,尤其是近三年来,年
均稳定在 22 万场左右。相反,在网络信息时代持续发展的大环境下,网络
招聘服务以年均 20% 的高速度增长。

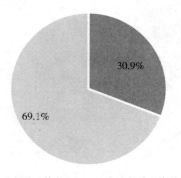

图 1-2-4　从业人员取得职业资格情况

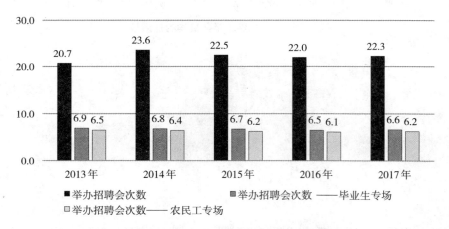

图 1-2-5　2013—2017 年全国举办现场招聘会次数(单位:万次)①

　　2017 年全年,各类人力资源服务机构为 580868 个用人单位提供外包服务。其中综合性公共就业和人才服务机构服务 34925 个,占 6.01%;公共就业服务机构服务 11670 个,占 2%;人才公共服务机构服务 43249 个,占 7.45%;行业所属服务机构(事业单位)服务 10801 个,占 1.86%;国有性质的服务企业服务 117797 个,占 20.28%;民营性质的服务企业服务 332870 个,占

　　①　孙建立:《中国人力资源服务业发展报告 2018》,中国人事出版社 2018 年版,第 49 页。

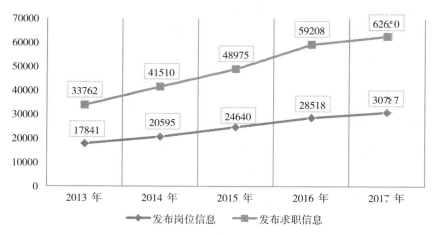

图 1-2-6　2013—2017 年网络招聘服务信息发布数量(单位:万条)[1]

57.31%;外资性质的服务企业服务 24145 个、港资性质的服务企业服务 723 个,共占 4.28%;民办非企业等其他性质的服务机构服务 4688 个,占 0.81%。

截至 2017 年底,各类人力资源服务机构为 2578356 个用人单位提供咨询服务,同比增加 12.7%。其中综合性公共就业和人才服务机构服务 286870 个,占 11.13%;公共就业服务机构服务 260195 个,占 10.09%;人才公共服务机构服务 101842 个,占 3.95%;行业所属服务机构(事业单位)服务 69399 个,占 2.69%;国有性质的服务企业服务 640084 个,占 24.83%;民营性质的服务企业服务 1110949 个,占 43.09%;外资性质的服务企业服务 57635 个、港资性质的服务企业服务 648 个、澳资性质服务企业服务 5 个、台资性质服务企业服务 61 个,共占 2.26%;民办非企业等其他性质的服务机构服务 50668 人,占 1.97%。

(三)人力资源服务机构业务发展状况

2017 年,各类人力资源服务业务继续保持迅速发展状态。各类人力资源服务机构为 28418210 人次提供人才测评服务,同比增长 11.8%;各类人力资源服务机构为 580868 家用人单位提供人力资源外包服务,同比增长

---

① 孙建立:《中国人力资源服务业发展报告 2018》,中国人事出版社 2018 年版,第 49 页。

7.6%；各类人力资源服务机构为 2578356 家用人单位提供人力资源管理咨询服务，同比增加 12.8%；高级人才寻访（猎头）服务成功推荐 1302987 人次，同比增长 11.9%；各类人力资源服务机构为 283493 家用人单位提供了人才派遣服务，同比增长 0.7%；各类人力资源服务机构派遣人员 8932620 人，同比增长 2.0%；登记要求派遣人员 5652874 人，同比增长 2.4%；各类人力资源服务机构举办培训班 318780 人次，同比增长 14.3%；各类人力资源服务机构培训人员 13624454 人，同比提高 12.8%。

二、人力资源服务业态发展及其变化

作为全球最大的发展中国家，我国人力资源服务业发展迅速，并且逐步形成了适应市场经济的行业模式。

（一）人力资源服务业主要业态稳定发展

2017 年，伴随着我国产业升级和经济的持续发展，我国人力资源服务需求空间巨大，人力资源服务业向高质量、高标准的趋势发展。继 2016 年行业总收入跨越万亿门槛之后，2017 年行业全年总收入达到 1.44 万亿元，同比增长 22%。其中，高级人才寻访（猎头）服务、人才测评服务、人力资源外包服务、人力资源管理咨询服务同比分别以 11.9%、11.8%、7.6%、12.8%的速度增长。这充分反映了人力资源服务业不断转型升级、优化服务以适应新经济发展要求。

（二）民营性质人力资源服务企业发展迅速

2017 年，从不同性质的人力资源服务机构的营业收入来看，国有性质服务企业营业收入为 4762 亿元，占比 33.0%，同比增长 29.8%；民营性质服务企业营业收入为 8666 亿元，占 60.0%，同比增长 17.6%。从不同性质的人力资源服务机构提供咨询服务的业绩来看，国有性质的服务企业服务 640084 个，占 24.83%；民营性质的服务企业服务 1110949 个，占 43.09%。对比 2016 年和 2017 年民营性质的人力资源服务企业的相关数据，可以看出，随着放宽人力资源服务业的准入门槛、取消最低注册资金限制等一系列政策相继出台,间接推动了民营性质人力资源服务企业的快速发展。

(三) 网络招聘蓬勃发展

2017 年,各招聘网站通过网络发布求职信息 62650 万条,同比增长 5.8%;发布岗位信息 30787 万条,同比增长 8%。从网络招聘服务的情况来看,网络招聘服务受到求职者和用人单位的青睐。这也表明互联网的发展为人力资源服务业的智能化和网络化提供契机,推动人力资源服务业的高速发展。

三、人力资源服务业发展机遇与趋势

(一) 人力资源服务业发展机遇

第一,国家人才发展政策助力人力资源服务业发展。近年来,党中央、国务院高度重视人力资源服务业发展。人力资源和社会保障部按照实施人才强国战略和就业优先战略的部署,制定了促进人力资源服务业发展的系列政策措施,推动我国人力资源服务行业保持较高增速,行业规模跨越万亿门槛,成为推动我国经济发展的重要引擎。中国人力资源服务业发展不过 30 余年,能够取得现在的成绩,得益于国家对人力资源服务业的重视。从 2011 年人力资源服务业首次被写入国民经济和社会发展第十二个五年规划,到 2014 年《关于加快发展人力资源服务业的意见》首次对发展人力资源服务业作出全面部署,再到 2016 年《关于深化人才发展体制机制改革的意见》突出人力资源服务业在人才市场化配置中的地位和作用,最后到 2017 年《人力资源服务业发展行动计划》制定了 2020 年前人力资源服务产业发展目标,即到 2020 年,人力资源服务产业规模预计达到 2 万亿元,培育形成 100 家左右在全国具有示范引领作用的行业领军企业,培育一批有特色、有规模、有活力、有效益的人力资源服务业产业园,行业从业人员达到 60 万,领军人才达到 1 万名左右。随着法律法规逐步健全,行业监管和标准化建设日益加强,我国人力资源服务业的政策体系渐趋完善[①]。

---

① 《人力资源服务迎来新契机》,中华人民共和国人力资源和社会保障部网站,http://www.mohrss.gov.cn/SYrlzyhshbzb/dongtaixinwen/buneiyaowen/201804/t20180418_292525.html。

　　第二,"一带一路"倡议助力人力资源服务业发展。十九大报告提出,推动形成全面开放新格局,要以"一带一路"建设为重点,坚持引进来与走出去并重,在人力资本服务等领域培育新的增长点、形成新动能。自"一带一路"倡议提出以来,沿线各国相关行业的人才需求日益增长。"一带一路"倡议有利于构建公平稳定、透明高效、监管有力、接轨国际的人力资源服务业外商投资管理体制;有利于稳步推进人力资源市场对外开放,引进我国市场急需的海外人力资源服务企业,加强与国际知名人力资源服务机构的合作;有利于与"一带一路"沿线国家人力资源服务交流合作,鼓励吸引"一带一路"沿线国家人力资源服务业在我国投资设立人力资源服务企业;有利于国内人力资源服务企业为"一带一路"沿线国家在我国设立的企业提供人力资源服务;根据对等开放原则,有利于推动降低市场准入壁垒,促进有条件的人力资源服务企业在"一带一路"沿线国家设立分支机构,大力开拓国际市场,构建全球服务网络,为我国企业"走出去"承接国际服务,提供特色化、精细化人力资源服务;有利于搭建"一带一路"人力资源服务国际交流合作平台,在"一带一路"国际合作高峰论坛框架下,推动人力资源服务业国际合作。

　　第三,"互联网+"助力人力资源服务业发展。当前,互联网技术正深刻影响着经济社会发展的每一个角落,受益于"互联网+",原有职业市场发生新变革,新型就业模式、盈利方式开始崛起,人力资源服务业愈加焕发出新生机。"互联网+"新技术的出现,有利于推动人力资源服务和互联网的深度融合,通过运用大数据、云计算、移动互联网、人工智能等新技术,促进人力资源服务业创新发展、融合发展;有利于人力资源服务信息化建设,构建人力资源信息库,实现数据互联互通,信息共享;有利于人力资源服务企业设立研发机构,加强服务手段、商业模式、关键技术的研发和推广应用;有利于人力资源服务企业与互联网企业开展技术合作,促进互联网企业跨界兼营人力资源服务业务;有利于进一步加强行业交流,促进地方搭建人力资源服务业创新发展平台,举办人力资源服务供需对接、服务产品推介等活动;有利于人力资源服务企业运用互联网技术探索开展与金融、教育、医疗等行业的跨界服务模式,推进人力资源服务业信息化基础设施建设,健全信息安全保护制度。因此,"互联网+"发展战略对人力资源服务业产生深刻的影响,伴随着分享经济、互联网平台、人工智能的涌现,人力资源市场灵活性不断增强,将会实现跨越式发展①。

(二) 人力资源服务业发展趋势

20 世纪 70 年代以来,中国人力资源服务业经历了从无到有、行业发展规模和水平不断提升、服务领域与内容日益多元化的历程:从最初的招聘服务、人事代理发展到包括培训服务、劳务派遣、就业指导、人才测评、管理咨询和人力资源服务外包等多种业务,形成较为完善的服务产业链。随着经济的持续发展,未来人力资源服务业发展面临三大趋势。

第一,品牌化是基础。近些年来,随着市场经济的逐步开放,不仅给国内消费者带来琳琅满目的商品,也加速了行业之间的融合、并购重组的进程。越来越多的企业在市场经济优胜劣汰的自然法则之下被淘汰,取而代之的是那些品牌认可度高、服务好的企业,对于人力资源服务业来说也不例外。品牌化逐渐成为人力资源服务业在快速扩张发展过程中的必然选择。为了能够获得更多客户的青睐与信任,作为第三产业服务业的典型代表,人力资源服务企业必须加强自身的品牌管理,以提高企业的市场识别度和核心竞争力。在网络招聘领域,除了"中华英才网""智联招聘""前程无忧"这三个巨头之外,像"中国招聘求职网""北京高校毕业生网"等平台也快速发展起来。在人力资源外包领域,上海外服、北京外服、中智等,咨询领域的北大纵横、华夏基石等迅速发展。人力资源服务业的品牌化经营作为提高我国人力资源服务行业的竞争力、增加国民收入、保障消费者利益和维护人力资源服务企业信誉的有效手段,越来越受到政府、人力资源服务业和消费者的重视。

第二,精准化是关键。随着中国各行业市场竞争的加剧,人力资源服务业的服务内容日益增加,企业对服务价值的要求日益提高。人力资源服务业已经从简单的人事外包向以专业管理为核心的人力资源解决方案转变。人力资源服务业隶属于知识密集型的第三产业。由于中国经济的快速发

---

① 孟续铎:《"人力资源服务业+互联网"的发展方向与模式》,《工会理论研究》2017 年第 1 期。

展,人才数量充足,我国人力资源服务业在最近几年发展势头良好。当人力资源服务业的总量和规模发展到一定的程度之后,人力资源服务业提供的服务也将发生相应的转变。人力资源服务企业的需求出现差异化,不同的企业存在不同的需求。比如,不同的企业规模对于人力资源服务业的需求也不同:小中型企业更加关注企业的非核心的业务,大型跨国公司则对战略性的发展规划更加感兴趣,这就导致人力资源服务企业在开展业务时要更加精准,侧重解决客户的现实需要和核心诉求,在提供服务产品时,不仅要注重效率还要关注质量。大多数传统人力资源服务企业正在通过把互联网技术和传统人力资源服务产品或模式结合,实现产品或经营模式的创新。人力资源服务业的精细化趋势在招聘领域得到了最突出的体现。例如,在互联网招聘中,每个人可以根据自身的工作履历和从事的行业进行分类,供企业挑选目标候选人的履历,而个人求职者也能从海量数据中获取合适的岗位。2014 年以来出现了一些针对人群细分的垂直招聘。例如大街网、拉手网,以大学生兼职、实习为主的"e 兼职"等。我国人力资源服务业的业态不断细分使得每项服务内容都朝着专业、精深的方向发展,更多的公司选择专注一个行业、一个领域、一类人群进行垂直化的服务,往深里发展、往细里服务。一些"小而美"的人力资源服务机构通过提供更多差异化、特色化、专业化的服务来提升竞争力,深度挖掘自身的品牌优势,在极度细分的领域占据自己的一席之地。

第三,集群化是必然。产业集群是相互关联的企业、服务供应商、政府和其他机构在一定地理范围内的集中,它们一般共处某一类别的产业领域,通过集群而产生彼此间的共同特点和互相依赖。产业集群在 20 世纪 90 年代以后逐渐进入了更加科学规范的发展轨道,当今世界上经济发展迅速的区域,绝大多数都得益于产业集群的发展模式。无论是发达国家还是发展中国家,产业群都发挥了强劲的竞争力,区域经济的实力也在不断加强[①]。随着我国人力资源服务业的不断发展、市场规模迅速扩大、市场准入逐步放宽,人力资源服务企业数量不断增加,且相互之间竞争日趋激烈,必然造成

[①]　李天歌:《陕西省产业集群发展评价及对策研究》,硕士学位论文,西安理工大学,2017 年。

企业兼并重组加剧，产业的集群化程度不断提高。此外，2017 年《人力资源服务业发展行动计划》明确指出，要"加强顶层设计和统筹规划，以国家中心城市、区域中心城市以及国家级新区、高新技术开发区、经济技术开发区、边境经济合作区、跨界经济合作区等产业聚集区域为依托，继续抓紧培育建设一批有规模、有辐射力、有影响力的国家级人力资源服务产业园"。从 2010 年开始，我国陆续建设了上海、重庆、苏州等 11 家国家级人力资源服务产业园，省级人力资源服务产业园达到 35 家。预计到 2020 年，国家级人力资源服务产业园将达到 20 家。各地在建的省级或市级产业园预计数量在 60 多个，呈现出一片蓬勃发展之势。我国人力资源服务业已经进入产业化的发展阶段，随着各地人力资源服务产业园的相继成立，层次化和多元化的人力资源服务体系已初见端倪，产业集聚程度也进一步加强。由此可见，人力资源服务产业园是发展人力资源服务业的重要平台，是促进人力资源服务业聚集发展的必然趋势。

四、人力资源服务技术创新与发展趋势

随着互联网、大数据、人工智能等技术的应用越来越广泛，对人力资源服务业也产生了重要影响。本节重点介绍了包括大数据和移动管理平台的人力资源服务技术创新，并对人力资源服务创新技术的发展趋势进行了分析。

（一）人力资源服务技术创新

1. 大数据技术在人力资源服务业的应用

大数据是高容量、高生成速率、种类繁多的信息价值，同时需要新的处理形式去确保判断的作出、洞察力的发现和处理的优化。大数据以数据量大、种类多样、处理速度快、价值高为其主要特征。大数据与人力资源服务的结合，极大地提高了人力资源服务的效率和效果。

第一，大数据在人力资源规划方面的应用。对于人力资源需求分析，传统分析多采用趋势分析、回归分析、时间序列分析等，样本数量有限，指标维度也较少，数据来源也比较单一，同时缺乏动态性，导致其分析和预测结果

精确度不够。建立在大数据基础上的人才规划,采集信息的样本更大,数据指标维度和详细化程度更高,数据来源也更加多元,并且采用实时化采集和分析的办法,为企业的人力资源需求提供更为及时、更为精确的预测。

第二,大数据在招聘与职位配置方面的应用。传统的招聘大多建立在简历筛选和面试基础上,招聘方对求职者信息掌握比较有限,因此很难对求职者的知识、能力、态度、动机和个性等作出全面判断。以大数据为基础的招聘系统,可以通过微博、微信、社交网络、新媒体等网络信息平台搜集求职者的相关信息,全面了解其在基本信息、生活状态、工作经历、价值观等方面的信息,因此对求职者的评估和筛选可以做到更加精确,有效提高求职者与职位之间的匹配度。

第三,大数据在人才培训方面的应用。首先是培训需求的确定。传统的培训需求一般采用观察法、问卷调查法、访谈法等方法来确定,这些方法各有利弊,但整体上信息不够全面,并且容易受到主观因素的影响,因此对培训需求的把握并不一定准确。以大数据为基础,在确定培训需求时,可以通过多种维度的指标进行预先的设定,采用对应的信息采集工具,对员工工作过程中所表现出来的知识、能力、态度、动机等方面的数据进行全面的搜集和充分的分析,进而确定培训需求,对培训需求的把握更准确。其次是培训过程。传统的培训,无论是线上还是线下的培训形式,培训者和受训者之间互动都比较少,培训的针对性不强,同时培训的效果也不能进行有效的考核和及时反馈。建立在大数据基础上的培训,通过和互联网的结合,能够实现培训者和受训者之间的双向互动,为受训者提供具有针对性的指导。同时,大数据通过对培训过程进行检测,能够有效、及时评估培训效果,还可以通过动态信息分析来比较受训者培训前后的变化情况,对受训者的情况进行记录、分析和比较,形成个人成长档案。

第四,大数据在绩效管理方面的应用。传统的绩效考核,通常采用KPI、BSC、MBO 和 360 考核等方式。尽管每个绩效考核单位在指标的设定上都做了足够多的努力,但指标的覆盖范围有限,而且定性指标的评价具有很强的主观性,很难形成客观、公正、公平的绩效评价。以大数据为基础的绩效考核,能够更加全面搜集相关岗位信息,制定更为科学合理的绩效测评指标。这些指标数量更多、每个指标更为详细具体、数据来源多元化、采集的数据具有实时性,能够建立全面、系统、多维度、立体化的评价模型,实现更客观、更精细化的绩效考核。

第五,大数据在薪酬福利管理方面的应用。每个单位都有自己的薪酬福利管理体系,薪酬福利的确定大都依据相关文件规定和绩效考核结果而定,这种以结果作为判断依据的方法对过程的关注不足。在大数据情况下,可以对员工工作过程中的每一天、每一项工作的具体内容进行记录,对工作完成的数量和质量进行客观评估,通过预先设计的模型生成更为科学合理的工资报酬数额。除了精确计算薪酬福利外,大数据的使用还可以实时跟踪同行业的薪酬状况,建立同行业薪酬水平预警系统,帮助企业针对性地调整薪资水平,防止因为薪酬水平低于同行业而导致人才流失。

2. 移动管理平台在人力资源服务业的应用

随着智能手机、平板电脑等轻便的移动终端的普及,现在人们使用移动终端上网的频率已经远远超过固定的互联网终端。便捷的移动终端在各个领域的应用都越来越普遍,移动终端与人力资源服务相结合的移动人力资源管理平台也得到越来越多的应用。下文将结合人力资源管理的六个板块——人力资源规划、招聘与职位配置、培训与教育、绩效管理、薪酬福利管理、员工关系管理,做简单介绍。

方便人力资源规划:员工可以使用人力资源管理的移动端,根据人力资源管理部门的要求随时随地填写并上传相关信息,人力资源部门可以根据这些信息及时进行需求分析和人力资源规划。

提高招聘效率:各招聘单位可以通过移动客户端的招聘平台实时发布招聘信息、进行简历筛选、发布面试通知、反馈录取结果等,同时通过移动端投放招聘信息可以扩大招聘广告、传播范围,同时减低招聘成本。

方便培训教育:各用人单位可以通过移动端搜集员工信息,分析员工培训需求,制定有针对性的培训方案。同时,员工可以通过移动人力资源管理平台参与培训相关问题的讨论,表达培训需求。移动人力资源管理平台同时也可以成为提供培训的载体,员工通过该系统接受培训,真正实现了随时随地学习,时间地点更加灵活,而且可以重复观看。移动平台提供的随时随地的培训和学习,顺应了时间碎片化的趋势,能够有效利用员工上班路上以及短时间空闲的时间进行学习和培训。

便捷的绩效考核：人力资源部门主管可以根据预先设定的绩效考核标准，要求员工通过移动人力资源管理系统客户端录入对应的信息，将搜集信息的任务分散化，降低人力资源部门的负担；考核结果可以通过移动人力资源服务平台及时发布，员工还可以就考核结果在平台提出质疑，与考核人员沟通。关于绩效考核的一些常规性内容，比如出勤打卡、外勤记录、加班、迟到、早退、请假等信息都可以通过移动平台完成，还可以根据预先设定的模型自动考核绩效。

便捷的薪酬管理：人力资源管理部门可以通过移动端采集员工的工作信息，协助计算员工的薪酬和福利，同时通过移动平台发放工资条，通过平台上的支付工具进行薪酬和福利发放，既节约成本，又极大提高了薪酬管理效率。

方便员工关系管理：单位管理人员可以通过移动平台发布通知和各种政策法规等，员工可以通过移动平台就公司政策提出建议，可以通过移动平台表达意见、反馈信息、促进员工内部沟通等。同时还可以通过移动平台进行心理咨询服务，同时方便查看员工纠纷解决进度。

通过以上移动管理平台在人力资源服务业的应用，结合移动终端自身的特点，可以将移动人力资源管理的优势总结为以下五点。

第一，移动人力资源管理系统专业化。大多数单位所使用的移动人力资源管理系统都不是自己开发的，多是单位提出需求，专业的信息技术公司进行系统开发、维护、更新等服务，人力资源管理部门只是系统的使用者。这既降低了人力资源管理的成本，同时专业的技术服务也保障了人力资源管理平台的专业性和科学性。

第二，沟通和管理方式更加亲民。通过移动人力资源管理平台发布企业的战略目标、提出组织任务、宣传企业文化，可以打破原来那种严肃的、自上而下的表达方式，同时灵活应用漫画、小视频等更为亲切的形式进行信息传递，能够使员工更容易接受，管理方式更加亲民，单位内部关系更加融洽。

第三，注重服务功能。移动人力资源管理系统不仅是一个管理系统，同时也是一个贴心的服务系统。员工可以在移动端享受一系列贴心服务，包括接受日程安排、建立备忘录、设置任务提醒、自动送出生日祝福、进行事项查询等，方便员工工作安排。

第四,员工具有更多主体性和参与性。移动人力资源服务平台大都设立了相应的信息收集和意见表达平台,员工可以通过平台发表自己的意见,还有机会跟管理者之间进行虚拟空间的互动,大大提高了员工主体性和事务参与程度。

第五,时间地点灵活化、实时化。移动人力资源服务平台不受时间和地点的限制,只要有网络,就可以通过人力资源平台进行各种人力资源管理服务;同时也避免了信息传达的滞后性,通过平台,信息能够实时传递到每一个员工。

(二) 人力资源服务创新技术的发展趋势

1. 互联网+人力资源服务

"互联网+"简单地说,就是互联网+各个传统行业,但并不是两者之间的简单相加,而是利用互联网这个平台和信息通信技术,把互联网和各个传统行业有机结合起来,在新领域创造一种新的发展生态。人力资源服务业在"互联网+"的背景下,其产品和商业模式也受到互联网快速发展的影响,并在招聘、猎头、人力资源和社会保障事务代理等业态产生了以互联网技术为基础的产品和商业模式创新。

人力资源服务机构借助互联网进行产品或者经营模式创新的活动,在主要的人力资源服务业态都有涉及,排在前五位的为招聘、劳务派遣、人力资源和社会保障事务代理、人力资源管理咨询、职业指导。人力资源服务机构借助互联网进行的产品创新主要包括基于微信进行客户获取、宣传和代理、外包等业务网络化处理,基于移动互联网的 APP 开发,基于云存储技术进行数据积累和挖掘等。

信息化和互联网对人力资源服务机构的作用多种多样,主要体现在提高经营效率、创新产品和服务模式、加强机构品牌建设等方面。互联网+人力资源的运用,目前比较成熟的是前程无忧、中华英才网和智联招聘三大网站,以及专注于蓝领招聘的 58 同城和赶集网;最近又发展出了很多细分领域垂直招聘、直聘、视频招聘、测评、人事外包等功能的提供人力资源服务的互联网业态。腾讯和阿里也从企业内部沟通的角度切入互联网人力资源服务行业,百度从兼职和蓝领招聘角度切入互联网人力资源服务领域。

2. 大数据+人力资源服务

大数据管理下的知识革命重新定义了"知识",作为知识创造者、吸收者、利用者的人力资源管理和服务,势必会被赋予新的内涵和使命,而这些正在悄无声息地改变着人力资源管理的主体内容。数据信息革命正在给人力资源管理带来全方位的变化。大数据将为人力资源规划提供更为科学、全面的信息与数据基础;基于人才数据库的招聘工作将在招聘信息发布、简历收集筛选、人才测评、人岗匹配等方面大大提高工作效率和效果;知识数据库将培训资源和培训需求实时链接和高效匹配,更有利于培训目标的达成;薪酬数据库使得外部薪酬调研高度便利化,市场薪酬的透明性又反过来推动了企业薪酬进一步体系化和公平化;绩效数据库使得绩效数据统计分析更加客观和便捷,使绩效管理从烦琐的数据分析中解脱出来;员工信息数据库使得劳动关系管理更加科学和规范,更有利于防控用工风险、推进人本管理,提升员工的企业黏性。

3. 人工智能+人力资源服务

人工智能(Artificial Intelligence,AI)是模拟、延伸和扩展人类智能研究的技术科学,包括机器人、语言识别、图像识别、自然语言处理和专家系统等。人工智能在人力资源服务行业中的运用有很大的空间:就招聘而言,人工智能拥有丰富的知识和更加完善的认知能力,可以自动开启招聘任务,自动寻找与匹配候选人,自动识别和判断,自动跟踪,自动评估和分析等,对候选人进行更精确的筛选和考量;在培训环节,人工智能能够根据每个人的特征推荐合适的学习方案和考核方式;在平时的工作和沟通中,人工智能又像是一个秘书,能够帮助人们预测可能面临的任务,管理需要处理的事务,还可以进行提醒。

对于人力资源服务业而言,人工智能必将重塑当下人力资源服务业的服务模式和服务价值链,对行业的影响深远。

第一,人力资源服务需求的小规模化和定制化。人工智能的大规模应用将使得众多企业的用工规模减少,尤其是蓝领服务业。目前中国的蓝领服务业呈现规模化特征,未来随着用工规模的减少,对人力资源的服务需求也将产生变化,未来的人力资源服务需求会更加定制化、个性化。

第二,对人力资源服务业本身产生重大影响。人力资源服务中的一些常规工作,如考勤、薪酬福利体系管理和维护等,都需要花费大量的人力物力。随着人工智能的兴起和发展,未来的很多常规性的工作可以由人工智能来替代。这样一方面将人力资源管理从众多琐碎的行政事务中解放出来,从而将更多的精力用于对企业战略更具有价值和意义的工作中去,不仅大大提升人力资源服务的质量,同时可能促使人们对于人力资源服务的方向和意义进行更多的思考。当然,另一方面,人工智能对于自然人工作的替代,可以大大降低企业成本,为企业发展带来更多利好。

4. 云技术+人力资源服务

云技术的使用,能够把人力资源管理所需的一切硬件设施和数据集中在同一个服务商那里,所有的数据输入、处理、分析、输出全部由一个服务商来完成,人力资源部门只需要选择和使用软件。人力资源云端化,不仅将繁杂的人力资源管理常规内容交给专业的管理团队和技术平台,更能节省企业成本,使客户能够投入更多的精力专注于人力资源管理更具战略重要性的工作领域。

云技术+人力资源服务的典型代表是易才集团的人力资源一站式整体外包和云服务体系——"易才模式"。在这个体系中,人力资源管理的六大分支结构中,招聘以及薪酬和绩效考核体系都已实现了云端化。以绩效管理为例,易才集团与 SAP 合作,通过将 SAP 的云计算技术和易才集团落地服务能力进行很好的结合,实现"互联网技术+人力资源专业服务"的外包服务模式以及 O2O 的一站式服务,并通过易才自有技术平台与 SAP 的战略合作,积极实现本土人力资源外包行业的突破与创新。

5. VR 在人力资源服务业中的应用

VR 是一种模拟现实环境,让人置身其中能产生交互的技术。VR 在人力资源服务中的应用包括以下三个方面:第一,在招聘中的应用。招聘者可以使用 VR 技术实现远程招聘。这种招聘方式一方面可以节省面试者和应聘者的时间,同时也方便应聘者对于工作环境的初步了解,有助于双方作出是否匹配岗位的判断。

第二,VR 技术可以提高入职效率。通过 VR 技术可以给员工身临其境的入职体验,帮助员工尽快熟悉办公环境,提供接近真实的入职感受,方便员工尽快适应工作岗位和工作环境。

第三,在培训中的应用。通过模拟真实工作场景,让员工在接近真实的工作场景中接受培训,使员工对于培训的内容更加容易掌握。VR 技术的最大优点就是带入感极强,模拟场景中的感受非常真实,远比情境模拟给人的感受更贴近现实。通过将 VR 技术应用在培训领域,还可以节约成本。对于一类岗位可以重复使用,对于不同岗位只需要更换 VR 技术的背景视频,省去很多现实的设备和场景的准备,大大降低时间和人力成本。不仅如此,对于一些高难度、危险性的工作,现实的培训风险很大,而借助 VR 技术的培训能够弥补这方面缺陷。

五、年度人力资源服务业发展新亮点

2018 年我国人力资源服务业的新亮点主要有两个方面:一是我国政府人才服务机构的深化改革,二是军民融合战略下的军民融合人力资源服务新需求。

(一) 政府人才服务机构改革

1. 政府人才服务机构的发展及定位

政府人才服务机构是我国经济体制和干部人事制度改革的产物。我国的政府人才服务机构起始于 1983 年沈阳市第一家人才服务机构的建立,至今已有三十多年的发展历史。三十多年的历程,政府人才服务机构经历了数量上的从无到有,从稀少到遍布全国;服务内容上的从单一到多元;服务方式上的从公益服务到公益与市场服务并存,大致可以划分为四个阶段。

第一阶段是 1983 年至 1992 年,是我国政府人才服务机构起步阶段。我国在 1983 年之前对人才实行高度的计划管制,限制人才流动。随着 1983 年《国务院关于科技人员合理流动的若干规定》文件的出台,我国开始了对于人才流动问题的探索。为了满足人才流动服务需求,1983 年,在沈阳市建立了第一个人才流动服务机构,其他各个地区的人才流动服务机构也相继建立,短短几年的时间里,从省到市乃至县(区)先后建立了 60 多家人才服务机构[①]。1989 年在烟台举行了第一次全国人才流动工作会议,制

[①]　参见岳昕:《政府人才服务机构改革与发展研究》,《辽宁省哲学社会科学获奖成果汇编》(2003—2004 年度)。

定了人才流动的总体方案和配套规定。在此基础上，经过 3 年的努力，至 1992 年我国的政府人才服务机构初步形成。

在这一阶段，人才服务机构是作为政府人才管理工作的辅助和补充机构，依据政府行政命令行事。人才服务机构的工作人员基本上是人事部门工作人员兼任，既办理人才流动业务，同时也负责人事调配等行政工作。此时的人才服务机构作为政府人事部门的附属机构，已经开始承担部分的公共服务职能。

第二阶段是 1993 年至 2001 年，是政府人才服务机构快速发展阶段。1993 年 10 月，人事部召开第二次全国人才流动工作会议，1994 年中组部、人事部下发了《加快培育和发展我国人才市场的意见》，规划了人才服务业发展蓝图。在发展蓝图的指引下，人事部先后与地方政府联合组建了包括天津、上海、广州等在内的多家国家级人才市场以及专门针对企业经营管理人才、高新技术人才、高校毕业生等领域的专业性人才市场，形成了范围涵盖全国的基础性和专业性并存的人才服务机构体系。

在这一阶段，人才服务机构的发展主要是政府授权委托，但私营人才中介机构也开始出现并且数量不断增加。这个阶段正是我国经济发展活力逐渐释放的阶段，对于人才服务的需求出现供不应求的局面。因此一些政府人才服务机构开始提出市场化经营思路，把更多精力放在了市场化经营方面，出现了公共服务和市场化经营并存的局面。这种局面的出现一定程度上是顺应当时的经济发展形势的结果，并不是人为的选择，但这种局面的出现对于未来政府人才服务机构的定位产生了重要影响。

第三阶段是 2002 年至 2010 年，是政府人才服务机构初步改革阶段。2002 年 5 月 7 日，中共中央办公厅、国务院办公厅发布关于印发《2002—2005 年全国人才队伍建设规划纲要》的通知，该《纲要》是我国第一个综合性的人才队伍建设规划。2003 年出台的《中共中央国务院关于进一步加强人才工作的决定》指出"推进政府部门所属人才服务机构的体制改革，实现管办分离、政事分开。引导国有企事业单位转换用人机制，积极参与市场竞争。努力形成政府部门宏观调控、市场主体公平竞争、行业协会严格自律、中介组织提供服务的运行格局。消除人才市场发展的体制性障碍，使现有各类人才和劳动力市场实现联网贯通，加快建设统一的人才市场。健全专业化、信息化、产业化、国际化的人才市场服务体系"。在中央文件的指引下,人事部正式提出推进政府人才服务机构体制改革。改革的核心主要是强调政府人才服务机构的公益属性,努力实现"管办分离""政事分开"以及处理好公共服务和市场化经营业务的关系。

这一阶段是我国政府人才服务机构的初步改革阶段,对于我国政府人才服务机构的定位问题是改革的核心问题。一方面,我国的人才服务机构已经逐步完善,私营人才服务机构的市场服务功能逐渐丰富,政府人才服务机构的部分功能具有很强的替代性;另一方面,政府"管办不分"以及公共服务与市场经营混合并存、界定不清的局面不仅影响市场公平竞争的原则,同时也严重影响了我国政府人才服务机构公共服务职能的发挥。因此,改革迫在眉睫。

第四阶段是 2011 年至今,是我国政府人才服务机构深化改革阶段。政府人才服务机构的改革并不是一蹴而就,也不是一份文件的出台就能够解决的,政府人才服务机构的改革需要不断探讨与当地经济发展实际相结合的方式,既不能一刀切也不能冒进。2011 年 3 月《中共中央国务院关于分类推进事业单位改革的指导意见》提出了我国事业单位改革的总体目标,即到 2020 年,形成基本服务优先、布局结构合理、服务公平公正的中国特色公益服务体系,明确了事业单位公益属性的要求。

在政策文件的指引下,政府人才服务机构进入深化改革阶段。地方政府人才服务机构大都依据当地经济发展实际以及政府人才服务机构的实际进行了深度改革。然而,多数地方的政府人才服务机构被定位为公益二类事业单位,一方面按照国家要求提供公共服务,另一方面参与市场经营,提供市场服务并获得收益。公益二类事业单位的定位看似明确,但在实际运行中存在的矛盾和问题依然突出,我国政府人才服务机构的改革进程远没有结束,运用相关理论与先进经验解决我国政府人才服务机构的困境则显得尤为重要与紧迫。

2. 目前政府人才服务机构在实际工作中遇到的主要问题及原因分析

(1)主要问题分析

第一,政府人才服务机构公共服务职能与市场运营行为的矛盾。政府人才服务机构的发展与地区社会经济发展有着密切的联系,由于我国区域经济发展的不平衡性,政府人才服务机构也呈现出不同的组织形式。整体上,我国的政府人才服务机构作为事业单位的占大多数,少数地区的政府人才服务机构实行完全的企业化管理,如广州市中国南方人才市场,而西部一些欠发达地区的政府人才服务机构依然作为政府内设机构而存在。作为政府内设机构存在的,其行为代表政府,具有完全的公共服务属性;以完全的企业化管理形式存在的,其主要以市场经营行为为主,提供部分的国家规定范围的公共服务,不具有市场管理和市场监督职能。以上两种形式政府人才服务机构的定位都比较清晰。但以事业单位形式存在的大多数人才服务机构,都同时兼顾公共服务市场运营两种职能,一方面作为政府相关人事部门的附属机构,对人才市场负有监督和管理职责,另一方面又作为市场主体参与市场竞争。在内部被视为事业单位,公益性服务与市场业务并未彻底剥离,而在外部被视为有着政府背景的人才中介机构,导致的结果是人才服务机构履行政府公共服务职能和市场服务的关系常常模糊不清,同时也弱化了人才服务机构的公共服务性质。

第二,政府人才服务机构的特殊身份导致地位不等,有悖公平。政府人才服务机构多数是由各地人事主管部门主导成立的,无论是作为人事主管部门的组成部分,还是演变为附属的事业单位,起初由这些部门所承担的一些监管职能都或多或少地延续下来。因此在从事人才服务的过程中,不仅以公益服务类事业单位的身份出现,而且经常以行政执法类事业单位的身份出现,甚至直接参照公务员管理、以政府人事主管部门分支机构的身份出现。在这样的特殊身份下,政府人才服务机构还同时参与竞争性市场服务,如社会化培训、社会人才租赁等。行政行为与社会服务行为的错位,政府人才服务机构基于自身的利益需求,时常彰显这种角色错位,以营造有利于自身的社会地位。这对于其他人才服务机构而言,必然导致地位不平等,有悖市场公平。

第三,人事部门与劳动部门人才就业公共服务职能交叉现象普遍。各级政府对于劳动力部门和人事部门的职能都有规定,劳动力市场由劳动部门综合管理,要从事以促进就业与再就业活动为主的基础性免费就业服务供给,如下岗工人的职业技能培训与安置等;人才市场由人事部门管理,主要从事以促进人才合理流动活动为主要内容的特殊性跨体制就业服务的供给。但随着劳动力市场和人才市场的发达以及业务范围的扩展,两类机构在服务结构和服务内容上逐渐趋同,出现了同一件事情两类市场同时在做,并且各自做各自的,彼此之间的交流和合作很少。一方面给民众带来困扰,经常分不清楚该去哪个部门办理业务,同时也容易造成公共资源的浪费。比如在促进高校毕业生就业方面,人事、劳动以及教育三个部门都在做,职能雷同,不仅浪费公共资源,也不利于事业单位的分类改革与归口管理。

第四,我国政府人才服务机构的多头管理与地区差异不利于公共服务目标的实现。我国政府人才服务机构多是政府牵头成立,但在不同的地区,创办单位各有不同,政府人事部门、国家各部委、党委组织部、共青妇联等并存。因此我国不同地区的政府人才服务机构具有多头管理的特征。多头管理不利于地区间服务标准和服务程序的统一,不仅容易产生摩擦扯皮,造成人力、物力、财力的浪费和不必要的麻烦,同时由于管理尺度不一,产生了不恰当的地区、部门垄断,再加上部门利益从中作梗,使人才不能方便快捷地享受基本公共服务①。同时我国政府人才服务机构地区差异明显,不同地区间的服务项目和服务标准都是适应当地的人才服务需求,彼此之间的差异较大。以社会保险为例,不同地区间的缴费比例各不相同,多年来全国社会保险之间的不连通局面很难破解,给人才流动带来很大的负担。

（2）主要原因分析

第一,政府人才服务机构的定位不清。政府人才服务机构的定位不清问题有其历史原因。在改革开放之初,为社会提供人才流动方面的公共服务,只有政府拥有这种能力和威信,因此初期的政府人才服务机构处于垄断地位,行使一部分国家行政职权,其公共服务的属性比较明确。但随着社会经济的发展,外资经济和民营经济越来越繁荣,外资和民营性质的人才服务机构不断进入市场,市场上出现了政府主导的人才服务机构和其他服务机构并存的局面。在这种局面下,我国的政府人才服务机构的功能开始分解,既提供部分公共服务又同时作为市场主体参与市场竞争业务。政府人才服务机构的功能混合交叉,导致了官办不分、政事不分的矛盾,人员身份不统

---

① 孟昭霞、张平平:《我国政府人才服务机构的定位、问题与改革思路》,《北京教育学院学报》2012 年第 6 期。

一与公务员管理的矛盾等多重矛盾的出现。在市场化主体逐渐丰富的阶段,我国的政府人才服务机构的主要职能是什么? 与其他人才服务机构的本质区别是什么? 这些问题的回答都是解决一个定位的根本问题,只有这个问题明确了,一系列存在的问题才会迎刃而解。

第二,政府人才服务机构的财政投入不足。政府人才服务机构的经济来源主要来自政府财政部门,有全额拨款的,也有差额拨款的,但由于主客观条件的限制,政府财政拨款力度有限,特别是在经济后发展地区,财政投入很难支撑正常的公共服务。一方面,为了能正常运行,同时也为了能继续开展公共服务,很多政府所属人才服务机构把绝大部分时间用在市场经营服务的开拓上,公共服务的开发不是很主动,出现了工作重点的偏离;另一方面,政府看到人才公共服务机构通过开展经营性业务能够获得收益,因此进一步消减了财政支持,从而形成了一种不利于公共服务发展的循环。

第三,政府人才服务机构的经营性服务受限。随着我国事业单位深化改革的不断推进,当前重新明确公益二类事业单位身份定位后,政府人才服务机构的经营性服务受到限制。如2014年10月,中共中央组织部、人力资源和社会保障部等五部门发出《关于进一步加强流动人员人事档案管理服务工作的通知》,指出"自2015年1月1日起,取消收取人事关系及档案保管费、查阅费、证明费、档案转递费等名目的费用。各级公共就业和人才服务机构应提供免费的流动人员人事档案基本公共服务"①。这样的规定进一步限制了政府人才服务机构的经营性服务,加上政府财政投入的不足,一定程度上影响了政府人才服务机构公共服务职能的发挥。

3. 人才公共服务机构国内外发展相关经验比较

(1)国外人才公共服务机构对比

美国公共人才服务机构最大的特点是"一站式就业中心"。1998年美国的《劳动力投资法案》颁布实施,组建了由州级政府及地方政府构成的劳动力投资委员会,投资委员会将各方资源整合后依托"一站式就业中心"提供一站式就业服务。整体上,美国政府公共就业机构的特点主要有以下几

---

① 人力资源和社会保障部网站,http://www.mohrss.gov.cn/gkml/xxgk/201412/t20141215_146304.htm。

点:第一,以州级政府牵头,联合地方政府共同提供服务;第二,各州以及地区间的具体运作模式以适应当地实际为原则,力求能够更好地为当地经济发展服务;第三,在政府出资的前提下,公共服务部门和私营人才服务部门相互配合,联合提供服务;第四,人才服务机构坚持经济导向,不实行一刀切的模式,因地制宜,各州、各地之间运作方式及模式都不相同,以符合自己实际为原则,比较灵活;第五,人力公共服务坚持经济导向,各项中长期劳动力发展规划以及劳动力投资体系发展方向的负责人由商界人士担任。

英国的政府人才服务机构由就业部负责管理。政府人才服务机构的职责与其他人才服务机构的职责有明显的区别,主要致力于管理、合作、监督和救助,具体主要体现在以下方面:提供法律法规支持、规范不同市场职责、建立全国性人才数据库、促进人才服务机构的合作、人才权益保护与救助。同时,在人才政策上,英国政府认为人才像其他商品一样,其流动受到价格因素的影响,英国奉行全球化的人才政策,重视人才的自由流动。一方面采取优厚的政策措施吸引人才流入,同时允许人才向国外流出,不采用强制限制的措施。

德国早期的人才市场与中国相似,主要是国家垄断经营,从业人员也以公务员为主。随着1984年人才服务市场的开放,人才服务机构出现了公共人才服务机构和私营人才服务机构并存的局面。公共服务机构多年来以政府机构的形式运营,官僚氛围严重,效率低下,2003年开始的公共就业服务改革从根本上改变了德国公共服务机构的服务模式和运作机制。首先从运营模式上,采用了非营利企业运营模式,将联邦劳动局更名为"联邦就业服务机构",将地方分支机构、办事处更名为"顾客服务中心";其次,强化人才公共服务机构的救助职能,一方面缩短失业金领取时间间隔,同时合并事业援助和社会救助,为事业人口提供及时有效的帮助;最后,进行服务和资源整合,建立一站式服务中心,既节约成本又提高服务质量。

(2)国内人才公共服务机构相关经验

上海的公共人才服务机构改革采用两种机制、两个平台分离的形式。2002年4月25日,上海的公共人才服务机构进行改制,分别成立了上海人才服务中心和上海人才有限公司。上海人才服务中心承担公共服务职能,上海人才有限公司负责经营性服务职能,通过这种方式彻底摆脱了政府人才服务机构对经济收益和社会效益"两头兼顾、利益均沾"的层面。同时通过成立上海人才中介行业协会的形式促进行业自律,协会由 128 家人才服务机构及相关单位组成,会员单位占全市人才服务机构的 80% 以上。至此,上海形成了宏观调控和市场运作相结合、行业自律和监管配套的人才服务体系。此类模式可以称之为综合配套改革模式。

广州市的公共人才服务改革采取的是完全企业化的运作模式。2001年底,广州市中国南方人才市场,归还部分行政管理职能,取消参照公务员的管理体制,实行完全企业化运作的事业单位机制。资金来源也由原来的财政拨款变为自负盈亏,员工取消以前的编制制度,采用企业形式的聘用制。广州市的公共人才服务模式是以经营性业务为主,市场竞争性的增值服务是主要的收益来源。同时,人才市场虽然以经营性业务为主,但应相关人事主管部门的要求,配合和参与公共服务。广州的人才公共服务模式是以适应地区经济发展的实际来决定的,广州地区市场化的人才服务模式与当地高度市场化的经济体制相结合,能够更好地为经济发展服务。

云南省人才服务中心于 2002 年进行了探索,从三个方面对省人才服务中心及省人才市场进行了分离,一是职能分离,二是管理分离,三是人员分离。其中人才公共服务职能由中心承担,全部人员参公管理;而市场自收自支,实行企业化管理。而江苏人才中心划分为"江苏省人才流动服务中心""中国江苏企业经营管理人才市场""江苏省人才市场""江苏省信息技术人才市场"。分离后各自有各自的业务范围,更加灵活和专业。此类模式可以称之为政企分开、分类管理模式。

4. 政府人才服务机构未来改革的思路

(1)进一步强化政府人才服务机构的公益属性定位

政府人才服务机构是由政府人事主管部门使用国有资产举办、从事社会公益服务的事业单位,这是对政府人才服务机构的基本定位。作为法定的公益性机构,政府人才服务机构承担法律赋予的公共服务职责,必须为全社会提供公益性的人才服务;作为政府调节市场的重要工具,政府人才服务机构承担着调节人力资源市场的基础性功能,不仅要发挥弥补市场失灵的作用,而且还要有利于人力资源服务市场多元主体的共同发展;作为事业单位,政府人才服务机构的职能定位必须符合当前事业单位改革的目标要求①。因此,进一步强化公益属性是政府人才服务机构职能定位的必然选择。虽然目前国家允许政府人才服务机构探索市场化改革,以弥补基本公共服务等方面的不足,并不意味着无限发展市场业务,而是要把国家利益放在首位,履行国家在人才领域的社会管理和公共服务职能。

（2）政府人才服务机构拆分成公共服务和市场竞争两个不同的平台

目前,我国的劳动力要素流动市场还不够完善,市场化经验不足,因此还是应该坚持政府人才服务机构在公共服务上的主导地位。但主导地位的界定并不意味着政府人才服务机构是公共服务的唯一提供者,而是体现在对于公共服务方向、公共服务标准、规则、程序等的把握。在具体的公共服务提供上,政府应改变以往"大包大揽"的做法,加快管理职能的转变,即政府要从公共服务的"直接提供者""生产者"转变为"合作者""促进者"和"发包人"②。通过这样的方式充分调动市场主体参与到公共服务中来。对于两个平台的拆分,可以参照江苏、上海等地的做法,将两种不同行为进行分解,将直属于政府人事部门的人才服务中心划归为非营利性公益性机构,由人事部门直接领导,依靠政府财政拨款承担公益性人才服务;而原本从属于政府有关部门的各类人才市场可以直接改制为企业,实行自主盈亏,同时也可以根据自身条件和市场要求参与部分政府购买人力资源服务,承担一部分准公共服务。这样彻底消除政府人才服务机构对经济收益和社会效益"两头兼顾、利益均沾"的局面,彻底克服此类机构用市场经营行为挤占社会公益服务行为的内在动因和客观趋势③。

（3）整合资源,构建新型公共服务平台

人才公共服务是政府人事行政职能包含的必要内容,我国的政府人才公共服务存在着多头管理和地区发展差异较大的问题,政府人才服务机构之间缺乏统一的服务标准和服务规范。为了避免多头管理造成的资源浪费

---

①　陈力:《事业单位分类改革视角下政府人才服务机构的职能定位与分类》,《人事天地》2013 年第 9 期。

②　陈建辉、孙一平:《人才就业公共服务管理体系建设的问题和对策》,《中共天津市委党校学报》2008 年第 1 期。

③　高子平:《政府人才服务机构的职能定位探析》,《中国行政管理学会 2008 年哲学年会论文集》。

以及区域人才服务差异造成的人才流动障碍,首先应该整合现有的公共资源,建立新型的公共服务平台。平台一方面明确相关职能部门的职责,有效区分部门间公共服务的内容,避免出现部分交叉管理和重复相同服务的情况;其次,平台应该建立国家层面的人才公共服务协调体系,就一些基本的公共服务统一收费,统一定价,统一服务标准和服务程序,同时建立不同地区间公共服务协商机制,就出现的差异引起的社会问题进行协商,及时提出解决办法,方便人才在各个地区之间的流动和管理;最后,新型公共服务平台可以提供便民窗口,一些业务的处理可以采取网络平台的形式解决,节约社会公共资源。整体上,新型公共服务平台应该坚持国家宏观指导和地方微观实践相结合的方式,坚持政策指导和问题协商并重的举措,坚持既方便公共服务机构的管理工作又方便民众的原则。

(二) 军民融合人力资源服务新需求

古往今来,人才都是富国之本、兴邦大计。当前,推动科技领域军民融合深度发展,必须着眼于创新,牢牢抓住人才这个关键要素。

1. 军民融合人力资源服务的研究背景

军民融合,是指把国防和军队现代化建设融入经济社会发展体系之中,通过军转民、民参军,实现经济、科技、教育、人才等全方位、高领域和深层次的"军""民"结合,达到互相促进、双向共赢,实现军与民可持续发展。2015年3月12日习近平总书记在中国共产党第十二届全国人民代表大会第三次会议解放军代表团全体会议上,第一次明确地提出:"把军民融合发展上升为国家战略,是我们长期探索经济建设和国防建设协调发展规律的重大成果,是从国家安全和发展战略全局出发作出的重大决策"。习近平总书记在党的十九大报告中指出,要"更加注重创新驱动","更加注重集约高效,更加注重军民融合","继续深化国防和军队改革","树立科技是核心战斗力的思想,推进重大技术创新、自主创新"。习近平总书记提出的军民融合战略,具有重大的现实价值和时代价值,既是转变经济结构的需要,增强国防建设的需要,也是推动军工企业增强市场活力的需要,是富国强军的根本之策。

在国家战略的指引以及中央和地方各级政府的支持下,我国的军民融合已经取得了一些明显的成效,主要集中在以下四个方面。第一,设立军民融合领导机构。在中央军民融合发展委员会成立之前,地方已经建立了军民融合领导机构。2012 年 10 月为加快推进西安市军民融合产业发展,西安市政府成立了西安市军民融合工作领导小组。2014 年 12 月,江苏省军民融合发展办公室正式挂牌成立。2017 年 1 月 22 日设立中央军民融合发展委员会,由习近平任主任。中央军民融合发展委员会是中央层面军民融合发展重大问题的决策和议事协调机构,统一领导军民融合深度发展,向中央政治局、中央政治局常务委员会负责。在此之后,地方军民融合领导机构也相继建立。2017 年 12 月按照中央部署要求,四川省委成立高规格军民融合发展委员会。

　　第二,中央和地方政策法规相继出台。科技部、军委科技委联合印发《"十三五"科技军民融合发展专项规划》;2015 年 4 月,为进一步推进军民融合发展,福建省出台《福建推进军民融合深度发展规划纲要(2015—2020年)》;湖南省于 2018 年 4 月出台了《加快推进国防科技工业军民融合深度发展的若干政策措施》,进一步优化了湖南省军民融合的政策环境;2017 年初,甘肃省政府印发《甘肃省"十三五"军民融合发展规划》,明确了军民融合发展的总体思路和重点任务,为全省军民深度融合提供方向指导,并在同年制定了《甘肃省军民融合协同创新中心认定和管理办法》,以实际行动推动军民融合的深度发展。

　　第三,建立了一批军民融合示范基地。虽然军民融合的概念很早被提出来,但直到近年来军民融合式发展战略才开始全面落实。为推动军民结合产业集聚化、规模化发展,工业和信息化部自 2009 年起,依托国家新型工业化产业示范基地创建工作,分批次开展了国家级军民结合产业基地的培养和认定。从国家军民融合公共服务平台上的数据可以看出,截至 2018 年7 月,已经在全国 22 个省(自治区/直辖市)分 7 批次认定和挂牌了 32 个国家级军民结合产业基地。其中,陕西西安市是第一个国家认定的军民结合产业基地,并且陕西和湖南省各有 3 个国家级军民结合产业基地,是所有省(自治区/直辖市)中数量最多的两个省份。从工业总产值来看,哈尔滨经济开发区和四川绵阳科技城的基地工业总产值都在 2000 亿元以上,在2000 亿元以下 1000 亿元以上的共有 3 家,分别是重庆璧山工业园、重庆两江新区工业开发区和宁波鄞州区,余下产值均在 1000 亿元以下。①

第四,国家和地方军民融合公共服务平台的建立。国家军民融合公共服务平台是工业和信息化部、财政部于 2012 年批复、2014 年建成的国家级的权威的政府公共服务平台。国家军民融合公共服务平台主要针对反映普遍的军民信息沟通不畅这一难点问题,旨在打通信息交互的瓶颈,建立国务院有关部委、军队、军工单位和民口企业沟通交流的桥梁和纽带,为深入推进国家军民融合发展,提供更为丰富、便捷的信息服务。

国家军民融合公共服务平台建成了成熟完善的信息发布体系,横向覆盖军队和国务院有关部门,纵向深入 32 个地方政府和 12 大军工集团公司,通过新闻动态发布、军民融合需求、技术产品大厅、军民共享资源、科技服务机构、中国军民两用技术创新应用大赛等 11 个栏目,基本实现了军民融合工作重要信息发布、用户技术产品供需信息线上交流、军工科研生产设备设施共享信息在线展示、科技服务机构线上推荐等功能,有效推动了军民两用技术产品的转移转化和军民科研生产资源的共享共用。除了国家军民融合服务平台外,地方政府也大都建立了相应的军民融合服务平台。例如在浙江省经济和信息化委员会领导下建设的浙江省军民融合公共服务平台、江苏省发改委军民融合办公室主办的江苏省军民融合公共服务平台、山东省国防科技工业协会主办的山东省军民融合服务平台、黑龙江公共服务平台等。除了省级公共服务平台外,西安、天津、成都等地也建立了本市的军民融合公共服务平台。

军民融合取得的成就是明显的,令人鼓舞的。领导机构的设立、政策法规的出台、军民融合示范基地以及公共服务平台的建立为军民融合的深度发展提供了框架基础。同时从我国军民融合取得的成就可以发现,军民融合中的核心要素——人才融合,并没有得到足够的重视。军民融合一方面是军民融合人才培养。大力加强国防科技人才的培养是军民深度融合体系化建设的一个重要组成部分,同时也是顺应当今世界军事变革的重大举措和应对未来战争的迫切需要。另一方面是军用和民用领域在科学技术研究

---

① 数据来源于国家军民融合公共服务平台网,http://jmjh.miit.gov.cn/loa_ModuleWeb-Message.action? moduleId＝1077&page＝1。

和科学技术领域的融合,我国军事科技的发展和进步都是在国家投入巨大资源支持的基础上取得的,并且军事科技在多个领域较之于民事科技而言,都具有较强的先进性,如果能够将军事成果反哺于民,是利国利民的大事。对于这两个方面而言,人才都是顺利实现的核心要素。其中,军民融合人才培养更多的是建立在顶层设计的基础上,由国家以及专门的军民融合机构根据政策指导和现实需求,不断扩大和完善军民融合人才培养机制,充分利用军用和民用资源,为国家培养更多的人才。军用和民用领域在科学技术研究和科学技术领域的融合既需要顶层设计的指导,但更多是基层技术研究和使用机构的活动,相对比较分散,因此供求信息的收集成为关键。在上文提到的众多种类的军民融合公共服务平台中,对于技术需求和技术供给的信息都做了一定程度的综合。但军用和民用领域在科学技术研究和科学技术领域的融合,了解了技术方面的供求信息仅仅只是第一步,在这个基础上,谁能实现融合是更为核心的问题,同时也是更难的问题,开创新时代军民融合深度发展新局面,离不开一大批爱融合、懂融合、会融合的领导管理和专业人才,因此专门为军民融合人才服务的军民融合人力资源服务成为军民融合领域新需求。

2. 军民融合人力资源服务的整体策略和路径

军民融合人力资源服务是服务于我国军民融合战略的新需求,对于其进行理论研究具有重要意义。

(1)整体策略

对于军民融合人力资源服务的发展,第一,必须以国家军民融合战略和相关政策为指导。军民深度融合是国家战略,军民融合人力资源服务要坚持服务国家战略导向,以国家相关政策为方向指引,致力于在国家政策范围内的军民融合人才服务工作,严守军队技术和核心人才方面的国家政策规定。第二,必须坚持质量第一,服务优先。要以提供军民融合人才供给为主线,通过军民融合人力资源服务着力促进军用科技在研发和应用领域的融合。第三,兼顾军民融合一般人力资源服务和人力资本服务。军民融合一般人力资源服务,主要是从数量上,关注与军民融合相关的大众的普遍需求,主要是军民融合人才信息汇聚、管理、流动等一般服务。除此之外,军民融合人力资源服务还应该关注军民融合人力资本的投资、转化与提升服务,推进军民融合与先进制造业的有机结合,推进互联网、大数据、人工智能等新技术创新与军民融合的有效结合和深度融合,为军民深度融合注入新的活力。第四,军民融合人力资源服务应该将退役军人的人力资源服务纳入其服务范围。退役军人经过多年的军队系统训练,大都具有较高的专业素质,关注退役军人的未来就业需求,为其社会就业提供就业指导、途径选择、职业培训和保险、档案等代理服务,一方面通过综合服务让更多的退役军人为军民融合服务,促进军民融合发展,同时市场化的方式能够为军队人员退役提供补充,为军队减轻负担。第五,军民融合人力资源服务要打破地域格局。传统的人力资源服务大都建立在地域划分的基础上,更多的是为区域人才和区域经济发展服务。军民融合是国家战略,并且军民融合人力资源服务属于专业服务,军民融合人力资源服务应该更加注重全局性,具有全局观。因此需要建立国家主导的军民融合人力资源服务机构,以此为指导和基础,建立以地方军民融合的人力资源服务机构。第六,军民融合人力资源服务应该在完善政策机制方面作出贡献,特别是完善人才资格军地互认机制。按照市场经济对人才资源配置和高素质人才择业的实际影响,积极推进通用职业(岗位)资格认定、职务等级考评晋升等与地方接轨,并将其纳入国家统一制度和标准体系,做到军民通用的专业资格认定军地要有同一把尺子、同一个标准,为在更广范围、更高层次利用社会人才创造条件。

(2)实现路径

军民融合人力资源服务的实现,需要理论和实践、中央和地方的配合。理论方面,建立中央和地方的军民融合人力资源服务理论和政策指导机构。首先,建立国家级军民融合人力资源服务理论和政策指导机构。军民融合人力资源服务是在军民融合战略下出现的新需求,服务的宗旨、原则等都缺少理论和政策指导。军民融合是国家战略,而军事科技又有其特殊性,退役军人以及家属安置等事项又具有很强的敏感性,因此国家成立专门的人力资源理论和政策指导机构对于军民融合人力资源服务的健康发展非常必要。军民融合人力资源服务政策指导机构可以在中央军民融合发展委员会下设,亦可以在国家人力资源和社会保障部下设,或者采用两者联合设立的方式成立相应指导机构。其次,建立地方军民融合人力资源服务理论和政策指导机构。地方的军民融合各有其特点,发展层次和程度也有差别,因此需要结合地方实际区别对待。地方军民融合人力资源服务理论和政策指导机构需要贯彻国家人力资源服务理论和政策指导机构的精神,以国家指导机构的理论和政策为核心,结合地方实际,制定适合地方军民融合发展实践的理论和政策。

实践方面,依托已有的人力资源服务机构,成立专门的军民融合人力资源服务办公室。我国各个省市都有相应的人才服务中心,其网络庞大、机制齐全、业务熟练,军民融合人力资源服务办公室可以在已有的人才服务中心设立,由人才中心统一处理相关业务。办公室作为实体机构,主要负责军民融合人力资源服务的相关培训、招聘、中介、代理等服务。同时,建立中央和地方相结合的军民融合人力资源服务平台。首先,建立国家级军民融合人力资源服务平台。平台致力于军民融合专家库的建立,为军民融合人才供求提供中介服务,提供军民融合人才评价、人才培训等服务。国家级军民融合人力资源服务平台可以在现有国家军民融合公共服务平台的基础上建立,在原有平台基础上设立专门的人力资源服务项目,也可以由人力资源和社会保障部联合人才服务中心成立专门的军民融合人力资源服务平台。其次,建立地方军民融合人力资源服务平台。地方军民融合人力资源服务平台主要致力于地方军民融合实践,重点展开地方军民融合人才招聘和供需对接工作、构建地方军民融合全链条人才服务体系、实现人才定制开发、推进高技能人才培养、技术转移交易能力培训、涉密岗位人员管理能力培训等服务。

同时,为了实现军民融合人力资源服务的顺利对接,针对军队相应机构具有与民间机构设置不同的特点,同时考虑到军队可能的涉密性,军队相应的高校、科研机构、企业工厂等可以设立军民融合人力资源服务联络处。联络处的职责主要是提供专门的对接途径,负责与各级以及各地区的军民融合人力资源服务机构对接,防止出现在与军队相关机构的合作中可能出现的"找不到门"的现象,方便军民融合人力资源服务的对接和发展。

3. 军民融合人力资源服务的重点和难点问题解析

军民融合人力资源服务所涉及的服务范围广泛,但在实施的过程中也应该有所侧重,在重点和难点问题上下大力气、大功夫。

军民融合人力资源服务的重点问题主要是军民融合人才供需对接工

作,这也是军民融合人力资源服务的最核心职能。供需人才对接包括人才供给和人才需求两个方面。其中,人才供给可以通过建立军民融合专家库的方法解决。通过分类采集军民融合中的各类专家信息,将军用和民用各个领域专家的擅长领域、以往研究成果、合作意愿等信息进行汇总,方便军民融合中的人才选择。人才需求方面,各单位可以在军民融合人力资源服务平台上发表自己的人才需求,由平台管理方或者专门配套的人力资源服务公司推荐相关专家,促进合作。相比较人才供给和人才需求两个方面而言,供给是军民融合人力资源服务的重点,构建种类齐全、信息完善的军民融合专家人才库是其核心内容。人才库的构建需要军民融合委员会的支持,需要军民融合人力资源服务平台、军民融合人力资源服务办公室以及各个军用和民用高校、科研机构以及公司、工厂等的通力协作。只有各部门一起努力,才能尽快建立可以为未来各个领域军民融合服务的专家车,而人才专家库一旦建立,军民融合中的很多问题就会迎刃而解,很多障碍会因此而扫除,将会为军民融合的深度和长远发展起到至关重要的推动作用。

除了军民融合人才供给和需求外,退役军人的人力资源服务与开发也是军民融合人力资源服务中的重点,同时也是难点之一。目前,我国退役军人数量庞大,每年还以几十万的速度增加,军事人力资源是国家人力资源的重要组成部分。经过军队的培养锤炼,军人成为党和国家的"忠诚战士",具备优良的品格和优秀的作风,这些都是军人的核心竞争力素质,是具有高附加值的人力资源;退役后,这些军事人力资源属性依然存在,并作为战争潜力储备起来,不仅可以为国家经济建设作贡献,还可以在战时立即效力国防和军队;并且退役军人对于军队的制度和相关政策都比较熟悉,一些退役军人还掌握先进的技术,具有丰富的经验,把退役军人这一重要的人力资源统起来、管起来、用起来,让他们在军民融合领域发挥更大的作用,将他们引导好、培训好,充分挖掘和发挥退役军人人力资源的效能,在新的岗位上有更大的作为,这也是国家人力资源开发的一项重要内容。2018年"两会"期间,国家正式提出组建退役军人事务部,总理退役军人事务。但我国退役军人管理保障工作的发展,仅仅依靠政府一方是不够的,事实上政府的能力也是有限的,需要多方参与,共同促进我国退役军人管理保障工作的发展。军民融合是发挥退役军人优点和特长的一个非常好的机遇,退役军人相对于其他人员来讲在军民融合中具有独特的优势。因此军民融合人力资源服务如果能够将退役军人人力资源服务和开发做好,一方面促进军民融合的发展,同时还能为退役军人安置作出贡献。所以,退役军人人力资源服务与开发视为军民融合人力资源服务中的重点内容具有科学性。

退役军人人力资源服务与开发,着眼于军民融合的角度,第一,需要建立退役军人人才库,将退役军人按照一定的标准比如学历、专业技能等进行分类。分类的目的是方便进行管理,为退役军人的培训和在军民融合尤其是在民用领域发挥作用提供基础。第二,为退役军人提供专业的人才测评服务,对于其合适发展的行业、职业等进行测评,方便在军民融合中找到合适的发展方向。第三,在测评的基础上,针对军民融合中的需求对退役军人进行专业、系统的培训,如技术转移交易能力培训、涉密岗位人员管理能力培训等。第四,在培训的基础上,依靠军民融合人力资源服务机构的资源,为退役军人在军民融合领域的再就业或者创业提供出口。退役军人的人力资源服务与开发应该是一系列的过程,而不是简单的在军民融合领域配对,一定要重视退役军人人力资本的培养和提高,从而促进退役军人更好地为军民融合服务。

4. 我国军民融合人力资源服务的实践与经验——以四川省和陕西省为例

军民融合人力资源服务虽然在理论的探索上还处于刚刚起步阶段,但在实践领域已经形成一部分值得借鉴的宝贵经验。

(1)四川绵阳军民融合人力资源服务的实践与经验

绵阳是我国唯一的科技城,军民融合是绵阳最大的优势和特色。自绵阳被纳入全面创新改革试验区域后,始终聚焦军民融合主攻方向,积极构建军民融合创新转化、产业培育、人才开发、开放合作和金融服务"五大体系",加快建设创新驱动先行市和军民融合示范市。

首先,对军民融合人才的重视。为了引进人才,绵阳设立了每年6000万元的人才发展专项资金;为了培养人才,绵阳成立了四川军民融合研究院、四川军民融合高技术人才培训基地和绵阳"两弹一星"干部学院;举办了"从三线建设到军民融合发展"专家论坛、中国(绵阳)科技城人才之夜等活动,促进军民融合人才交流。对于军民融合人才引进、人才培养和激励、人才交流的重视和采取的一系列举措,为绵阳军民融合的发展提供了坚实的基础。其次,重视军民融合人才交流服务的平台化建设。绵阳市人民政府联合中国航天科技集团公司,编制了中国军民融合人才交流服务平台建设规划。依据规划,平台建设分为2017年9月至2018年12月、2019年至2020年、2021年到2022年三个阶段。2017年9月6日,全国首个军民融合人才交流服务平台在绵阳已经启动建设,第一个阶段正在由规划变为现实。平台的建设,主要是构建系统的军民融合人才服务体系,并且依托互联网、大数据以及移动管理平台等技术实现全面高效的服务。首个军民融合人才交流服务平台的建设不仅对于绵阳,对于全国军民融合人才服务的发展都具有划时代的意义。为了进一步促进军民融合发展,2018年5月7日至8日,第二届国防军工企业人力资源管理创新大会暨中国(绵阳)科技城军民融合人才峰会成功召开。依托本次大会平台,绵阳市与全国知名人力资源服务机构进行了充分对接,通过现场考察、交谈沟通、协议磋商等方式,与相关人力资源服务机构达成共识。绵阳促进军民人才的举措是建立在系统规划的基础上的,具有连续性,能够起到持续推动的作用,同时也增强了军民融合企业和服务机构的信心,更好地助力四川绵阳军民融合的发展。

四川绵阳对于军民融合人力资源服务的探索和实践无疑是走在了前列,这一方面得益于政府和社会各界对于军民融合人才的重视,得益于对于人才在军民融合中的重要作用的深刻理解,另一方面得益于一系列相互补充、逐步深入的行动举措:成立人才专项基金,建立军民融合研究院、军民融合人才培养基地等,举办专家论坛、军民融合人才峰会等一系列支持活动,启动建设首个军民融合人才交流服务平台。既有资金支持,又有实践基地配套,同时还采用平台化管理手段,并配合一系列人才活动进行宣传和交流,全方位、多角度的举措配合使得绵阳的军民融合人力资源服务走在了全国的前列,其经验值得其他地区借鉴。

(2)陕西省军民融合人力资源服务的实践与经验①

陕西是一个军工大省,国防科技企业总产值和军品产值位居全国前列。

---

① 此部分内容根据中国人才网的相关内容整理,http://rencai.people.com.cn/n1/2017/0922/c414452-29552390.html。

陕西省军民融合人才服务举措主要集中在以下四个方面。

第一，政策支持。军民融合虽然不是一个陌生的概念，但军民融合实践中的许多问题一直以来都缺少政策法规的支持，比如收益的分配问题，并且军用和民用两个领域有着不同的制度体系，人才的融合存在严重的制度障碍，因此军民人才的融合，政策必须先行。陕西省委、省政府研究出台了《激发人才创新创业活力的若干措施》以及《促进科技成果转化的若干规定》等一系列政策。政策一方面鼓励军工单位技术人员到企业从事科技成果转化或离岗创业，将不低于 90% 的转化收益奖励给成果完成人，同时给予 5 年内保留回原单位通道的承诺。这样的政策解除了军民融合人才的后顾之忧，大大激发了军民融合人才交流和合作的激情。另一方面，鼓励地方企业和人才投身国防事业，对通过竞标承担军品研发生产的，按照项目经费的 20% 给予补助并提供贴息贷款。这样的举措非常直接有力地促进了地方企业和人才参与军品研发和生产的热情。陕西省的政策先行并且同时兼顾军转民和民转军两个方面的有力举措，为陕西省的军民人才融合提供了坚实的基础，值得其他地区学习和借鉴。

第二，兼顾人才培养和人才交流。军民人才融合一方面是从源头上融合培养，另一方面是促进人才交流。在人才培养方面，既重视军队高校以及科研院所与地方高校和科研院所之间对于人才的联合培养，同时也重视地方和军队生产单位之间的合作，相互派出相关人才到对方机构学习，联合培养军地人才。在人才交流方面，主要是通过项目合作、互聘兼职、双向挂职等方式，推动军民人才深度融合、协同创新，促进高层次人才共享共用，推动军民融合深度发展。

第三，加强军民人才融合的平台建设。军民融合需要持续、高效、安全、规范的渠道，为了推进军民融合发展，陕西省花大力气整合项目、资金，着力打造共建共享的科研创新平台。"在共建人才创新创业平台方面，建设 30 个人才发展改革试验区和 100 个人才发展示范基地，开展军民人才融合发展改革试验，分批建设 200 个院士专家工作站、100 个技术技能大师工作室和 100 个军民兼容技术支撑平台，促进军地科研融合；在共建协同创新平台方面，支持 20 多家军民单位组建陕西空天动力技术研究院，投资 1.7 亿元扶持先导技术研究院、国家增材制造创新中心等融合创新平台建设；在共建金融支持平台方面,设立 100 亿元的军民融合产业投资基金、15 亿元的军民融合科技创新基金"①。

第四,政府配套服务保障。一是建立军民融合人才数据库和专业智库,为军民融合提供智力支持;二是成立军工人力资源服务公司,专门为军民融合提供人力资源服务;三是解决好军民融合人才的相关生活配套问题,包括配偶安置、子女教育、住房保障等,使得军民融合人才能够集中精力搞事业,无后顾之忧。

---

① 数据来源于中国人才网,http://rencai. people. com. cn/n1/2017/0922/c414452 - 29552390.html。

第三章　人力资源服务业的先进经验与案例

【内容摘要】

随着我国人力资源服务业相关政策的大力推行和人力资源服务业的不断规范,人力资源服务业得到了积极快速的发展,人力资源服务机构发挥的作用也日益显著。本章以广西锦绣前程人力资源有限公司和深圳市人力资源和社会保障局为案例,重点对其在行业发展和行政管理过程中的先进经验和突出贡献进行介绍,以期与其他地区和机构进行交流,并给国内的人力资源服务机构及相关政府部门提供参考和借鉴。

Chapter 3　Advanced Experience and Case of Human Resources Service Industry

【Abstract】

With the vigorous implementation of China's human resources service policy and the constant standardization of human resources service industry, human resources service industry has been actively and rapidly developed, and the prominent role of human resources service agencies has become increasingly prominent. Taking Guangxi Bright Future Human Resources Co., Ltd. and Shenzhen Human Resources Guarantee Bureau as examples, this chapter focuses on introducing their advanced experiences and outstanding contributions in the process of industry development and administrative management, with a view to exchanging with other regions and institutions, and providing human resources services and relevant government departments in China the guidances and references.

　　近年来,人力资源服务业快速发展,新模式、新业态不断涌现,服务产品日益丰富,服务能力进一步提升,但与我国经济社会发展对人力资源服务业的要求相比,与世界先进水平相比,还有一定差距。本书挑选了一家在人力资源服务业内具有代表性的企业和一个在人力资源配置中发挥较好作用的地方政府部门,通过介绍它们的发展历史、成果经验等,为国内人力资源服务机构的发展和地区的人力资源市场的建设提供参考借鉴。广西锦绣前程人力资源有限公司是一家发展迅速的民营企业,成立刚满十年就已成为广西首家在北京新三板挂牌上市的人力资源服务机构,有着非常值得借鉴的企业管理经验。在业务上,该公司在人力资源外包服务上重点着力,同时推出了主打家政服务的"贝福管家",形成了自己的特色。在深圳市政府尤其是深圳市人力资源和社会保障局的大力支持下,深圳市人力资源市场得到了前所未有的快速发展。深圳市人力资源市场发展建设呈现以产业引导、政策扶持和环境营造为重点,充分发挥市场在人力资源配置中的决定性作用和政府的指导作用,为深圳率先建设社会主义现代化先行区、奋力向竞争力影响力卓著的创新引领型全球城市迈进提供了强有力的人力资源保障。

一、广西锦绣前程人力资源股份有限公司

(一) 公司简介

　　广西锦绣前程人力资源股份有限公司是广西壮族自治区一家人力资源专业服务机构,成立于 2007 年 3 月,属于民营单位,是一家正在快速发展的人力资源公司。

　　前程人力 11 年来一直专注于人力资源服务领域,服务于区内外广大国有、民营和外资用工单位,为其提供人力资源外包(HRO,含劳务派遣,下同)及其关联业务、猎头、HR 管理咨询、人才培训、贝福管家五大类综合性HR 产品服务,并根据市场需求变化及时跟进研发并升级换代服务产品,不断满足企业高、中、基层全方位的需求,打造出了完整的服务产品线和价值链,形成了自身特有的发展模式和以"每位员工都是合作伙伴、每位朋友都是人生财富"为核心理念的企业文化。

　　面对外部东盟十国共计约 14 亿人口的大市场和国家"一带一路"倡议

之海上丝绸之路重要结点区域的市场需求,前程人力在广西 HR 行业发挥着"桥头堡"作用。截至 2018 年 6 月,前程人力已在广西区内 14 个市设立了分公司,在广西区外深圳、北京、杭州、广州、雄安、海南等地设立了 9 家分支机构,并在云、贵、川等人力资源大省布设了招聘代理网点,未来拟在越南、老挝、柬埔寨等国设立分支机构,将业务范围拓展到东盟十国。

(二) 业务介绍

前程人力 11 年来一直奉行"诚信、和谐、高效、独创"的企业精神和"打造一流团队、提供一流服务、开拓一流市场、创造一流效益"的经营理念,专注于"人力资源外包及其关联业务"为主的综合性 HR 服务的精耕细作。

1. 人力资源外包及其关联业务

2017 年,前程人力为 584 家客户单位共计补充招聘安置 7299 人(其中外包 5579 人、派遣 1720 人);为客户单位分期分批进行新员工入职岗前培训 68 次共计 841 人;服务礼仪及保洁技能培训 32 次,共计 803 人;外包/派遣员工入职岗前社保知识讲解 80 次以上,共计 3287 人;外包员工安全管理制度、绩效宣导与安全教育等培训 38 次,共计 998 人;户外拓展 2 次,共计 783 人;大型军训 2 次,共计 730 人;协助客户单位解决劳务纠纷诉讼案例 14 例、非诉讼案例 112 例。

截至 2018 年 6 月,前程人力已是广西鑫达保安押运服务有限公司、中国邮政集团公司玉林市分公司、广西艾娱电子竞技有限公司等 1000 余家客户单位的人力资源外包服务提供商,拥有外包/派遣员工 60000 余人,客户满意度持续保持在 98%以上。

2. 高级猎头

高级猎头属于前程人力自身产品线上的高附加值业务,主要为客户单位提供标准猎头服务。该业务聚焦于国内热门行业的各类企事业单位对高端人才的需求,2017 年业务从南宁、深圳拓展至杭州,正逐步延展至广州、雄安、海口等地。目前该业务处于发展初期,各地的猎头团队在不断发展壮大之中,其业务定位于各地区的热门行业寻访面试候选人,丰富人才库,对接匹配客户单位的人才需求,也处于渐进发展当中。

3. HR 管理咨询

依托中华人力资源研究会和深圳市管理咨询行业协会的技术支撑,针对客户单位在传统人力资源管理六大模块(人力资源规划、员工招聘与配置、绩效考评、培训与开发、薪酬福利管理和劳动关系)内容方面的需求,前程人力借助其管理咨询师的丰富的知识和经验,在客户单位提出要求的基础上深入其中,与客户单位管理人员密切结合,应用科学的方法,找出其存在的主要问题,进行定量和确有论据的定性分析,查出存在问题的原因,提出切实可行的改善方案,进而指导实施方案,使客户单位的运行机制得以改善,其管理水平和经济效益得以提升。

4. 人才培训

围绕内部自身成长、服务水平存在的不足和外部客户单位"招聘难、出路难找、业绩提升难"等问题,前程人力通过管理实战训练、企业内训、体验式教育等培训项目,为发展中企业提供系统解决方案。如 2017 年 1 月至 2018 年 6 月,内训部组织本公司内部员工进行了大大小小、不同层级的培训共计 38 场,培训课程有"公司介绍、企业文化、规章制度、行为礼仪、产品业务介绍""公司各模块产品业务、营销技能、实战演练""外包项目管理、实操、法务风险""中高层管理人员综合技能提升培训"等 40 余门,参训 4129 人次,共计 12964 学时,极大地提高了客服团队成员的综合素质与服务能力;2017 年 1 月至 2018 年 6 月为上市公司、国有企业、当地龙头企业及各大专院校,如广西投资集团、广西福利彩票发行中心、广西百色文化旅游发展有限公司等客户单位完成 31 次以上培训,课程内容有:"2017'激扬梦想,扬帆起航'新员工培训""'内训师培训能力提升训练'第二阶段培训""广西中福在线员工业务技能拓展培训"等 30 余门,参训 8902 人次。2017 年 9 月,前程人力培训业务 2017 年度荣获 22 省、自治区、直辖市经信委(工信委)联合评选颁发的"2017 中国企业培训最佳服务商 20 强"称号。

5. 贝福管家

针对家政服务业和"银发产业"广阔的发展前景,前程人力在自身产品线上延伸开发了具有"菲佣"和"英式管家"特色的"中式菲佣管家"(即贝福管家),以实现跨界经营、延续收益的目的。2015 年 4 月正式启动了"中式菲佣管家"项目,成立广西管家公司。2017 年至 2018 年 6 月培训学员共

141 人,涉及课程有母婴护理、催乳师和小儿推拿等,服务雇主数量 332 单;上游开拓生源,筹建百色家政学院等,储备服务人员共计 1653 人。贝福管家已形成了"总部+分公司+实训基地及体验中心+门店+连锁加盟"的运营模式和线上"宣传推广及业务下单"+线下"持续地推及跟踪服务"的营销模式。下一步将以"北上广深沿海发达城市布点自营,全国其他城市连锁加盟他营"的经营策略,借助"互联网+"和"资本运作"这双翅膀,快速复制,短时间内迅速抢占全国重点市场,尽快形成规模效应,达到预期的经济和社会效益。

(三)先进经验介绍

前程人力 11 年来在以"人力资源外包及其关联业务"为核心业务的发展中,已探索出"营销为先、服务固本、精细管理、文化凝聚、创新发展"的经营宗旨,并凭借对其不断的反复实践,取得了快速发展。

1. 营销为先

前程人力始终将市场营销工作摆在企业经营管理的首位,坚持营销先导的经营宗旨,以营销带动其他。首先,建立了目标考核责任制,将公司的经营发展寄托在各层级业务人员对营销指标任务的分解承担上,并同时开展全员营销;其次,制定了富有诱惑力的奖励提成政策,以刺激业务人员做单的积极性;最后,致力于营销队伍的建设,通过师徒制工作带教和周而复始的业务培训,不停地训练新人、容留新人,使得业务人员队伍越来越壮大,为公司发展夯实了基础。

2. 服务固本

秉承"客户发展到哪里,服务就跟进到哪里"的服务原则,前程人力为客户单位和外包/派遣员工提供及时、方便、专业的驻场服务。劳动关系建立与解除、工薪福利计算与发放、社保公积金缴纳与报销、工伤劳务纠纷处置、生产计划安排督导等日常作业内容均已固化为"流程化、制度化和电脑网络化"作业方式,极大地提高了工作效率、降低了差错率,进而提高了客服质量水平。经过 10 年的经营积累,在人力资源外包服务中形成了"十大服务优势":"专业的服务团队"为与客户单位业务合作的实施创造了过硬条件;"复合的招聘渠网"有效支撑了"用工荒"局面下招聘工作的完成;"完整的综合性服务"为客户提供了省心、便捷的一站式服务;"一对一特色客服"协助客户保持了一支稳定的员工队伍;"'41114'经营管理模式"为与客户单位的业务合作开展奠定了良好基础;"有效的培训机制"提高了客服人员和外包员工的综合素质与能力;"独特的专业技术"为服务水平的跃升提供了坚强的技术后盾;"良好的资源背景"有效支撑了业务和客服工作的展开;"良好的社会信誉"为客户的持续经营提供了信心保证;"高效的应急机制"成功预防并阻止了紧急危机事件与特情的发生和扩散。

3. 精细管理

为取得统一的、规范的、制式的整体服务效果,前程人力经过11年的反复实践,已经摸索固化出一套"四会一训一督一结四化"(即"41114,周一晨会+周五经理例会+领导班子会+民主生活会,周三培训,每周工作督办,工作日志+月工作总结与计划,流程化、制度化、标准化和信息化")的经营管理模式,通过这条主线,辅以日常工作内容。对于开会,则要求"言之有物、简短有效、议而有决",严禁无病呻吟、浮于形式,并对紧急重要事项的解决进度予以督办,将其完成结果纳入责任人的KPI绩效考核加以约束;对于HR日常事务性工作则鼓励引导服务人员积极主动、耐心细致地去完成,将"工匠精神"贯穿整个作业过程,同时辅以电话沟通等给予约束。

4. 文化凝聚

前程人力自创业之初就开始着眼"每位员工都是合作伙伴、每位朋友都是人生财富"为核心理念的企业文化的打造,努力践行"品牌引才、事业激才、薪酬养才、感情留才"和"淘汰庸才、用好人才、重用帅才"的用人标准,不但给予骨干人才施展才华的舞台和机会,而且凡是工作3年以上的骨干员工,都持有公司股份,实现他们从"职业人"向"事业人"的华丽转身;通过"走出去、请进来"的方式,给予员工各种业务培训、经验分享、励志训练、职业素质和技能技巧方面的后续教育,指导他们制定个人职业生涯规划,建立起畅顺的职业发展通道;通过党群工会组织实施员工关怀——生日聚会、慰问员工及其家属、"德育大讲堂·感恩在行动"、企业文化沙龙、"阳光健身系列活动"等,以增强团队的向心力和凝聚力,员工流失率多年来一直低于3%。经过11年的建设积累,前程人力现已拥有一支由各种专业人才300余人组成的服务团队,其中包括世界级专家3名、国内知名专家10名、

国际注册管理咨询师（CMC）6 名、拥有各级人力资源管理师资质证书 20
名、拥有各级职业指导师资质证书 10 名、猎头顾问 36 名、职业培训师 16
名、拥有各级心理咨询师资质证书 4 人、客服专员 200 多人。

5. 创新发展

前程人力历来重视创新发展，不断倡导各级人员牢固树立居安思危意
识，对客户需求和市场变化时刻保持高度的敏锐与职业警觉；不断通过业务
人员持续关注 HR 市场的变化情况，探讨研究应变之道；不断通过与客户
单位、外包/派遣员工定期或不定期的沟通、客户满意度调查搜集他们对
客服工作的意见和建议，持续改进优化客服水平；不断自我反省、自我改
进，实现开展"民主生活会"常态化；不断完善升级原有研究部门的组织
形式与研究层次，持续研发新产品。随着外部高管人才的不断引入，2017
年在贝福研究院的基础上，又陆续增加了战略专业委员会、企业文化专业
委员会等，并将其统一纳入贝福智库予以运营，同时跟进"互联网+"技术
手段和资本运作模式为人力资源开发实践服务，以期达到快速复制、利润
倍增的效果。

（四）评价与提升发展建议

前程人力 11 年来一直忠实履行"帮助个人成长、服务企业发展、满足
社会需求"的企业使命，一直是南宁市、广西壮族自治区 HR 行业诚信经营
示范单位，被评为市区级"放心职业中介机构""人力资源诚信服务机构"
等，连年客户单位"零投诉"，位居广西优秀企业 100 强。同时，前程人力还
获得了国家人社部评定的"中国劳务派遣诚信单位""全国千户百强家庭
服务企业（单位）"以及"北京大学教育贡献奖"等荣誉称号，并成为中国
人力资源服务机构诚信示范单位 106 强。据 HRoot 2017 年 7 月公布的最
新统计数据显示，前程人力已经跻身于全球 HR 行业 100 强之列；2017 年
8 月荣获《22 省市自治区经信委培训处》发起的"中国教育百强最佳服务
商"评定第 20 强；2017 年 9 月陆续通过中国深圳环通认证中心"三体系"
认证；2017 年 12 月荣获《中国证券时报》组织的"2016 年度新三板最具
价值投资百强奖"。

2018 年前程人力提出了以前程人力为"躯干"、贝福智库为"鹏首"、贝

福管家和家政学院为"鹏之两翼"、贝福数据和文化为"鹏之两爪"的业务快速发展"大鹏计划"，力争为组织提供支撑业务的富有竞争性的人才方案，为人才实施快速成长的职业规划，为家庭打造舒适有品位的生活环境。在业务发展方面，优化夯实外包业务，提升效率和效益，以此来作为生存之本；开展猎头、培训、咨询业务，进入高价值人力资本服务领域；发展管家及家政学院业务，以期未来可以在数字家居、智能家居、服务家居的未来超级市场中跻身于主流梯队行列；为 HR、管家、学院诸业务注入科技文化基因，打造平台，提高效率，构建与世界连接的高速高质通道，同时逐步推出自身独特的科技和文化产品。在财务方面，营业收入目标 2 年内突破 10 亿元、5 年突破 50 亿、下个 10 年突破 100 亿。

二、深圳市人力资源服务业

（一）深圳市人力资源市场基本情况

目前，深圳市人力资源市场已形成统一规范、多层次、多元化的服务体系，行业规模不断扩大，服务功能日趋完善，市场管理日趋加强，呈现出以下几个特点：一是服务主体多元化、市场化程度较高。深圳市现有的人力资源服务机构，单位性质涵盖事业单位、国企、私营企业、三资企业，其中民营企业超过 90%，占据人力资源服务市场的较大份额，成为市场主体。二是服务内容多样化、市场活力充沛。人力资源服务涵盖人才招聘、人力资源外包服务、人力资源信息网络服务、人力资源和社会保障代理、人力资源测评、人力资源培训、人力资源管理咨询、人力资源管理软件、劳务派遣等 9 大类 40 余项服务，人力资源服务内容日益丰富，基本形成与用人单位人力资源需求相匹配的完整的服务产业链。三是专业化服务水平日益明显。人力资源服务机构日趋专注于某一领域或某一类型的人力资源服务产品开发，更加侧重于根据市场需求，提供更加精细化的多样化、专业化服务，人力资源市场服务能力进一步提升。四是从业人员的素质不断提升。深圳市全市人力资源服务的从业人员总量逐年上升，规模不断扩大，大专以上学历人员占总量的 80%，素质不断提升可以更加适应新时代人力资源服务业发展的需求。

（二）深圳市人力资源服务业产业园情况

1. 园区功能

一是集聚产业。引进猎头、咨询、测评、外包、软件开发等人力资源服务领域顶尖机构入驻产业园,提供良好的发展环境,发挥园区集聚和辐射、示范和带动作用,有效推动产业集群发展,提升人力资源服务业整体实力,做大、做强、做优人力资源服务业。

二是集聚人才。打造成为吸引人才、聚集人才、服务人才重要载体,构建与国际接轨的人才服务体系,提升人才服务的专业化、国际化、信息化水平,增强吸引和留住人才的竞争优势,广泛集聚海内外英才,更好地实施人才优先发展战略和创新驱动发展战略。

三是集聚信息。以"互联网+人力资源"为核心,充分发挥园区在云计算、大数据等信息技术运用和人力资源信息交流汇集,实现互联网线上的人力资源服务的展示、沟通、查询、交易等服务,成为全国最大的人力资源在线交易平台和信息发布平台。

四是创新产品。通过各种业态产品的集聚、资源整合共享和园区孵化功能,打造人力资源服务产品创新发展基地,促进人力资源服务机构创新服务,拓展以人力资源服务为核心的服务领域,助力人力资源服务业创新持续发展。

2. 园区特色

一是布局合理,差异化发展。根据各区的产业发展和环境条件等实际情况,差异化发展人力资源服务产业园,深圳已形成了多层次、特色化、优势互补、协同发展的"一园多区"产业园格局。如深圳人才园根据福田中心区的现代金融等高端服务业的发展优势,坚持高端化、品牌化、信息化的特点,集聚知名度较高和影响力较强的人力资源服务龙头企业,以及打造全国领先的人力资源数据交易中心和人力资源服务创新产品孵化基地;龙岗区智慧广场依托天安云谷智慧园区的云计算、大数据、物联网以及"互联网+"技术,致力打造成为"智慧化、市场化、信息化"的综合服务智慧园区;南山区深圳湾科技生态园围绕高新技术产业、总部经济业态和创新型人才集聚优势,突出人才创新创业发展生态示范园;宝安人才园围绕打造粤港澳大湾区重要的高端制造产业基地、创新创业基地,提供全方位、全流程、一站式人才服务。

二是技术引领，拓展发展。通过互联网技术搭建网络服务平台，以虚拟空间突破地域限制，进一步拓展空间和延伸服务，通过引进"河马网"、LinkedIn（领英），充分运用云计算、大数据等信息技术，打造全国最大的人力资源在线交易平台和信息发布平台，构建开放、互动、共享的网络信息服务平台，促进产业创新发展。

三是配套齐全，服务完备。园区提供以人力资源为核心的相关公共服务及市场化服务，形成了全方位的一站式服务体系。其中，公共服务包括人才引进、人事档案管理、就业创业、社会保障、考试测评、户政管理等近 300 项服务；市场化服务包括人才招聘和猎头、人才管理咨询、人才培训、人才测评、服务外包、网络服务、人力资源信息化等覆盖产业链的服务。此外，园区还提供创客空间、高端人才交流沙龙、人才基金扶持平台，以及引入与人力资源服务产业关系密切的投融资、知识产权、法律服务等配套机构。

四是市场运作，运营高效。坚持政府主导和市场化运作相结合，通过政府公开招投标，引进中国企业 500 强的中国国际技术智力合作公司负责产业园的运营，改变传统产业园运营模式，以市场化运作方式为园区提供科学高效、专业化的服务保障。

五是机构多样，国际化特点突出。目前园区入驻的人力资源服务机构包括了国有、民营、中外合资、香港独资等各类主体的国（境）内外知名品牌企业，包括世界 500 强企业的德科集团、中国 500 强企业及中国服务业企业百强的中智公司、全球最大的职业社交平台 LinkedIn（领英），以及专注于人才发展领域专业人士的美国人才发展协会（ATD）、国（境）内外上市公司的香港金饭碗、英特利普、科锐国际、猎聘、智联招聘、一览公司等。

3."一园多区"人力资源产业园

深圳市充分利用人才集聚效应明显、产业配套体系完善、创新创业氛围浓厚等发展优势，并结合毗邻港澳的优越地理位置，以政府推动、市场化运作、差异化发展的方式，积极发展建设人力资源服务业产业园发展，已形成了以深圳人才园为核心园区，以龙岗区天安云谷智慧广场、南山区深圳湾科技生态园、宝安人才园为分园区的近 13 万平方米的"一园多区"人力资源服务产业园。2018 年 9 月,经人力资源社会保障部批准,同意在广东深圳建立国家级人力资源服务产业园。深圳国家级人力资源服务产业园的建立,填补了粤港澳大湾区尚无国家级人力资源服务产业园的空白,有利于发挥国家级产业园的集聚、辐射、创新、引领作用,推动深圳乃至华南地区的人力资源服务业跨越式创新发展,成为吸引人才、聚集人才、服务人才的重要载体。

（1）人才园

深圳人才园人力资源服务产业园,是深圳市"一园多区"的核心园区,位于深圳市福田区中心区的深圳人才园内,建筑面积 4.5 万平方米。依托人才园一体化的人力资源和社会保障公共服务平台,以创新、高端、科技为引领,致力建设成为国家级人力资源交易数据中心、人力资源公共服务、市场服务枢纽型基地和人力资源服务创新产品孵化基地。园区规划有七大平台:人力资源公共服务平台、知名人力资源服务机构入驻区、产业园展示平台、全国最大的人力资源在线交易和信息发布平台、创客空间、高端人才交流沙龙、人才基金扶持平台。

园区现已入驻 12 家国(境)内外知名人力资源服务机构,包括全国领先的人力资源服务在线交易服务平台"何马网",全球领先的专注于培训和人才发展专业协会美国人才发展协会(ATD),首家在国内上市(A 股)的人力资源机构科锐国际,为境内外企业提供跨境猎头服务的香港金饭碗,专注于金融行业猎头服务的香港万盛人事动力国际,纽交所上市的智联招聘,香港上市的专注于中高端人才服务的"猎聘网",深圳本土新三板上市的一览网络公司,中国领先的人力资源媒体与互联网平台 HRoot,专注于制造业领域百仕瑞等知名机构。

（2）龙岗区

龙岗区人力资源服务产业园(智慧广场),位于龙岗区坂田天安云谷,园区首期面积 1.7 万平方米,二期规划面积 3 万平方米。智慧广场主要依托天安云谷的云计算、互联网、物联网等新一代信息技术,以集聚产业、拓展业态、孵化企业、培育市场为核心职能,致力打造成以"智慧化、市场化、信息化"为特色的人才集聚高地。

园区依托天安云谷的华为等 3000 家高新科技企业、8 万名高科技人才,着力构建"三大平台":一是人力资源公共服务平台;二是人力资源服务产业创新集聚平台;三是产城融合保障平台。园区于 2016 年 7 月 1 日正式营运,现已汇聚外企德科、大瀚人才、仁联集团等 34 家知名人力资源服务机构入驻。园区 2017 年实现总营收达 59.57 亿元,纳税达 1.36 亿元,提供各类人才服务 77 余万人次。

(3)南山区

南山区人力资源服务产业园(深圳湾科技生态园),位于南山科技园南区的深圳湾科技生态园,地处深圳湾区的核心地带,坐拥高新技术园区、背靠粤港澳大湾区,周边聚集了腾讯、中兴通讯、金蝶、大疆科技、迈瑞等大批知名龙头企业总部,区位优势明显。园区首期面积 2.3 万平方米,主要依托深圳湾高新技术企业总部及研发基地、战略性新兴产业培育发展平台,构建"一联盟一基地一中心一论坛三平台"。园区已吸引外企德科、LinkedIn(领英)、上海外服、英特利普等 31 家国(境)内外知名机构入驻。自 2017 年 7 月投入运营一年来,总营收达 46 亿元,税收达 2.9 亿元,服务企业 229 万家次,服务各类人才 1.04 亿人次,成功为腾讯、华为等深圳龙头企业引进了 4 名国际稀缺高端人才。

(4)宝安区

宝安区人力资源服务产业园(宝安人才园)。位于宝安区福海街道的宝安人才园,地处宝安产业腹地、空港新城门户、粤港澳大湾区的湾顶核心位置,紧邻深圳宝安国际机场和全球最大的深圳国际会展中心、国际会议中心和深圳科技馆,拥有海陆空交通枢纽优势。园区建筑面积 1.4 万平方米,根据宝安经济社会发展、产业结构特点、转型升级需求,依托福海街道的深圳首个省级智能制造基地,规划有六大功能平台:全链条人力资源服务产业集聚平台、全方位人力资源公共服务平台、国际国内人才交流共享平台、留学生创新孵化平台、产业技能人才培养集聚平台、综合性就业保障服务平台。园区以"立足宝安、服务湾区、辐射全国、联接世界"为发展宗旨,致力打造成为"政策集成、服务集聚、发展集约"的具有较强区域影响力的人力资源综合服务平台,为宝安及粤港澳大湾区发展提供人力资源的有力支撑。园区现已入驻前海智库、博尔捷等 8 家机构。

（三）先进经验介绍

1. 推动人力资源服务产业园建设，促进产业集聚发展

深圳市充分利用人才集聚效应明显、产业配套体系完善、创新创业氛围浓厚等发展优势，并结合毗邻港澳的优越地理位置，以政府推动、市场化运作、差异化发展的方式，积极发展建设人力资源服务业产业园发展，目前已形成了以深圳人才园为核心园区，以龙岗区天安云谷智慧广场、南山区深圳湾科技生态园、宝安人才园为分园区的"一园多区"人力资源服务产业园。以此为基础，在获批成为华南地区首个国家级人力资源服务产业园的契机下，未来深圳市将着力把其打造一个更加特色鲜明、布局合理、功能完善的"高端化、专业化、国际化、信息化"的人力资源服务产业园，成为推动产业规模化发展的重要载体。

2. 改革创新管理体制，激发市场新活力

根据"放管服"和简政放权的改革要求，加快转变政府职能，通过出台《深圳经济特区人才工作条例》和修订《深圳经济特区人才市场条例》的立法工作，将人力资源服务机构行政许可改为登记备案，简化业务流程和申报材料，实现服务事项网上全流程办理和"零跑腿"，登记备案制度自2018年2月正式实施以来，截至2018年9月底新增150家人力资源服务机构。加强人力资源市场的事中事后监管，及时查处人力资源市场各类违法违规行为，通过不定期市场巡查和随机抽查，委托第三方专业机构检查，定期开展专项联合执法行动，完善人力资源市场诚信体系建设等措施，维护人力资源市场良好秩序。此外，定期发布人力资源市场供求统计分析报告和重点产业紧缺人才岗位及专业目录，加强人力资源市场供求状况的监测预测，进一步促进人才供求对接。

3. 制定行业扶持政策，释放市场新潜能

针对人力资源服务业发展需求，围绕高端引领、培育龙头、招才引智、创新发展、国际化等重点，出台深圳市首部人力资源服务业的产业扶持政策，加强对人力资源服务业发展的宏观规划和指导，通过加大资金投入、引进知名机构、培育本土品牌、推动产业集聚、鼓励招才引智、支持创新创业、加强人才培养、加强统计分析等八大方面的政策措施，加大扶持力度，促进人力资源服务业加快发展。

4. 引进高端知名机构,构建全球化服务体系

围绕打造全球高端人才引进的全方位服务体系,大力引进国(境)内外知名人力资源服务机构,包括全球最大的职业社交平台领英(LinkedIn)的中国首家人才大数据创新中心、全球领先的专注于培训和人才发展的专业协会美国人才发展协会(ATD)、为境内外企业提供跨境猎头服务的香港金饭碗、专注于金融行业高管猎头服务的香港万盛人事动力国际,以及中国领先的人力资源服务在线交易服务平台"何马网"、首家在国内 A 股上市的猎头机构科锐国际等多家知名机构,提升国际化服务水平,推动行业国际化发展。

5. 充分发挥行业组织作用,促进行业规范化发展

深圳市人力资源服务协会自 2008 年成立以来,现已有单位会员 332家。近年来,协会不断加强自身建设,积极搭建行业交流合作的服务平台,加强行业自律,开展行业品牌宣传推广,开展从业人员技能培训,充分发挥协会的桥梁纽带作用,协会的号召力和影响力不断增强,成为促进人力资源服务业发展的重要力量,积极推动了人力资源服务行业公平竞争、健康发展。

(四) 评价与发展建议

近三年来,深圳人力资源服务业呈现快速发展的良好态势,机构数量年均增幅保持 20%左右,年产值均增幅保持在 40%左右。截至 2018 年 9 月底,深圳市共有人力资源服务机构 531 家(不含劳务派遣专营机构)。2017年,深圳市人力资源服务机构营业收入总额 289 亿元,纳税总额 12.5 亿元,从业人员总量 2 万多人,为超过 8000 万人次提供各类人力资源服务。

深圳市人力资源服务业经过多年的发展建设取得了长足的进步,为推进人力资源服务业发展迈向更高水平,可以从建设特色体系、加大市场监管、强化高端引领等方面持续发力。一是以全面贯彻落实党的十九大精神,以习近平新时代中国特色社会主义思想为指导,围绕更高定位、更高标准和对标国际化的要求,立足长远,科学规划,结合地区实际特点,打造成为有特色、有品牌的国家级人力资源产业园,发挥国家级产业园的创新、引领、示范、带动作用,构建与国际接轨的人力资源服务体系。二是认真贯彻落实

《人力资源市场暂行条例》要求,结合《深圳经济特区人才市场条例》和工作实际特点,进一步完善人力资源市场监管办法,出台人力资源服务行业负面清单,利用大数据技术加强网上监测,进一步完善联合执法长效工作机制及信用约束机制,逐步建立符合新时代发展要求的政府监管、机构自律、社会监督的人力资源市场监管体系。三是加快实施行业扶持政策。做好人力资源服务业扶持政策实施工作,通过加大行业扶持力度,进一步实现盘活存量、引进增量、释放能量,实现政策效益最大化和撬动作用,营造良好的行业发展环境,促进人力资源服务行业快速发展。四是要对标国际,大力引进国(境)内外的高端知名人力资源服务机构,引进国际先进的人力资源服务理念、服务项目、服务技术、服务标准和管理模式,提升人力资源服务业国际化服务水平。五是加大行业人才培养力度。大力培育人力资源服务的领军、后备人才和职业经理人,依托国(境)内外高等院校、职业院校、社会培训机构及知名企业,加强人力资源服务业技能型人才培训、从业人员岗位培训,举办人力资源服务行业的知识和人才技能比赛等活动,不断提升从业人员素质。

第二部分
专题报告篇

第一章　人力资源服务业各省市
重视度与发展度分析

【内容摘要】

本章从公众、政府、媒体和社会组织等不同群体的视角出发,通过大数据方法和文本分析方法对主流社交媒介、纸质媒介、网站、各省政府工作报告以及相关政策法规、规划文件进行数量统计和内容分析,来阐述人力资源服务业在我国各省市受到的重视程度及发展情况。

本章第一部分,通过具有权威性的三类检索指数来反映各地公众对于人力资源服务业关注度的变化趋势,并描绘关注人群的特征;通过大数据分析方法对微博、微信这两大社交网络平台的用户进行分析来呈现各地公众对于人力资源服务业的关注度和支持度;以 Alexa 排名来分析人力资源服务相关网站的流量,以反映公众对该行业的关注度。

在第二部分,通过各地 2018 年政府工作报告,人力资源服务业相关政策、法规、规划,来系统揭示各地政府对于人力资源服务业的政策保障与发展规划支持力度;并对政府间推动人力资源服务业发展的区域合作以及不同地区典型省份发展人力资源服务业的典型案例进行解析。

在第三部分,通过对各地媒体对于"人力资源服务业"的相关报道和各地行业协会和人力资源服务中心等社会组织发展度,来反映各地媒体及社会组织对于人力资源服务的关注度。

Chapter 1 Recognition Level and Development Evaluation of Human Resources Service Industry in Different Provinces and Cities

【Abstract】

This chapter employed the methods of Big Data Analysis and Content Analysis, analyzed the mainstream social media, paper media, websites, provincial government work reports and relevant policies, regulations and planning documents, from three different perspectives of the public, government and non-governmental organizations, to describe the degree of attention and development situation of Human Resources services in China's provinces and cities.

In the first section of this chapter, three authoritative search indexes reflected the trend of public attention around the human resources services, and depicted the characteristics of the followers. This part adopted big data analysis methods to analyze the users on the mainstream social platform, Sina Microblog and WeChat, to explore the public attention and support to the human resources services. Alexa ranking is also applied to analyze the traffic of web sites related to human resources services, to reflect public's attention to the HR service industry.

The second part systematically reveal the level of local governments' policy support for development of the human resources services industry through the government work report in 2018, human resources service industry-related policies, regulations and planning.

In the third part, we make analyses through the reports and news concerning human resources services on local media and the development of social organizations like Human Resources Consulting Association and Human Resources Service Centers, to reflect the attention of social organizations paying to human resources services.

一、各地公众对人力资源服务业的关注度

在网络高度发展的现代社会,社会公众在网络上对人力资源服务业的关注度能够在一定程度上反映各地公众对该行业的关注度。本部分借助具有权威性的三类检索指数来反映各地公众对于人力资源服务业关注度的变化趋势;通过大数据分析方法对微博、微信这两大自媒体平台的用户进行分析来呈现各地公众对于人力资源服务业的关注度和支持度;引入 Alexa 排名来分析人力资源服务相关网站的流量,以反映公众对该行业的关注度。

(一) 关注趋势分析

本部分将利用当前网络时代具有权威性和代表性的三类指数——百度指数、腾讯指数和微信指数来分析公众对于人力资源服务业的关注度。百度指数主要反映关键词在百度搜索引擎的搜索热度;腾讯指数主要反映关键词在微信的热议度;微信指数主要是帮助大家了解基于微信本身的某个关键词的热度。

1. 百度指数

百度指数是以百度海量网民行为数据为基础的数据分享平台。通过检索特定关键词,可以呈现关键词搜索趋势、洞察网民兴趣和需求、监测舆情动向、定位受众特征。"人力资源"是输入百度指数的关键词,将时间段限定为 2017 年 8 月 1 日到 2018 年 7 月 31 日,得到的搜索指数①如图 2-1-1 所示。

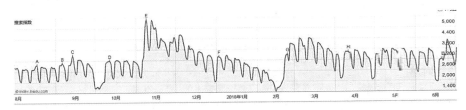

图 2-1-1　"人力资源"搜索指数变化趋势(2017 年 8 月 1 日到 2018 年 7 月 31 日)

---

①　搜索指数是以网民在百度的搜索量为数据基础,以关键词为统计对象,科学分析并计算出各个关键词在百度网页搜索中搜索频次的加权和。

图 2-1-2 需求分布图所呈现的是 2018 年 7 月 23 日到 2018 年 7 月 29 日与"人力资源"相关的检索关键词,该图是针对特定关键词的相关检索词进行聚类分析而得的词云分布。从中可以看出公众对于人力资源的检索关注点在于"人力资源和社会保障部""人力资源专业考试""人力资源公司"等领域,对于"人力资源服务业"的关注还未明显展现出来。

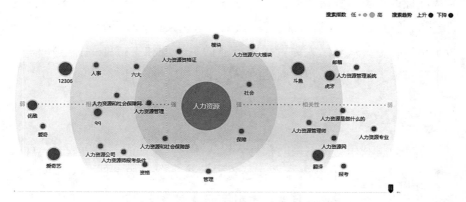

图 2-1-2　与"人力资源"相关的需求分布图

2017 年 8 月 1 日到 2018 年 7 月 31 日新闻热点中与人力资源服务业相关的新闻如表 2-1-1 所示。2017 年 10 月人社部印发的《人力资源服务业发展行动计划》,围绕该行动计划的相关政策解读和新闻报道相继涌现。类似地,2018 年 7 月,国务院公布《人力资源市场暂行条例》规定,该《条例》是改革开放以来我国人力资源要素市场领域第一部行政法规。国家层面对于人力资源服务业发展的高度重视也引发了社会公众对于人力资源服务业的广泛关注。

表 2-1-1　"人力资源服务"相关新闻热点

时间	名称	来源	相关报道
2017/10/11	人社部印发《人力资源服务业发展行动计划》	人民网	21 条相关
2017/11/27	人力资源服务引关注 中智协同九家企业亮相北京最大规模随军家属招聘会	中华网	9 条相关
2018/01/22	通州打造人力资源服务产业园	凤凰网	11 条相关

续表

时间	名称	来源	相关报道
2018/04/23	自动处理网申业务,全力科技要用"社保机器人"提高人力资源服务机构效率	搜狐科技	9 条相关
2018/05/24	2017 年 2.03 亿人次通过人力资源服务机构实现就业和流动	新华社	13 条相关
2018/06/22	云南去年人力资源服务业营业收入逾 45 亿元	新浪新闻	15 条相关
2018/06/28	2018 中国人力资源服务产业园联盟年会召开	凤凰网	8 条相关
2018/07/17	受权发布《人力资源市场暂行条例》	新华社	16 条相关

对关注"人力资源"的人群展开分析,总体上来说,华东地区公众的关注度明显高于其他地区,华北、华南次之,而东北、西北的社会公众关注度相对较低,地域分布情况与 2017 年的情况保持一致。

从城市上来看,北京、深圳、广州、上海则是社会公众关注度相对高的地区。从检索关注的人群地域分布可以发现,经济发达的沿海地区,对于人力资源服务业的关注度较高,侧面反映出这些地区人力资源服务业发展具有相对良好的社会环境基础和广泛的社会关注度。

2. 腾讯指数

腾讯浏览指数(Tencent Browsing Index)是依托 TBS 海量的浏览数据,通过大数据挖掘洞察移动网民的热点,帮助洞察移动互联热点趋势,了解移动网民浏览行为。"人力资源"是在 2018 年 1 月 30 日至 2018 年 7 月 31 日中浏览较多的关键词,可以通过分析其"腾讯指数"的变化趋势来分析社会公众对于"人力资源"领域的关注度。

以下的指数曲线是半年内(2018 年 1 月 30 日至 2018 年 7 月 31 日)基于每天热度指数绘制的综合热度曲线图(如图 2-1-3 所示),反映了 2018 年上半年"人力资源"的关注热度变化。其中 2018 年 4 月存在一个峰值,2018 年 4 月 24 日,京津冀三地人力社保部门和质监部门共同发布人力资源服务京津冀区域协同地方标准,这是全国首次发布的人力资源服务区域协同地方标准。三地将以人力资源服务业标准化建设为突破口,加强三地统筹协调,推动三地人力资源服务业快速发展。这一标准的发布引发了公众对于人力资源服务业区域性合作发展的广泛关注。

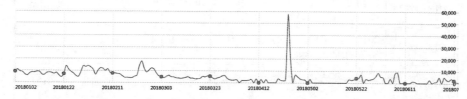

图 2-1-3　"人力资源"腾讯指数变化趋势(2018 年 1 月 30 日至 2018 年 7 月 31 日)

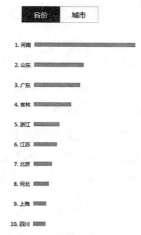

图 2-1-4　"人力资源"地域热议度(2018 年 1 月 30 日至 2018 年 7 月 31 日)

与百度指数反映出的结论类似(如图 2-1-4 所示),河南、山东、广东等地区对于人力资源服务的热议度最高,总体上看沿海地区的热议度高于内陆地区。

3. 微信指数

微信指数①是腾讯开发的整合了微信上的搜索和浏览行为数据,基于对海量云数据的分析,形成的当日、7 日内、30 日内以及 90 日内的"关键

---

① 微信指数计算采用数据:总阅读数 R、总点赞数 Z、发布文章数 N、该账号当前最高阅读数 Rmax、该账户最高点赞数 Zmax。采用指标:总阅读数 R,平均阅读数 R/N,最高阅读数 Rmax,总点赞数 Z,平均阅读数 R/N,最高阅读数 Rmax,总点赞数 Z,平均阅读数 Z/N,最高点赞数 Zmax,点赞率 Z/R。

词"的动态指数变化情况,即用具体的数值来表现关键词的流行程度。相较于长时间段的百度指数和微博指数,微信指数能够更加精确地反映某个词语在短时间段内的热度趋势和最新指数动态,能够预测该关键词成为热词的潜力。

以"人力资源服务业"作为检索关键词,得到了近 90 日"人力资源服务业"微信指出变化趋势图(如图 2-1-5 所示)。

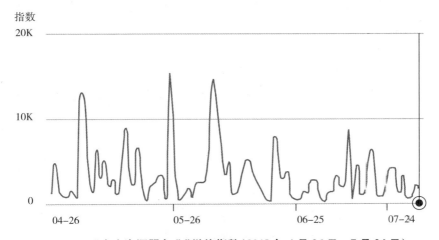

图 2-1-5 "人力资源服务业"微信指数(2018 年 4 月 26 日—7 月 24 日)

从图中可以看出,社会公众对于人力资源服务业的关注在 2018 年 5 月底到 6 月初有一个高峰。2018 年 5 月 23 日至 24 日召开的全国人力资源市场建设工作座谈会上,人力资源服务业发展的成绩引人瞩目。截至 2017 年底,全国共建立各类人力资源服务机构 3.02 万家,为 2 亿多人次就业创业和流动提供了人力资源服务,这一信息的释放一定程度上引发了社会公众在这段时间内对于人力资源服务业的关注。

(二) 网络社交体传播途径

随着互联网的发展,微博和微信已经成为社会公众交流互动、信息发布、意见表达的重要平台。因此本部分在微博和微信环境下进行研究,探究各地网民对人力资源服务业的关注度。

1. 微博

2018 年 5 月 9 日,新浪微博发布 2018 年第一季度财报,财报显示,截至

2018 年 3 月,微博月活跃用户数已增至 4.11 亿,较上年同期净增约 7000 万。月活跃用户数中 93% 为移动端用户。

2018 年 3 月平均日活跃用户数(DAUs)较上年同期净增约 3000 万,达到 1.84 亿①。凭借用户规模的优势,微博已经成为内容生产者传播信息和与粉丝互动的重要平台,也是观察社会公众对"人力资源服务业"关注度的重要窗口。

通过新浪微博的用户高级搜索界面,搜索到了"人力资源服务"相关用户数量为 7437,比去年同期增长了 936 个,增幅 14.4%。其中机构认证用户数量 2147 个,个人认证用户数量 463 个,普通用户 4830 个。通过对微博用户的标签信息进行检索,搜索到了 171 个机构认证用户,同比增长 2 个;19 个微博个人认证用户;212 个普通用户,同比增长 5 个(如图 2-1-6 所示)。

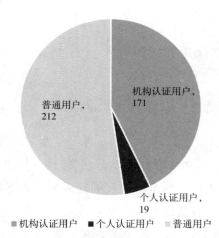

图 2-1-6　新浪微博用户分析(用户标签"人力资源服务",
截止时间:2018 年 7 月 31 日)

---

① 《微博发布 2018 年第一季度未经审计财报》,http://tech.sina.com.cn/i/2018-05-09/doc-ihaichqz0519812.shtml。

表 2-1-2　人力资源服务相关用户地区分布

排名	地区	用户数量	排名	地区	用户数量	排名	地区	用户数量	排名	地区	用户数量
1	北京	66	8	湖北	13	15	湖南	7	22	吉林	2
2	上海	62	9	辽宁	12	16	安徽	6	23	山西	2
3	广东	60	10	山东	12	17	天津	6	24	香港	2
4	其他①	36	11	四川	10	18	重庆	5	25	甘肃	1
5	江苏	24	12	福建	8	19	海外	4	26	贵州	1
6	河南	21	13	陕西	8	20	广西	2	27	青海	1
7	浙江	21	14	河北	7	21	黑龙江	2	28	云南	1

根据表 2-1-2，从地域分布上来看与 2017 年排序保持一致，其中北京、江苏、广东各增长 2 个，浙江增长 1 个。数量排在前三位依然为北京、上海、广东，其人力资源服务相关用户数量远高于其他地区，属于第一梯队。江苏、河南、浙江区域内的相关用户数量都在 20 及以上，也相对较高，属于第二梯队。湖北、辽宁、山东、四川地区的用户数量在 10 个及以上，属于第三梯队。其余则是在各个省份零散分布，不成规模。

在这些用户中，粉丝量在 1 万及以上的都是认证机构，有 10 个认证机构粉丝量达到了 1 万以上，相较于 2016 年并无显著变化。

2. 微信公众号

2018 年 6 月 3 日，企鹅智酷联合中国信息通信研究院产业与规划研究所发布了《"微信"影响力报告》。根据报告，截至 2017 年底，公众号的注册总量已经超过 2000 万个，活跃的公众号数量为 350 万个，其中服务行业公众号占比约 1/5，运营者对公众号的投资、数量和金额均明显增长②。可见微信公众号当前在社会中具有日益增长的影响力。

以"人力资源服务"为关键字在搜狗微信公众号检索平台上进行检索（检索截止时间为 2018 年 7 月 31 日），得到 1432 个相关微信用户，用户数量较之 2017 年同期增长 38.9%。在这些用户中具有认证资格的 200 个公众号，按照地域进行分类（如表 2-1-3 所示）。

---

① 表中的其他为微博自动分类的，除了国内省市区之外的其他地区。
② 企鹅智酷：《"微信"影响力报告》，http://www.yanbao.info/archives/1727l.html。

表 2-1-3　2018 年"人力资源服务"相关微信公众号地域分布

地区	2018 年区域内微信号数量	2018 年区域微信号数量占比	近一个月发文量总量	近一个月发文量均值
广东	30	15.0%	365	12
江苏	27	13.5%	451	17
北京	17	8.5%	234	14
河北	16	8.0%	356	22
上海	13	6.5%	178	14
浙江	13	6.5%	176	14
山东	9	4.5%	69	8
云南	8	4.0%	99	12
四川	5	2.5%	87	17
陕西	5	2.5%	53	11
内蒙古	5	2.5%	44	9
新疆	5	2.5%	67	13
福建	5	2.5%	60	12
甘肃	4	2.0%	86	22
安徽	4	2.0%	78	20
天津	4	2.0%	91	23
山西	4	2.0%	62	16
湖南	4	2.0%	45	11
河南	3	1.5%	55	18
湖北	3	1.5%	37	12
西安	3	1.5%	21	7
重庆	3	1.5%	7	2
辽宁	2	1.0%	56	28
海南	2	1.0%	26	13
贵州	2	1.0%	11	6
江西	2	1.0%	8	4
吉林	1	0.5%	23	23
广西	1	0.5%	1	1
总计	200	100%	2846	379

数据来源:搜狗微信公众号检索,http://weixin.sogou.com,截止日期:2018 年 7 月 31 日。

　　根据图 2-1-7,对比 2017 年数据,可以发现 2018 年各省份的微信公众号数量排序基本保持不变,广东、江苏公众号数量依然明显多于其他地区,两地公众号累计占比 28.5%,其余公众号在各地零散分布。在数量上广东、江苏、北京、浙江、山东、云南略有增长,但总发文量相较于 2017 年的

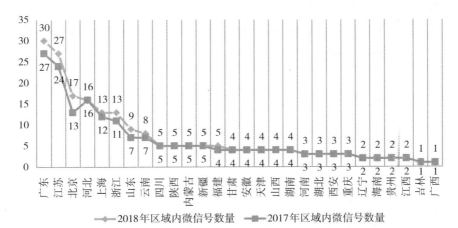

图 2-1-7　2018 年、2017 年人力资源服务相关微信公众号地域分布对比

注：2018 年数据来源搜狗微信公众号检索，http://weixin.sogou.com/，截止日期：2018 年 7 月 31 日；
　　2017 年数据参考《中国人力资源服务业蓝皮书 2017》。

3865 篇，下降了 26.3%。

（三）相关网站服务分析

Alexa 排名是常引用的用来评价某一网站访问量的一个指标。Alexa 中国提供 Alexa 中文排名官方数据查询、网站访问量查询、网站浏览量查询、排名变化趋势数据查询。Alexa 每三个月公布一次新的网站综合排名，即特定的一个网站在所有网站中的排名。此排名的依据是用户链接数（Users Reach）和页面浏览数（Page Views）三个月累积的几何平均值。因此，通过 Alexa 排名看人力资源类网站的排名和流量分析可以反映各地公众对于人力资源服务业的关注度。

在 Alexa 中国官网①，以"人力资源服务"为关键词进行检索，得到 347 个相关网站，相较于 2017 年的 228 个相关网站，增长了 52.2%。以下针对这些网站的排名和基础信息进行分析。

从网站的地域分布上来看（如图 2-1-8），截至 2018 年 7 月底，广东、山东、江苏、浙江在数量上高于其他地区。对照 2017 年的数据，同七增长最快

① http://alexa.chinaz.com.

的省份依次为福建（266.7%）、上海（233.3%）、云南（200.0%）、河北（171.4%）、浙江（150.5%）。这些地区随着人力资源服务业的发展，公众对于人力资源相关资讯也随之增长。

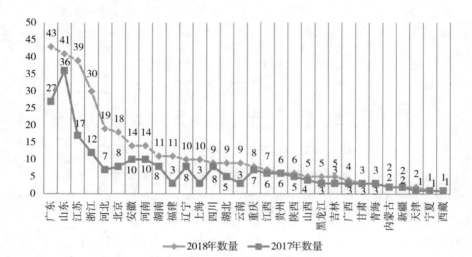

图 2-1-8　2018 年、2017 年人力资源服务相关网站的地域分布对比

注：2018 年数据根据 http://alexa.chinaz.com/ 查询结果整理，2017 年数据参考《中国人力资源服务业蓝皮书 2017》。

根据 Alexa 的网站分类来进行统计（如表 2-1-4），2018 年政府组织类的网站占比依然最大，为 66.6%，其次是行业企业类网站占比 16.4%，再次是教育文化类网站占比 9.8%，其余类型网站数量总体较少。相较于 2017 年，2018 年政府组织类型的网站占比有明显下降，下降了 8 个百分点，而行业企业类网站的占比则上升了 7 个百分点。可见随着人力资源服务业整体行业的发展以及相关机构知名度增加，公众对于行业企业类的人力资源相关的网站需求增长，促进了相关类型网站的数量的增加。

表 2-1-4　人力资源服务相关网站的类型分布

网站类型	2018 年数量	2018 年占比	2017 年数量	2017 年占比
政府组织	231	66.6%	170	74.6%
行业企业	57	16.4%	21	9.2%
教育文化	34	9.8%	23	10.1%

续表

网站类型	2018 年数量	2018 年占比	2017 年数量	2017 年占比
生活服务	11	3.2%	6	2.6%
网络科技	6	1.7%	4	1.8%
综合其他	3	0.9%	1	0.4%
新闻媒体	3	0.9%	2	0.9%
休闲娱乐	2	0.6%	1	0.4%
总计	347	100%	228	100%

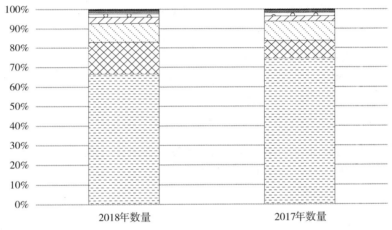

图 2-1-9　2017 年与 2018 年人力资源服务相关网站的类型分布对比

注：2018 年数据根据 http://alexa.chinaz.com 查询结果整理，2017 年数据参考《中国人力资源服务业蓝皮书2017》。

（四）本节小结

整体上看，各地公众对人力资源服务业的发展关注度相较于 2017 年有所增长。具体来看，在关注渠道上，微博、微信公众号等网络社交媒体上有关人力资源服务的相关账号仍保持着较高的活跃度，并保持着较为平稳的增长；公众对于行业企业类的人力资源相关网站需求增长，促进了相关类型网站的数量的增加。在关注的地域分布上，沿海地区以及北京、上海、广州、深圳等大型城市的公众关注度相对较高，地域分布情况与 2017 年的情况保持一致。在关注趋势变化上，各类指数反映出在人力资源服务业热点事件发生后,例如 2017 年 10 月人社部印发《人力资源服务业发展行动计划》后,公众关注点呈现阶段性高峰。

二、各地政府对人力资源服务业的重视度

地方政府发布的政府工作报告、年度工作计划以及相关的法律法规、政策文件能够集中体现该地区政府的政策关注点。因此,本部分通过各地2018 年政府工作报告,人力资源服务业相关政策、法规、规划,来分析各地政府对于"人力资源服务业"关注与重视程度。

(一) 各地政府对人力资源服务业的关注度

首先通过对各省、直辖市、自治区(港澳台地区除外)的 2018 年政府工作报告进行文本分析,探究省级政府对人力资源服务业的关注度。

明确在政府工作报告中提及"人力资源服务"的仅有福建省政府,在"着力创新发展,不断提高供给体系质量"部分中提出要"加快发展研发设计、信息服务、会展服务和人力资源服务等服务外包,引导制造业主辅分离,加快发展服务型制造,推动服务业模式创新、业态创新"。其余则是在相关战略背景下间接体现,主要是两大背景性要素:第一,"创新发展"需要配合以"人才支撑",以人才驱动发展是多个省市的重要提法;第二,在发展高质量产业体系的背景下,各地政府提出要"努力构建实体经济、科技创新、现代金融、人力资源协同发展的产业体系",而人力资源是其中重要的构成要素。

习近平总书记在 2018 年"两会"期间参加广东代表团审议时强调,发展是第一要务,人才是第一资源,创新是第一动力。而人力资源服务业是生产性服务业和现代服务业的重要组成部分,对推动经济发展、促进就业创业和优化人才配置具有重要作用。十九大报告也强调我国经济已由高速增长阶段转向高质量发展阶段,首次提出要"着力加快建设实体经济、科技创新、现代金融、人力资源协同发展的产业体系"。各省市在 2018 年的政府工作报告中也直接或间接地提出了有助于人力资源发展的要素,将人力资源服务业视为生产性服务业和现代服务业的重要组成部分,以推动经济发展、促进就业创业和优化人才配置。

表 2-1-5　各地 2017 年政府工作报告与"人力资源服务业"相关内容（节选）

类型	省份	政府工作报告相关内容
明确提出人力资源服务	福建	加快发展研发设计、信息服务、会展服务和人力资源服务等服务外包，引导制造业主辅分离，加快发展服务型制造，推动服务业模式创新、业态创新。 着力营造良好人才生态。实施更加积极有效的人才政策，创新人才引进、培养、使用、评价机制，汇聚更多优秀企业家、科技领军人才和高技能人才，弘扬企业家精神、工匠精神和劳模精神。
人力资源是产业体系中的重要构成要素	天津、河北、黑龙江、上海、浙江等	加快建设实体经济、科技创新、现代金融、人力资源协同发展的产业体系。
人力资源服务对于实施人才战略的积极作用	吉林	优化就业创业环境，简化人才落户手续，开通人才服务绿色通道，吸引外埠人才专家要大幅增加，高校毕业生本地就业人数要大幅增加，吉人回乡创新创业人数要大幅增加，充分释放人才红利。 坚定不移推进创新强省、人才强省建设。坚持以创新为引领发展第一动力、人才为支撑发展第一资源，深入实施创新驱动发展战略，激发全社会创新创造活力。
	上海	人才是第一资源，是上海当好新时代排头兵、先行者的关键支撑，在全球城市竞合中具有决定性意义。……我们要树立强烈的人才服务意识，营造爱才惜才、宜业宜居的人才发展环境，使各类人才人尽其才、才尽其用、用有所成。上海成就人才，人才铸就未来。
	广东	全力打造创新人才高地。……完善人才服务保障体系，推行人才"优粤卡"制度，深化职称制度改革，着力解决人才落户、住房、子女入学、出入境等突出问题，让人才引得进、留得住、流得动、用得好。
	山西	既补硬短板又补软短板，既补发展短板又补制度短板，着力加强人力资源、科技创新、生态环保、"岸、港、网"建设等薄弱环节。……创新是引领发展的第一动力，人才是支撑转型的第一资源。
	河南	开展"圆梦中原"人才招聘活动，开工建设青年人才公寓，人力资源保障能力不断提升。
	湖北	发挥人才第一支撑作用。实施海外优秀人才引进倍增计划，引进一批具有国际水平的科技人才和高水平创新团队。
	西藏	大力强化科教人才支撑。……实施人才强区战略。加大人才培养，实施好高层次急需紧缺人才引进工程，积极培养优秀企业家和现代企业经营管理队伍，确保到 2020 年高技能人才占比、人才贡献率大幅提升。

（二）各地政府对人力资源服务业的政策保障度

使用"北大法宝 V5 版"数据库的高级检索针对"地方法规规章"进行检索。以"人力资源服务"进行全文检索，发布时间范围为 2017 年 8 月 1 日到 2018 年 7 月 31 日。检索到各地政策主要包括两类，一类是地方性法规，另一类是地方规范性文件。

1. 地方性法规

检索得到与"人力资源服务"相关的地方性法规有 4 篇。这些法规主要是地方人才工作条例，以及地方性经济开发区的相关条例，对于人力资源服务发展保障主要从以下三个方面出发。

（1）赋予人力资源服务机构参与人才评价的权力，例如《深圳经济特区人才工作条例》中规定"人力资源部门认定人才时，可以采信风险投资机构、人力资源服务机构等市场主体的评价意见，也可以授权行业协会、企业、高等院校和科研院所直接认定"。①

（2）规范化人力资源服务机构管理，例如《深圳经济特区人才工作条例》中规定"人力资源服务业实行登记备案制度和负面清单管理制度"②。《四川省就业创业促进条例》从人力资源市场管理的视角出发，提出加快发展人力资源服务业，作为推动人力资源市场发展的重要方式，规定"加快发展人力资源服务业，加强人力资源市场信息网络及相关设施建设，健全人力资源市场信息服务体系，为用人单位和劳动者提供服务"③。

（3）将建设人力资源服务机构作为完善创新服务体系的重要部分，大力支持人力资源服务机构发展，《山东省青岛西海岸新区条例》④以及《江苏省开发区条例》⑤都明确提出，支持在开发区内设立金融服务、资产评估、

---

① 《深圳经济特区人才工作条例》，深圳市第六届人民代表大会常务委员会公告第 80 号（2017 年 8 月 21 日）。

② 《深圳经济特区人才工作条例》，深圳市第六届人民代表大会常务委员会公告第 80 号（2017 年 8 月 21 日）。

③ 《四川省就业创业促进条例》，四川省第十二届人民代表大会常务委员会公告第 93 号（2017 年 9 月 22 日）。

④ 《山东省青岛西海岸新区条例》，山东省人民代表大会常务委员会公告第 226 号（2017 年 12 月 1 日）。

⑤ 《江苏省开发区条例》，江苏省人大常委会公告第 68 号（2018 年 1 月 24 日）。

信用评级、投资咨询、知识产权交易、人力资源服务等中介服务机构，为开发区的生产经营和创新创业活动提供服务。

2. 地方规范性文件

从 2017 年 8 月 1 日到 2018 年 7 月 31 日，检索得到与"人力资源服务"相关地方规范性文件共 364 篇（如表 2-1-6 所示），相较于 2017 年 392 篇有所回落。

表 2-1-6　"人力资源服务"相关地方规范性文件地域分布
（2017 年 8 月 1 日到 2018 年 7 月 31 日）

2018 年排名	省份	2017 年数量	2018 年数量	2018 年占比	相较于 2017 年变化
1	辽宁省	22	41	11.3%	19
2	福建省	19	40	11.0%	21
3	江苏省	40	29	8.0%	−11
4	安徽省	13	25	6.9%	12
5	四川省	16	23	6.4%	7
6	河北省	29	22	6.1%	−7
7	湖北省	18	18	5.0%	0
8	吉林省	7	17	4.7%	10
9	山东省	23	17	4.7%	−6
10	河南省	29	11	3.0%	−18
11	湖南省	3	10	2.8%	7
12	广东省	29	10	2.8%	−19
13	北京市	14	9	2.5%	−5
14	黑龙江省	6	8	2.2%	2
15	海南省	6	8	2.2%	2
16	贵州省	3	8	2.2%	5
17	浙江省	12	7	1.9%	−5
18	广西壮族自治区	9	7	1.9%	−2
19	山西省	9	6	1.7%	−3
20	上海市	10	6	1.7%	−4
21	重庆市	5	6	1.7%	1
22	陕西省	2	6	1.7%	4

续表

2018 年排名	省份	2017 年数量	2018 年数量	2018 年占比	相较于 2017 年变化
23	甘肃省	5	6	1.7%	1
24	江西省	17	5	1.4%	−12
25	云南省	2	4	1.1%	2
26	青海省	6	4	1.1%	−2
27	内蒙古自治区	4	3	0.8%	−1
28	新疆维吾尔自治区	14	3	0.8%	−11
29	天津市	3	2	0.6%	−1
30	宁夏回族自治区	17	2	0.6%	−15
31	西藏自治区	0	1	0.3%	1
	总计	392	364		

数据来源：北大法宝、各地政府官方网站，检索时间段：2017 年 8 月 1 日到 2018 年 7 月 31 日，2017 年数据参考《中国人力资源服务业蓝皮书 2017》。

　　根据图 2-1-10，从地域上来看，在 2017 年 8 月 1 日到 2018 年 7 月 31 日这一年内，辽宁、福建两个省发布的与人力资源服务相关的地方规范性文件数量显著多于其他地区，在一年之内发布了多达 40 份相关文件，其次是江苏、安徽、四川、河北四个省发布文件数量均超过 20 份，也展现出这些地区政府对于"人力资源服务业"相当高的关注度。而天津、宁夏、西藏等地区发布的相关政策文件数量最少。与 2017 年的数据相比，增幅较大的地区包括辽宁、福建、安徽、吉林。其中东北地区的辽宁和吉林 2018 年在推动人力资源服务业发展方面举措频频。3 月，辽宁省首个国家级人力资源服务产业园在沈阳市铁西区开始筹建，该园区还与杭州智谷国家级人力资源产业园签署了战略合作协议①。7 月，吉林省人力资源和社会保障厅印发《关于开展吉林省与浙江省人力资源服务业对口合作活动的通知》，为了促进省内人力资源服务业的发展，省人社厅将组织开展与浙江省人力资源服务业领域对口合作活动，构建吉林省与浙江省人力资源服务业对口合作和项

---

　　① 《辽宁省首个国家级人力资源服务产业园预计 8 月全面入驻》，http://www.ln.xinhua-net.com/gundong/2018−03/06/c_1122494274.htm。

目互补机制①。由此可见,人力资源服务业发展相对不发达的地区政府也在积极加强区域合作,建立与东部发达地区的合作机制,共同推进人力资源服务行业的发展繁荣。

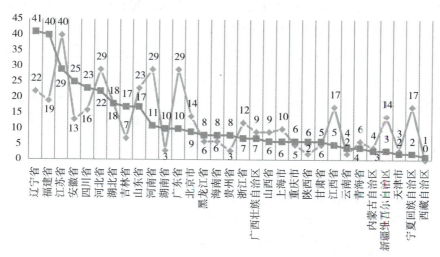

图 2-1-10　2017 年、2018 年各地地方规范性文件数量对比

数据来源:北大法宝、各地政府官方网站,检索时间段:2017 年 8 月 1 日到 2018 年 7 月 31 日,所涉及的 2017 年数据参考《中国人力资源服务业蓝皮书 2017》。

从具体的文件内容来看,大致可以分为几类:

第一类与"十三五"促进就业规划相关,例如《四川省贯彻国务院〈"十三五"促进就业规划〉的实施意见》,其中专门提出一点"大力发展人力资源服务业。实施人力资源服务业发展推进计划,以产业引导、政策扶持和环境营造为重点,规范发展人事代理、人才推荐、人员培训、劳务派遣等人力资源服务"②。各地区在贯彻国务院规划的同时细化关于人力资源服务业的角色定位和作用方式,积极推动人力资源服务业在促进就业方面的效能发挥。

第二类与就业创业保障相关,例如《洛阳市人民政府关于做好当前和

① 《关于开展吉林省与浙江省人力资源服务业对口合作活动的通知》(吉人社函字〔2018〕57 号)。

② 《四川省人力资源和社会保障厅关于印发〈四川省贯彻国务院《"十三五"促进就业规划》的实施意见〉的通知》,川人社发〔2018〕17 号。

今后一段时期就业创业工作的实施意见》,要求"大力发展人力资源服务业,实施人力资源服务业发展行动计划,提升服务供给能力和水平"①。各地政府将人力资源服务业作为高校毕业生、农民工等重点群体实现就业的重要载体,大力发展人力资源服务业以促进人力资源自由有序流动和优化配置,更好服务就业创业和高质量发展。

第三类与发展现代服务业相关,例如《湖北省人民政府关于进一步加快服务业发展的若干意见》要求"大力发展人力资源服务业";又例如《山东省服务业创新发展行动纲要(2017—2025 年)》其中提到一条"人力资源服务",要求"大力推动人力资源服务业跨越发展。加强人力资源服务产业园建设,推进人力资源服务产业的集聚发展"。②

(三) 各地政府对人力资源服务业的发展规划

1. 人力资源服务业发展规划政策文件

(1)国家层面:《人力资源服务业发展行动计划》

党中央、国务院高度重视人力资源服务业的发展,在已经出台的一系列政策文件当中,都将人力资源服务业作为鼓励发展的生产性服务业。党的十九大提出,要建设人力资源协同发展的产业体系,在人力资本服务等领域培育新增长点、形成新动能,这对于推动人力资源服务业发展提出了新的更高的要求。十九大报告把人力资源服务业提高到了前所未有的高度,将人力资源服务与实体经济、现代金融、科技创新并列作为国家现代产业体系的"四大支柱",成为我国今后一段时期推动经济发展的新经济增长点和新动能,为新时代人力资源服务业的创新发展提供了历史机遇。

2017 年 9 月 29 日,人社部印发了《人力资源服务业发展行动计划》(以下简称《行动计划》),就当前和今后一个时期促进人力资源服务业发展工作进行部署。《行动计划》提出,"到 2020 年,基本建立专业化、信息化、产业化、国际化的人力资源服务体系,实现公共服务有效保障、经营性服务逐

---

① 《洛阳市人民政府关于做好当前和今后一段时期就业创业工作的实施意见》,洛政〔2018〕12 号。

② 山东省发展和改革委员会关于印发《山东省服务业创新发展行动纲要(2017—2025年)》的通知,鲁发改服务〔2017〕1553 号。

步壮大,服务就业创业与人力资源开发配置能力显著提高,人力资源服务业对经济增长贡献率稳步提升"。① 具体来说,包括"产业规模进一步增长","行业结构进一步优化","人才队伍进一步壮大","服务能力进一步提升"。行动计划包括六大部分,其中"三计划"包括:"骨干企业培育计划",即重点培育一批综合性人力资源服务骨干企业,加快发展专业化人力资源服务骨干企业;"领军人才培养计划",即着力提高从业人员专业化、职业化水平,打造一支素质优良、结构合理的人力资源服务业人才队伍;"产业园区建设计划",即培育建设一批有规模、有辐射力、有影响力的国家级人力资源服务产业园和一批有特色、有活力、有效益的地方产业园。"三行动"包括:"互联网人力资源服务行动",即推动人力资源服务各业态和互联网的深度融合,支持人力资源服务企业运用互联网技术探索开展跨界服务模式;"诚信主题创建行动",即持续推动人力资源服务行业诚信体系建设,打造一批"全国人力资源诚信服务示范机构";"'一带一路'人力资源服务行动",即稳步推进人力资源市场对外开放,鼓励人力资源服务机构为我国企业走出去提供人力资源服务,支持人力资源服务机构为"一带一路"沿线国家来我国投资办企业提供服务。此外,为保障《行动计划》的落实,人社部出台了有针对性的政策措施,落实人力资源服务业发展的税收相关政策,研究推动将人力资源服务纳入政府购买服务的指导目录等相关落实保障要求。

2018年6月29日,李克强总理签署国务院令,颁布《人力资源市场暂行条例》(以下简称《条例》),自2018年10月1日起施行②。《条例》是系统规范在我国境内通过人力资源市场求职、招聘和开展人力资源服务活动的第一部行政法规。其中"人力资源服务机构"占据了单独一章,并且《条例》首次提出了要提高人力资源服务行业的发展水平,既明确了政府在提高人力资源服务业发展方面的法定职责,同时也提出鼓励社会力量参与行业发展,鼓励并规范发展高端人力资源服务业等业态,对健全完善人力资源

---

① 《人力资源社会保障部关于印发人力资源服务业发展行动计划的通知》,人社部发〔2017〕74号。

② 《人力资源市场暂行条例(国令第700号)》,http://www.gov.cn/zhengce/content/2018-07/17/content_5306967.htm。

市场体系,推动人力资源服务业健康发展,具有重要意义。

（2）地方层面

在这一背景下,各地政府对于人力资服务业的发展规划也在如火如荼地进行中,相关支持人力资源服务业发展的政策文件相继出台,如表 2-1-7 所示。

表 2-1-7　地方性人力资源服务业发展相关文件概览

（2017 年 8 月 1 日到 2018 年 7 月 31 日）

序号	地区	级别	文件名称	发布时间	文号
1	安徽	省级	关于开展全省 2017 年人力资源服务突出贡献企业认定的通知	2017/12/4	—
2	安徽	市级	合肥市人民政府办公厅关于加快人力资源服务业发展的实施意见	2017/9/4	合政办〔2017〕63 号
3	福建	市级	泉州市人民政府办公室关于印发泉州市促进人力资源服务业加快发展实施意见的通知	2017/9/11	泉政办〔2017〕135 号
4	福建	区级	厦门市思明区人民政府办公室关于成立思明区人力资源服务业发展工作领导小组的通知	2017/11/21	厦思政办网传〔2017〕24 号
5	广东	市级	广州市人力资源和社会保障局关于《广州市加快发展人力资源服务业的意见》补贴奖励项目的公示	2017/11/5	—
6	海南	省级	海南省省级人力资源服务产业园评估认定办法（试行）	2018/5/2	
7	河北	省级	河北省人力资源和社会保障厅关于进一步规范人力资源服务机构行政许可工作的通知	2017/9/3	冀人社字〔2017〕212 号
8	河南	市级	郑州市人民政府办公厅关于印发郑州市人力资源服务机构引进人才奖励实施办法（暂行）的通知	2017/11/22	郑政办〔2017〕122 号
9	湖北	省级	省人力资源和社会保障厅关于开展 2018 年湖北省人力资源服务业领军人才评选工作的通知	2018/3/26	鄂人社函〔2018〕149 号
10	湖北	省级	省人力资源和社会保障厅关于印发《湖北省省级人力资源服务产业园评估认定暂行办法》的通知	2017/9/29	鄂人社函〔2017〕302 号
11	湖北	市级	荆州市人民政府关于加快发展人力资源服务产业的意见	—	荆政发〔2018〕7 号
12	吉林	省级	关于印发 2018 年度全省人力资源服务业培训计划的通知	2018/2/7	

序号	地区	级别	文件名称	发布时间	文号
13	吉林	省级	吉林省人力资源和社会保障厅、吉林省财政厅关于开展2018年度吉林省人力资源服务业发展重点项目扶持工作的通知	2017/12/21	—
14	吉林	市级	长春市人民政府办公厅关于印发推进中国长春人力资源服务产业园发展实施办法的通知	2018/6/5	长府办发〔2018〕36号
15	江苏	省级	江苏省人力资源和社会保障厅关于开展江苏省人力资源服务业领军人才选拔培养的通知	2018/5/3	苏人社函〔2018〕181号
16	江苏	省级	省人力资源社会保障厅关于同意筹建"江苏东台人力资源服务产业园"的复函	2018/3/7	苏人社函〔2017〕490号
17	江苏	市级	苏州市政府办公室关于调整苏州市推进人力资源服务业发展暨国家级人力资源服务产业园建设工作领导小组组成人员的通知	2017/10/18	苏府办〔2017〕308号
18	江苏	市级	苏州市政府办公室关于调整苏州市推进人力资源服务业发展暨国家级人力资源服务产业园建设工作领导小组组成人员的通知	—	苏府办〔2017〕308号
19	江苏	区级	常州市天宁区人民政府关于印发《关于进一步鼓励国内外知名企业入驻江苏常州人力资源服务产业园的意见》的通知	2018/4/10	—
20	江苏	区级	常州国家高新区党政办公室关于成立常州高新区人力资源服务业发展工作领导小组的通知	2018/1/23	常开委办〔2018〕5号
21	山东	省级	山东省人力资源和社会保障厅关于组织开展2017年度省级人力资源服务业发展资金重点扶持项目申报工作的通知	2017/9/27	鲁人社字〔2017〕268号
22	山东	市级	日照人力资源服务产业园入驻条件和优惠办法	2018/6/4	—
23	山东	市级	关于公布2017年市级人力资源服务业发展资金重点扶持项目的通知	2017/12/8	青人社字〔2017〕60号
24	山东	市级	关于组织开展2017年度市级人力资源服务业发展资金重点扶持项目申报工作的通知	2017/8/28	烟人社字〔2017〕152号

序号	地区	级别	文件名称	发布时间	文号
25	山东	区级	薛城区（枣庄）人力资源服务产业园发展扶持办法（试行）	2018/6/9	—
26	山东	区级	关于印发服务业"一业一策"行动计划（2017—2021）的通知	2018/4/23	青西新管发〔2018〕23 号
27	陕西	省级	陕西省人力资源和社会保障厅关于表扬全省人力资源服务业骨干企业和领军人才的通报	2018/1/2	—
28	上海	区级	关于印发《静安区关于促进人力资源服务产业发展的实施办法（试行）》的通知	2017/9/20	静人社〔2017〕60 号
29	浙江	市级	关于公开征求《丽水市人民政府办公室关于加快发展人力资源服务业的意见》的公告	2018/6/7	—
30	浙江	市级	绍兴市人民政府办公室颁发的《关于加快发展人力资源服务业的实施意见》	2018/5/21	绍政办发〔2018〕21 号
31	浙江	市级	瑞安市人民政府办公室修改关于加快发展人力资源服务业的实施意见部分条款的通知	2017/12/6	瑞政办〔2017〕245 号
32	浙江	市级	关于印发《杭州市加快发展人力资源服务业实施细则》的通知	2017/9/28	杭人社发〔2017〕240 号
33	浙江	市级	宁波市鄞州区人力资源服务产业三年行动计划（2018—2020 年）	—	—
34	浙江	区级	宁波市江北区人民政府关于加快发展人力资源服务业的实施意见	2017/8/25	—
35	重庆	省级	关于印发《重庆市人力资源服务产业发展资金管理办法》的通知	2018/1/29	渝财〔2017〕200 号

数据来源：北大法宝、各地政府官方网站，检索时间段：2017 年 8 月 1 日到 2018 年 7 月 31 日。

　　如图 2-1-11 所示，浙江、江苏、山东省政府在支持人力资源服务业发展方面给予了较多的政策支持和保障，尤其是浙江省和江苏省，形成了省级—市级—区县级完整政策保障链条，政策支持体系更为完备。

　　如图 2-1-12 所示，从政策文件的发布政府层级来看，省级文件占比36%，市级文件占比47%，区县级的相关政策文件数量较少，对于人力资源服务业的发展的规划和支持还有待进一步向下衍生。

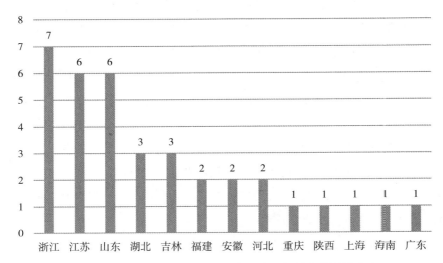

图2-1-11 地方性人力资源服务业发展相关文件地域分布
（2017年8月1日—2018年7月31日）

数据来源：北大法宝、各地政府官方网站，检索时间段：2017年8月1日—2018年7月31日。

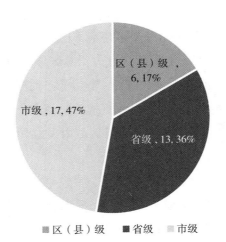

图2-1-12 地方性人力资源服务业发展相关文件层级分布
（2017年8月1日—2018年7月31日）

数据来源：北大法宝、各地政府官方网站，检索时间段：2017年8月1日—2018年7月31日。

2. 人力资源服务业发展规划之区域间政府合作

（1）京津冀地区

在人力资源服务业发展的政府间区域合作方面，京津冀地区具有示范意义。随着京津冀协同发展战略的实施,京津冀三地人力资源市场主管部门积极推进三地人力资源服务地方标准的联合制定和共同发布。2018 年 4 月 24 日,京津冀三地人力社保部门和质监部门共同发布人力资源服务京津冀区域协同地方标准。这是全国首次发布的人力资源服务区域协同地方标准。该标准包括《人力资源服务规范》和《人力资源服务机构等级划分与评定》两部分,其中《人力资源服务规范》由通则和 11 项业务规范组成,规定了人力资源服务机构提供服务业务的标准和要求;《人力资源服务机构等级划分与评定》建立了一个对人力资源服务机构进行量化评价的指标体系,构成了从 A 到 5A 的五级评分系统[1]。此标准颁布有助于提升三地人力资源服务业的规范化、精准化和便捷化水平,为三地人力资源市场打造公平、透明的营商环境,此外还有助于促进跨区域人才交流与合作,激发人才创新发展活力。

制定标准之外,三地还积极推动人力资源服务业相关人才的联合培训。自 2016 年以来便联合组织人力资源服务业骨干人才培训,2018 年 6 月 27—28 日由三地人社厅(局)联合组织的第三期"京津冀人力资源服务业骨干人才培训班"在京举行,共有来自京津冀 50 余家人力资源服务机构负责人参加培训[2]。联合培训通过京津冀人力资源服务机构的相互讨论交流和对接学习,加深了参训学员的相互了解,密切了三地服务机构的沟通联系。联合培训机制为京津冀人力资源服务机构的交流合作搭建了平台,为推进京津冀人力资源服务业协同发展和提升区域内人力资源服务水平创造了良好条件。

（2）粤港澳大湾区

2017 年 3 月,根据国务院规划,广州、深圳、珠海、佛山、惠州、东莞、中山、江门、肇庆 9 市和香港、澳门两个特别行政区形成"粤港澳大湾区",该区域是中国经济和人才最具活力的区域之一。随着大湾区战略布局的展开,人力资源服务业发展在区域内蓬勃发展。

---

① 《京津冀发布首个人力资源服务区域协同地方标准》,http://society.people.com.cn/n1/2018/0426/c1008-29951420.html。

② 《"2018 年京津冀人力资源服务业骨干人才培训班"在京举行》,http://www.hebei.gov.cn/hebei/11937442/10757006/11111865/14313247/index.html。

2018 年 1 月 24 日,在 2018 粤港澳大湾区人力资本服务创新发展论坛上,全国首个城市人力资本集团——深圳人力资本(集团)有限公司成立。该集团将立足深圳、辐射粤港澳大湾区、面向全国,打造国内一流的人力资本服务平台运营商①。1 月底,罗湖区政府与深圳市人才集团签约共建国家级人力资源产业园区——粤港澳大湾区人才创新园·罗湖人才产业园,计划紧抓粤港澳大湾区发展机遇,拓展深化深港合作,在利用口岸经济带等新平台、新载体的基础上,依托深圳市人才集团及其下属企业,整合关联资源,引进国际优质人力资源服务企业,形成规模化、高端化产业集群优势,力争在三年内将园区发展成为国家级人力资源产业园,五年内发展成为全国最具影响力的、具备国家重点城市可复制的示范性国家级人力资源产业园。

除辐射大湾区的产业园建设之外,三地也积极合作搭建合作交流平台。2018 年 3 月由广州人力资源服务协会主办的"2018 广州人力资源服务业年度盛典暨粤港澳大湾区人力资本论坛"在广州拉开帷幕,旨在探索新的思想、新的技术和新的商业模式,推动人力资源服务产业的创新和跨界、跨区域融合②。

随着"粤港澳大湾区"政策的出台、建设的加快,11 个城市的人才需求会骤增、人才流动会加速,人力资源配套服务的市场必将发生变化:服务产品多元化、服务人群高端化、服务范围区域化、服务机构国际化、服务技术信息化。

3. 典型省份

(1)江苏

自 2012 年以江苏省委、省政府两办名义在全国率先出台《关于加快人力资源服务业发展的意见》以来,江苏省人力资源服务业持续快速发展。截至 2017 年底,全省人力资源服务机构超 7000 家,从业人员达 10 万人,年营业收入突破 1500 亿元,全省共建成或筹建国家级、省级人力资源服务产业园 13 家。

---

① 《全国首个城市人力资本集团在深圳成立》,http://difang.gmw.cn/sz/2018-01/25/content_27451984.htm。

② 《穗人力资源服务业年度盛典暨粤港澳大湾区人力资本论坛拉开帷幕》,http://we-media.ifeng.com/54178373/wemedia.shtml。

在省级层面,2018 年 5 月,江苏省启动实施省人力资源服务业领军人才培养项目,发布《关于开展江苏省人力资源服务业领军人才选拔培养的通知》(苏人社函〔2018〕181 号)。将从全省经营性人力资源服务机构主要负责人或经营管理团队核心成员,省内国有大中型企业分管人力资源工作负责人或人力资源部门负责人中进行选拔,首期选拔 50 名培养对象,培养周期为 2 年,培养方式包括集中培训、学习考察、个人自学、课题研究与跟踪管理、线上学习与线下学习相结合。最终培养合格的将纳入省人力资源服务业领军人才进行统一管理,直接认定为正高级专业技术职称,对其个人及所在企业在各类人才项目予以重点扶持和政策倾斜。项目的目的在于"着力培养一批具有国际视野、创新思维、战略眼光和开拓精神的人力资源服务业复合型高层次人才"①。

在市级层面,以南京市为例,在 2018 年 5 月 12 日以"拥抱数字时代,赋能人力资源"为主题的中国(南京)人力资源大数据智慧发展峰会暨人力资源服务业发展行动大会上,发布了南京市人力资源服务业发展三年行动计划。该行动计划包含不少亮点,比如,大力培育一批具有综合竞争力的人力资源服务骨干企业,精心指导一批融合发展、跨界经营的人力资源服务外包机构,引进邀请一批国内外知名人力资源服务机构加入协会共谋发展。到 2020 年,力争全市人力资源服务机构总数达到 1000 家以上,为 100 万人次提供就业、社保、薪酬福利以及人才流动等专业服务;发挥南京高校人才资源丰富的优势,推广"校会联合""校企联合""产教融合"等模式培养人才,到 2020 年,力争从业人员总量超过 1.6 万人;配合南京建设具有全球影响力创新名城战略,积极发展高级人才寻访、人才测评、人力资源服务外包等技术含量和附加价值高的服务项目。

(2)浙江

在省级层面,浙江省人力社保厅在 2018 年工作计划中将提升人力资源服务业发展水平作为一项重要工作,计划"研究制定人力资源服务业发展三年规划。培育壮大本土品牌企业,引进国际知名猎头服务机构,鼓励支持

---

① 《江苏省人力资源和社会保障厅、省人力资源和社会保障厅关于开展江苏省人力资源服务业领军人才选拔培养的通知》,苏人社函〔2018〕181 号,2018 年 5 月 3 日。

专业机构参与海内外引才活动。建设人力资源服务业集聚区,举办第六届中国(浙江)人力资源服务博览会。汇聚各方资源和力量,探索建设人力资源协同网,运用大数据和人工智能等手段,改进优化人才服务,高水平促进人力资源与现代产业体系协同"①。

在市级层面,以杭州市为例,2017年9月印发了《杭州市加快发展人力资源服务业实施细则》以加快建设专业化、信息化、产业化、国际化的人力资源服务体系。该实施细则从四个方面提出支持人力资源服务业发展的措施:第一,加强人力资源服务产业园建设,对成功创建国家级、省级、市级人力资源服务产业园的分别给予100万元、80万元、50万元一次忙产业园建园资助,并对产业园进行运营补助。第二,推动人力资源服务品牌发展,开展杭州市人力资源服务和产品创新项目评审并分级给予资助,设立中介机构引才奖励;制定杭州市人力资源服务机构诚信体系建设标准,认定市级人力资源诚信服务示范机构。第三,加大行业人才培养力度,开展人力资源服务业领军人才培养,每年组织行业高级管理人员到国内外高校、企业或研究机构开展研修活动。第四,搭建对接交流平台,鼓励和支持各级人力社保部门、人力资源服务机构、行业协会通过各种方式,组织开展人力资源服务机构与各类科创园、产业园、大企业、大集团、众创空间、人才协会等的供需对接活动②。

在区(县)级层面,以宁波市鄞州区为例,该区在2018年5月在全省范围内率先发布《宁波市鄞州区人力资源服务产业三年行动计划(2018—2020年)》③。行动计划以实现充分就业和优化配置人力资源,挂动鄞州区实现高质量发展提供优质高效的人力资源服务保障为根本出发点,确立产业引导、市场主导、创新驱动、集聚发展、开放合作五个原则,力争到2020年,鄞州初步实现人力资源服务业现代化、国际化、品质化和均衡化发展,把

---

① 《浙江省人力资源和社会保障厅、省人力社保厅2018年工作计划》,http://www.zjhrss.gov.cn/art/2018/2/2/art_1390156_15449968.html。

② 《杭州市人力资源和社会保障局、杭州市财政局关于印发〈杭州市加快发展人力资源服务业实施细则〉的通知》,杭人社发〔2017〕240号,http://www.zjhz.lss.gov.cn/html/zcfg/zcfgk/jyyzjy/77840.html。

③ 《鄞州区人力资源服务产业三年行动计划发布》,http://gtog.ningbo.gov.cn/art/2018/5/25/art_17_919397.html。

鄞州建成浙江省、长三角乃至全国人力资源服务产业发展高地。

（3）河北

在省级层面，2017 年全省人力资源服务业营业收入 184.32 亿元，全省 11 个市的行业产值首次均破亿元。2018 年 7 月河北省政府发布《关于加快推进现代服务业创新发展的实施意见》①，其中将人力资源服务作为一项重要的现代服务业，提出人力资源服务业三大发展计划，包括服务机构计划，培育 1500 家人力资源服务机构；人力资源服务产业园计划，以及人力服务信息平台计划，搭建统一规范、高效安全的流动人员人事档案公共管理服务平台。

在市级层面，石家庄市无论是机构数量还是产业规模都在全省遥遥领先。该市从五个方面出台相关措施促进人力资源服务业发展：第一，放宽市场准入，培树行业"领头雁"。将新设人力资源服务机构许可纳入集中审批范围，由原来的人社局管理调整到新成立的行政审批局负责，并进一步规范优化许可程序，取消注册资本和从业人员数量要求，降低门槛。第二，强化能力培养，提高行业服务水平。加大人力资源服务机构从业人员培训力度，充分把握京津冀协同发展机遇，加强京津石人力资源市场合作和一体化发展，在全省率先实现京津石人力资源从业资格证书互认互通，实现了三地服务人员从业资质一体化和京津石人力资源自由流通。第三，推进产业聚集，正在筹建 2 家人力资源服务产业园。第四，推广"互联网+"，创新人力资源服务业态。充分利用信息化手段，创新完善"互联网+人社"服务内容，推出网上服务大厅、"石家庄人社"手机客户端、自助服务一体机、微信公众号多位一体的人力资源服务新模式。自主研发"人力资源服务机构管理系统"，对全市各县市区人力资源服务机构设立审批工作进行规范和监管。第五，加强监督管理，创建诚信服务机构，实行集体约谈、随机抽查、网上报告公示等制度，规范人力资源服务机构经营行为，此外还注重发挥行业内的自律自治作用，成立石家庄市人力资源服务行业协会，在服务机构中深入开展诚信主题创建活动。

---

① 《河北省人民政府关于加快推进现代服务业创新发展的实施意见》，冀政发〔2018〕14 号。

（4）山东

省级层面，2017 年 12 月山东省发展和改革委员会印发《山东省服务业创新发展行动纲要（2017—2025 年）》，其中将人力资源服务作为一大重要的服务业支柱，明确要大力推动人力资源服务业跨越发展。"加强人力资源服务产业园建设，推进人力资源服务产业的集聚发展。大力培育骨干企业和行业领军人才，积极引进知名人力资源服务机构，鼓励支持本土人力资源服务机构与国内外知名人力资源服务机构进行合资、合作，发展产业化、国际化人力资源服务机构。加快推进产品创新和服务创新，鼓励发展招聘、人力资源服务外包和管理咨询、高级人才寻访等业态，规范发展人力资源服务代理、人才测评和技能鉴定、人力资源培训、劳务派遣等服务"①。

市级层面，以青岛市为例。青岛市 2018 年 4 月发布的《青岛西海岸新区服务业"一业一策"行动计划（2017—2021）》中包含"人力资源服务业发展行动计划（2017—2021 年）"明确提出了从 2017 年到 2021 年每一年度的发展目标，以重点项目、重点企业、重点项目为载体促进人力资源服务业发展。一是出台人力资源服务业转型升级政策。二是推进人力资源服务业集聚发展。三是推动人力资源服务产品创新。四是优化人力资源服务业发展环境②。同年 6 月 28 日，青岛市人社局又出台了《关于进一步提升人力资源支撑能力推动新旧动能转换重大工程的实施意见》，其中提出要"发展人力资源服务产业，大幅简化人力资源服务相关行政许可申报条件和材料、降低准入门槛，出台加快人力资源服务业发展的意见，探索成立人力资源产业发展基金，发挥青岛国际人力资源产业园示范作用，打造人力资源服务业集聚区，更好地发挥市场对人力资源配置的决定性作用"。

（5）湖北

在省级层面，湖北省人社厅将加快发展人力资源服务业，实施产业园建设计划、领军企业培育计划、领军人才培养计划、行业质量提升计划，到

---

① 《山东省发展和改革委员会关于印发〈山东省服务业创新发展行动纲要（2017—2025 年）〉的通知》，鲁发改服务〔2017〕1553 号，http://www.sdwht.gov.cn/html/2013/whfx_0108/45766.html。

② 《服务业"一业一策"行动计划（2017—2021）》，青西新管发〔2018〕23 号，http://www.huangdao.gov.cn/n10/n27/n31/n39/n45/180423101554764124.html。

2020 年创建 1 家国家级、5 家省级产业园,创建 10 家左右在国内具有示范引领作用的龙头企业和行业领军企业,打造人力资源服务业"湖北军团"。此外,2018 年 3 月,省人力资源和社会保障厅启动 2018 年湖北省人力资源服务业领军人才评选工作①。

在市级层面,以荆州市为例。2018 年荆州市人民政府进一步出台了《关于加快发展人力资源服务产业的意见》(荆政发〔2018〕7 号),入驻产业园区的企业和人才创新创业团队可享受一系列有关创业及投资促进等各项优惠政策。一是加大财政资金支持力度。市级财政设立人力资源产业发展专项资金,加大对人力资源产业发展的支持和引导力度;对入驻产业园区发展的人力资源服务企业,同等享受就业促进和创业创新补贴政策,以及全市招商引资优惠政策;对人才引进、产品创新、素质提升、品牌培育、开展学术交流、参与公共服务产品采购等方面作出突出业绩的机构给予一定补贴和奖励。2017 年,针对人力资源企业发放稳定岗位、水电场租等补贴资金,活动开展、税收贡献等奖励资金共计 570 余万元。二是加大投融资服务力度。建立政府引导、市场运作、企业和社会组织参与的人力资源服务产业发展金融支持对接工作机制,支持人力资源服务企业利用资本市场进行直接融资,提高融资能力;鼓励各类创业风险投资机构进入园区,促进中小人力资源服务企业快速发展。三是加大政府购买基本公共服务力度。将人力资源服务纳入政府购买服务的指导目录,在鼓励企业进行人力资源外包服务的基础上,鼓励政府部门、国有企事业单位向园区人力资源服务机构购买公共服务,进一步激发市场主体活力②。

（6）宁夏回族自治区

在省级层面,宁夏回族自治区从六大方面提出了在自治区内加快实施人力资源服务业的行动计划的措施。一是实施骨干企业培育计划,鼓励知名人力资源服务机构、猎头公司入驻宁夏,给予房租、运行费等补贴。二是实施行业人才培养计划,实施人力资源从业人才素质提升工程,举办人力资源外包服务高级研修班,培训行业领军人才 75 名。三是实施产业基地建设计

---

① 《省人力资源和社会保障厅关于开展 2018 年湖北省人力资源服务业领军人才评选工作的通知》,鄂人社函〔2018〕149 号。

② 《荆州市人民政府关于加快发展人力资源服务产业的意见》,荆政发〔2018〕7 号。

划,鼓励有条件的经济技术开发区、高新技术开发区和创业就业园区设立人力资源服务产业园。四是开展"互联网+人力资源服务"行动,开发人力资源供求信息查询系统、职业指导系统、远程面试系统,建立人力资源供求信息发布制度,加快形成网络全面覆盖、互联互通的人力资源公共服务信息网络体系。五是开展诚信服务主题创建行动,建立服务机构(企业)红黑名单,构建人力资源市场守信联合激励和失信联合惩戒制度。六是开展"一带一路"人力资源服务行动,举办第二届中国"一带一路"人力资源高峰论坛[①]。

另外,2018年7月宁夏人社厅、银川市政府还与福建省中国海峡人才市场签订人力资源服务业发展合作框架协议,引入先进管理理念和模式,开展人力资源服务业顶层设计规划和指导,深化两地人力资源开发交流和研讨。

(四)　小结

总体来看,各地政府高度重视人力资源服务业的发展。各省市在2018年的政府工作报告中将人力资源服务业视为生产性服务业和现代服务业的重要组成部分,用以推动经济发展、促进就业创业和优化人才配置。从各地政府发布的人力资源服务业相关政策文件来看,除了关注本地区的人力资源服务业发展之外,也开始关注人力资源服务业的区域性合作机制。人力资源服务业发展相对欠发达的地区在积极加强区域合作,建立与东部发达地区的合作机制,共同推进人力资源服务行业的发展繁荣。在人力资源服务业发展规划方面,国家层面出台了《人力资源服务业发展行动计划》,各地政府也陆续出台相关发展规划和实施措施,尤其是江苏、浙江、河北、山东、湖北、宁夏等地区在人力资源服务业发展规划上已经形成了较为完善的体系,在全国范围内具有一定的典型意义。在人力资源服务业区域合作方面,京津冀地区和粤港澳大湾区作出了积极的探索和良好的示范。

三、各地媒体和社会组织对人力资源服务业的关注度

(一)　各地媒体对人力资源服务业的关注度

首先通过对国内主流媒体及各省市主要报刊的报道进行分析,以此来

---

① 《我区加快实施人力资源服务业行动计划》,宁夏回族自治区人民政府网站。

反映各地社会关注度的情况。

1. 国内主流报纸媒体报道情况

通过搜索引擎,在光明日报、人民网、环球时报、中国青年报、新京报官方网站搜索"人力资源服务业"相关新闻,得到下列数据(如表2-1-8所示)。与上一年度相比,总量上有所增长,这也和新时代的改革要求相关。党的十九大对新时代发展人力资源服务业提出了新要求,将人力资源服务和实体经济、现代金融、科技创新作为国家现代产业体系的"四大支柱",把人力资源服务业提高到了前所未有的高度,政策导向也带来报纸媒体关注的增长。

表 2-1-8　2014—2018 年主要报纸媒体关于人力资源服务业新闻报道数量

	光明网	人民网	环球时报	中国青年报	新京报	总量
2018 年相关报道篇目	96	257	40	16	1	410
2017 年相关报道篇目	81	203	35	4	3	326
2016 年相关报道篇目	154	153	21	*	1	329
2015 年相关报道篇目	169	213	32	6	1	421
2014 年相关报道篇目	104	99	10	*	7	220

数据来源:各报纸官网。检索时间段:2017 年 8 月 1 日到 2018 年 7 月 31 日,2014、2015、2016、2017 年数据参考《中国人力资源服务业蓝皮书 2014》《中国人力资源服务业蓝皮书 2015》《中国人力资源服务业蓝皮书 2016》《中国人力资源服务业蓝皮书 2017》。

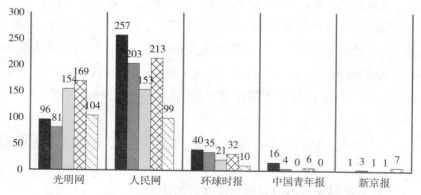

图 2-1-13　2014—2018 年主要报纸媒体关于人力资源服务业新闻报道数量

其中人民网关于"人力资源服务业"的相关报道数量增长较多,其从2018年1月起开设专栏,推出"聚焦高质量发展・人才是第一资源"系列报道,从发展现状、细分业态、政府推动、"互联网+"等多个角度,呈现当前人力资源服务业的发展特点和经验做法。

2. 各省市主流媒体报道情况

本部分通过对各省市(港澳台地区除外)主流报纸对"人力资源服务业"的相关报道数量进行统计分析(如表2-1-9所示)。

表 2-1-9　2015—2018 年各地报纸媒体人力资源服务业相关报道数量

	2018 年相关报道篇目	2017 年相关报道篇目	2016 年相关报道篇目	2015 年相关报道篇目
北京日报	20	13	4	19
天津日报	27	15	6	47
上海新民晚报	*	*	22	8
重庆日报	14	18	*	19
河北日报	23	29	26	3
河南日报	28	50	1	14
云南日报	18	10	3	2
辽宁日报	24	18	23	13
黑龙江日报	31	24	22	2
湖南日报	6	11	20	17
安徽日报	22	33	26	29
山东齐鲁晚报	*	*	17	15
新疆日报	9	7	*	*
江苏扬子晚报	*	*	13	16
浙江日报	17	24	*	4
海南日报	10	9	2	1
江西日报	14	11	17	10
湖北日报	25	21	10	7
广西日报	22	17	1	1
甘肃日报	7	11	*	1
山西日报	6	19	27	13
呼和浩特新闻网	5	*	8	1

续表

	2018 年 相关报道篇目	2017 年 相关报道篇目	2016 年 相关报道篇目	2015 年 相关报道篇目
陕西日报	15	24	9	1
吉林日报	15	39	2	2
福建日报	9	18	2	7
贵州日报	16	36	3	7
广东日报	*	*	6	8
青海日报	10	6	1	6
中国西藏新闻网	*	*	8	3
四川日报	18	23	10	13
宁夏日报	6	10	3	4
总计	417	496	292	293

数据来源:中国知网—报纸系统,全文检索"人力资源服务业",检索时间跨度为:2017 年 8 月 1 日到 2018 年 7 月 31 日,http://kns.cnki.net/kns/brief/result.aspx? dbprefix = CCND。2015、2016、2017 年数据参考《中国人力资源服务业蓝皮书 2015》《中国人力资源服务业蓝皮书 2016》《中国人力资源服务业蓝皮书 2017》。

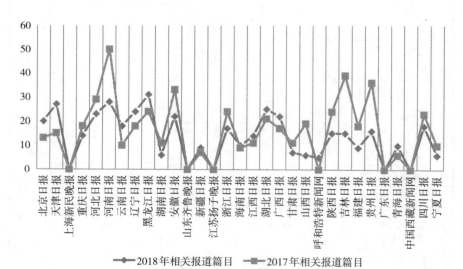

图 2-1-14 2017—2018 年各地报纸媒体人力资源服务业相关
报道数量(截止日期:2018 年 7 月 31 日)

根据图 2-1-14,可以看出近一年来各地报纸媒体关于"人力资源服务业"的相关报道数量相较于上一年在总量上有略微降低。但其中部分地区的报道也较多增长,尤其天津、云南、辽宁、黑龙江等地区。以云南省为例,2017 年全省人力资源服务业全年营业总收入 45.75 亿元,同比增长 76.11%①,人力资源服务业的快速发展引起了众多媒体的关注。

(二) 各地人力资源服务业相关社会组织的发展概况

本部分通过对在地方民政部登记的地方社会组织进行查询和分析,来反映各地与人力资源服务相关的社会组织的发展程度。拓展政府组织之外的另一观察各地对于人力资源服务业发展关注度的视角。

截至 2018 年 7 月底,各地民政部门登记的社会组织,与"人力资源服务业"相关的共有 122 个,相较于 2017 年第一季度增长了 14 个(如图 2-1-15 所示),其中 75 个为社团组织(主要是各地的人力资源服务行业协会),47 个为民非组织(主要是各地的人力资源服务中心)。

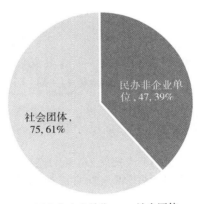

图 2-1-15　与人力资源服务业相关各地民政部门登记的社会组织类型

从地区分布上来看,江苏、山东、浙江、广东、湖北五个省的人力资源服务类社会组织数量相对较多,五个省份的社会组织合计占总数的 50% 左右,其中江苏省相较于 2017 年第一季度增加了 4 个社会组织,超过山东成为全国人力资源服务业相关社会组织最多的省份,其余在各地零散分布

---

① 《云南去年人力资源服务业营业收入逾 45 亿元》,http://news.sina.com.cn/o/2018-06-22/doc-iheirxyc9841413.shtml。

（如图 2-1-16 所示）。从地域上可以看出，沿海城市的人力资源服务类社会组织的发展程度要高于内陆地区，但内陆地区，尤其是甘肃从 2017 年第一季度到 2018 年 7 月，社会组织数量也有较为明显的增长。此外，2018 年 1 月，青海省人力资源服务行业协会正式成立。省级行业协会的成立将助推青海省人力资源服务行业领域步入"组织化、合作化、规范化"发展新阶段，实现行业"自觉、自愿、自律"的共同发展①。总体来看，在人力资源服务业领域已经成了政府、公众、行业协会相辅相成、共促发展的良性行业生态。

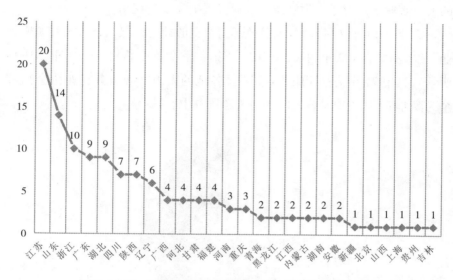

图 2-1-16 与人力资源服务业相关各地民政部门登记的社会组织地域分布（截至 2018 年 7 月）

表 2-1-10 2017 年与 2018 年人力资源服务业相关各地民政部门登记的社会组织地域分布对比

地区	2017 年	2018 年	增量	地区	2017 年	2018 年	增量
安徽	1	2	1	江西	1	2	1
北京	3	1	-2	辽宁	8	6	-2
甘肃	0	4	4	内蒙古	2	2	0
福建	4	4	0	青海	0	2	2

① 《青海首个人力资源服务行业协会今日挂牌成立》，http://www.xinhuanet.com/local/2018-01/21/c_1122291349.htm。

续表

地区	2017 年	2018 年	增量	地区	2017 年	2018 年	增量
广东	7	9	2	宁夏	1	0	−1
广西	3	4	1	山东	18	14	−4
贵州	2	1	−1	山西	2	1	−1
河北	1	4	3	陕西	6	7	1
河南	3	3	0	上海	0	1	1
黑龙江	1	2	1	四川	6	7	1
湖北	9	9	0	新疆	1	1	0
湖南	0	2	2	浙江	10	10	0
吉林	1	1	0	重庆	2	3	1
江苏	16	20	4	总计	108	122	14

从层级分布上看,省级的社会组织占 13%,市级的社会组织占 58%,区县级的占 29%(如图 2-1-17 和图 2-1-18 所示)。相较于 2017 年第一季度的数据,市级社会组织依然占多数,并且在数量上增长了 13 个,增速较快。在区县级的延伸还有很大的发展空间,目前诸多区县级行政单位还没有人力资源服务类的社会组织。

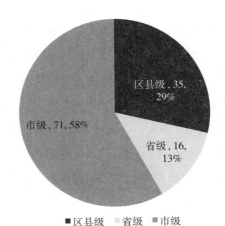

图 2-1-17　与人力资源服务业相关各地民政部门登记的社会组织
层级分布(2018 年第二季度)

行业协会是介于政府、企业之间,提供服务、咨询、沟通、协调的社会中

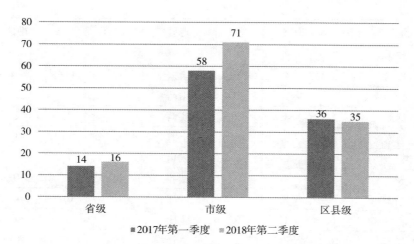

图 2-1-18　与人力资源服务业相关各地民政部门登记的社会组织层级分布数据对比

介组织,是中国民间组织社会团体的一种,属于营利性组织。根据各地民政部门官网信息查询汇总,目前,已经成立省级人力资源服务行业协会的地区包括:青海、江西、内蒙古、浙江、江苏、甘肃、福建、湖北、山东、河北、四川、陕西、广西、黑龙江、安徽共计 15 个,占到了全国的一半左右。其中在省、市、区(县)形成完整的层级对应体系的地区仅有江苏、山东、浙江、四川、陕西 5 个省份。人力资源服务业行业协会的体系化发展,有助于推动业内交流合作、维护行业合法权益,规范行业行为,促进行业健康有序发展。

　　除了数量的增长,层级结构逐步完善之外,在新思想、新理念的影响下,人力资源服务业发展迅速,社会组织也发挥了相当大的作用。2017 年 10 月 25 日,全国省级人力资源(人才)行业协会联席会在杭州召开。会议主题是"服务全国经济发展,推进产业做强做大"。来自全国各省、市人力资源服务行业协会及相关部门 50 家机构、近百名会长、秘书长等参加了会议。

　　从 2017 年 8 月到 2018 年 7 月底,各地人力资源服务社会组织也在各个领域发挥着积极作用。例如江苏省人力资源服务行业协会参与专业技术资格评审,在 2018 年 1 月召开的江苏省人力资源服务行业协会第二届会员代表大会上,江苏省人力资源服务行业协会授予徐苏安等 265 人高级职称,这是国内首次通过行业协会组建人力资源高级专业技术资格评审委员会，在人力资源服务行业进行高级职称评审①。又如，2017年9月起，由上海人才服务行业协会牵头，号召人力资源服务行业同仁，共同发挥人力资源服务优势，搭建为社会组织服务的人力资源平台，开展为期两个月的"社会组织人力资源服务"。

（三）小结

党的十九大将人力资源和实体经济、现代金融、科技创新作为国家现代产业体系的"四大支柱"，把人力资源服务业提高到了前所未有的高度，政策导向也带来报纸媒体关注的增长。表2-1-9与表2-1-10国内主流报纸媒体和各省市主流报纸媒体关于"人力资源服务业"的报道数量相较于2017年有所增长，各地人力资源服务业的社会组织数量相较于2017年也有所增长，行业协会在人力资源服务业发展中扮演着越来越多元化的角色，发挥着越来越积极的作用。

---

① 《江苏首次授予265名人力资源服务人员高级职称》，http://www.yangtse.com/app/zhengzai/2018-01-14/506056.html。

第二章　各地人力资源服务业发展水平评价

【内容摘要】

在中国,人力资源服务业是新兴行业,该行业在国内发展的时间还比较短,各地区之间的发展差异较大。根据之前的研究发现,经济落后地区人力资源服务业发展水平较低,难以为经济发展提供足够的人力资源服务,这直接制约了不发达地区的人才资源配置,造成经济低效率。若放任各地人力资源服务业发展的差距不断拉大,将会进一步扩大地区间经济发展的差异,不利于发挥人力资源服务业对国民经济和产业升级的推动作用。在这种背景下,我们有必要对各地人力资源服务业发展水平进行评价,了解不同地区人力资源服务业的发展态势,进而为制定有效的人力资源服务业产业政策提供依据,以更好地发挥人力资源服务业对经济社会发展的推动作用。

本章通过设计人力资源服务业发展状况评价指标体系,在搜集相关数据资料基础上,依托这一指标体系利用主成分分析法等对各地区人力资源服务业发展水平进行了排序、分类,并对相关的数据分析结果进行了阐释与说明,最后概括总结了评价结果,提出了相应的政策建议。研究结果显示:我国人力资源服务业区域性发展差异显著,中西部地区行业发展空间广阔;对于人力资源服务业的发展来讲,政府积极、及时的政策扶持与宏观调控是至关重要的;人力资源服务业的发展不能只关注发展的速度,产业发展的基础以及未来发展的潜力等均是产业水平的重要组成部分;人力资源服务业发展水平较高地区的辐射带动作用尚未充分发挥,未来需进一步关注地区行业互动机制的建立;应正确理解地区人力资源服务业的发展与经济发展间的相互协同关系。基于这些结果,本章最后也针对性地提出了相关政策建议,如产业发展的相关政策也应与当地整体的社会经济发展政策相吻合,不能脱离现实而盲目追求产业发展的高速度;不断实现政策的完善化、精准化,保持政策的延续性和平稳性,因地制宜地保证政策实施落地;等等。

Chapter 2   Evaluation of the Development Level of the HR Service Industry in Various Regions

【Abstract】

In China, the human resource service industry is an emerging industry which has developed for only a short period time. Considerable gap in development of the HR service industry has been identified among different regions in China. According to previous researches, the development of the HR service industry in under developed region is in low level which is difficult in providing enough HR service for the economic development. This situation directly restricts the human resources allocation in those areas and further results in economic inefficiencies. Moreover, if it was left untreated, the regional HR development gap will continue to be widened while more HR service providers moving to developed areas, then making the HR service inefficiency even worse in the under developed areas. This will further widen the economic development gap between regions and is not conductive to give full play to the roles of the HR service industry in promoting the national economic development and industrial upgrading. In this context, it is necessary for us to evaluate the development level of HR service industry to comprehend the development trend in different areas and further provide the basis for formulating an effective industrial policy of HR service industry so that the HR services industry can play a better role in promoting the development of economy and society.

Based on the collection of relevant data and materials, this chapter uses the principal component analysis(PCA) method to rank and classify the development level of human resource service industry in various regions through the design of evaluation index system of human resource service industry development status, the data analysis results are defined and explained, Finally, the evaluation results are summarized and the corresponding policy recommendations are put forward. The result of research indicates that there are significant differences among the HR service industry of different areas and there is broad space for industry development in Mid-west areas of China. The positive and timely policy support as well as the macro adjustments and controls by the government are of great significance for the development of HR service industry; the development of the HR service industry can not only focus on the speed of development, the foundation of industrial development and the potential for future development are all important components of the industry level. The leading role of areas in which the development of HR service is in a high level hasn't been fully played. Regional industry interaction mechanism should be further established in the future and the synergy relationship between HR service industry and economy development should be correctly understood. Based on these results, the chapter also puts forward relevant policy recommendations in the end. For example, the relevant policies of industrial development should also be consistent with the overall social and economic development policies of the locality. It cannot blindly pursue the high speed of industrial development without being separated from reality; The improvement and precision of the policy, the continuity and stability of the policy, the implementation of the policy, and so on.

And the precision, the continity, and the stability of the policy showld be improved continuously. Besides, the policy should be kept in place according to local conditions.

一、研究背景与意义

（一）研究背景

人力资源服务业作为第三产业的重要分支，旨在促进人力资源有效开发与优化配置,从而提高劳动生产率。人力资源服务业较早地出现在美国、欧盟国家、日本、新加坡等地,目前已快速成长为一个独立、推动经济发展的产业。在发达国家,人力资源服务业作为潜力巨大的"朝阳产业",为用人单位和人才提供专业化、多面性的服务,成为创造就业岗位的主要动力源。在服务贸易自由化推动下,以跨境交付、自然人流动等形式的人力资源服务贸易额迅速攀升。我国的人力资源服务业起步于 20 世纪 70 年代,伴随着改革开放的现实需求,中国逐渐打破计划经济的人力资源配置模式,人力资源服务业应机而生。经过四十年的发展,我国已基本建成多层次、多元化的人力资源市场服务体系,实现民营、国有、外资等不同类别人力资源服务机构共同发展的格局。新形势下,人力资源服务业开始向知识化、专业化、综合化方向发展。

我国人力资源服务业的萌芽和发展离不开政府和市场"两只手"的引领扶持。从政府角度来讲,政策和制度为人力资源服务业提供坚实的保障。2007 年,《关于加快服务业的若干意见》首次将人力资源服务业写入国务院文件;2011 年,人力资源服务业首次被写入国民经济和社会发展第十二个五年规划,同年人力资源服务行业正式被纳入《产业结构调整指导目录》中"第一类鼓励类"行业;2012 年,《服务业发展"十二五"规划》对人力资源服务业的发展模式和路径做了详细的设计;2014 年,《关于加快发展人力资源服务业的意见》首次从国家层面对发展人力资源服务业作出全面部署,提出到 2020 年人力资源服务行业规模达到 2 万亿元,这是首部全国性的行业发展政策文件;2016 年 3 月,《关于深化人才发展体制机制改革的意见》突出了人力资源服务业在人才市场化配置中的地位和作用;2016 年 4 月,人力资源和社会保障部协调财政部、税务总局出台了专门政策,妥善处理营改增后行业税负增加问题;2017 年国务院印发了《"十三五"促进就业规划》和《关于做好当前和今后一段时期就业创业工作的意见》,明确提出要"大力发展人力资源服务业,实施人力资源服务业发展行动计划"。为贯彻落实这一新精神新要求,2017 年 10 月人社部印发《人力资源服务业发展行动计划》,从国家层面出发就当前和今后一个时期促进人力资源服务业发展工作进行明确部署,重点实施骨干企业培育计划、领军人才培养计划、产业园区建设计划和"互联网+"人力资源服务行动、诚信主题创建行动、"一带一路"人力资源服务行动,进一步改善发展环境,培育市场主体,推进业态创新,加快开放合作。2018 年 6 月,国务院公布《人力资源市场暂行条例》(2018 年 10 月 1 日起施行),以更好地规范人力资源市场活动,促进人力资源合理流动和优化配置,促进就业创业。各地政府也紧跟国家步伐,纷纷出台加快发展人力资源服务业的相关政策意见和实施措施,同步推进公共服务与市场经营性服务,并重点推进人力资源服务产业园区建设。

同时,党的十九大报告已将人才工作放到党和国家工作的重要位置,指出"人才是实现民族振兴、赢得国际竞争主动的战略资源",并为人力资源服务业的发展指明了方向。在人才工作方面,十九大报告明确指出应"坚定实施科教兴国战略、人才强国战略、创新驱动发展战略、乡村振兴战略、区域协调发展战略、可持续发展战略、军民融合发展战略";"加快建设创新型国家",培养造就一大批具有国际水平的战略科技人才、科技领军人才、青年科技人才和高水平创新团队;"要坚持党管人才原则,聚天下英才而用之,加快建设人才强国。实行更加积极、更加开放、更加有效的人才政策,以识才的慧眼、爱才的诚意、用才的胆识、容才的雅量、聚才的良方,把党内和党外、国内和国外各方面优秀人才集聚到党和人民的伟大奋斗中来,鼓励引导人才向边远贫困地区、边疆民族地区、革命老区和基层一线流动,努力形成人人渴望成才、人人努力成才、人人皆可成才、人人尽展其才的良好局面,让各类人才的创造活力竞相迸发、聪明才智充分涌流"。在人力资源服务业的发展方面,十九大报告明确指出应"提高全要素生产率,着力加快建设实体经济、科技创新、现代金融、人力资源协同发展的产业体系";"推动互联网、大数据、人工智能和实体经济深度融合,在中高端消费、创新引领、绿色低碳、共享经济、现代供应链、人力资本服务等领域培育新增长点、形成新动能。支持传统产业优化升级,加快发展现代服务业,瞄准国际标准提高水平"。

从市场角度来讲,市场需求和市场竞争倒逼人力资源服务业延伸到各行各业,扩大服务对象的广度和深度,促使以更加优质高效的手段创新资源配置的业务模式。经济新常态下,中国企业加速改制重组,跨国企业进军中国市场,需要强有力的人力资源支撑,这对人力资源服务提出巨大的要求。"互联网+"推动人力资源服务业不断改进人力资源服务的产品和商业模式,行业发展呈现出云端化、智能化、移动化的态势。此外,国家坚持对外开放的政策(如"一带一路"等)和经济全球化的机遇共同推动我国的人力资源服务业与国际接轨,加速了人才的全球化。德科(Adecco)、任仕达(Randstad)、万宝盛华(Manpower Group)、安德普翰(ADP)等全球前十强人力资源服务机构已全部在中国运作。中国实力较强的人力资源服务机构也逐步扩张到全球市场,如智联招聘、前程无忧引入海外资本,幷在美国上市。

无论是从政策的高度还是从市场需求的角度,我国人力资源服务业正处于快速成长的机遇期。面对这些机遇,我国人力资源服务业发展迅速,根据人力资源和社会保障部《2017 年度人力资源和社会保障事业发展统计公报》数据显示,2017 年全行业营业总收入 1.44 万亿元,同比增长 21.5%;从业人员达到 58.4 万人,同比增长了 5.6%。细化来看,人力资源服务外包、人力资源培训、人力资源管理咨询、高级人才寻访等市场业务均取得不同程度的增长。

尽管我国人力资源服务业正处于蓬勃向上发展的机遇期,但是由于行业发展历程较短,发展格局还不成熟,仍面临着诸多挑战。首先,人力资源服务业供给不足、供给效率低下等老生常谈的问题仍较为显著,需求市场对于人力资源服务的专业化、精细化、规模化、国际化等要求与现阶段我国人力资源市场服务形态单一、服务同质化倾向严重、行业规范化与专业化程度不高等现实之间的矛盾仍较为突出,如何实现与其他产业间的创新融合、优化布局产业结构,提升人力资源服务的专业化、精细化程度,已成为现实中的巨大挑战。其次,随着全球化的不断推进,"一带一路"倡议的不断深入,国内人力资源服务机构在面对行业的国际竞争时,亟须找到自身的核心竞争优势,抓住机遇扩大自身影响力。最后,我国人力资源服务业区域性发展差异显著,区域性发展的不平衡已在一定程度上限制了整个行业的进一步发展。

面对上述挑战,对我国人力资源服务业发展水平实施跟踪性评估就显得尤为重要。出于此目的,本章将会在建立人力资源服务业发展状况评价指标体系的基础上对各省人力资源服务业发展水平进行评价和分析,以帮助政府部门、行业协会、人力资源服务机构更好地了解各地人力资源服务业发展水平和动态趋势,为制定更加科学合理的行业规划提供借鉴与参考。

（二）研究意义

在全国经济产业发展的总体布局下，人力资源服务业作为现代服务业的重要组成部分，对国民经济的健康快速发展具有重大的战略意义。因此，了解人力资源服务业的发展状况，尤其是不同地区人力资源服务业发展状况差异，对于未来国家制定合理的产业政策，统筹地区发展大有裨益。任何行业的发展都是一个动态的过程，需要经历不同的发展阶段。为了准确洞悉不同阶段不同地区人力资源服务业的发展状况，本章在构建人力资源服务业发展水平评价指标体系的基础上，通过宏观数据对各地区人力资源服务业发展水平进行综合排序，这无疑具有很重要的意义。具体来讲，主要包括以下几个方面。

1. 了解不同地区人力资源服务业的发展态势

近年来，我国经济发展势头强劲，国内生产总值增速稳中有升，各行各业对人才的需求急剧增长，人力资源已成为市场竞争的核心战略资源。人力资源服务业作为服务于人力资源的产业，市场潜力巨大。经济新常态强调经济结构的优化升级，人才战略显得尤为重要，急需挖掘人力资源市场潜力，优化人力资源配置效率。因此，良好的经济环境和有利的政策环境既为人力资源服务业提供了发展机遇，又对人力资源服务业的规模、整体布局、行业规范等提出更高层次的要求。受历史、地理、政策等因素影响，我国经济社会发展呈现出明显的东、中、西部不均衡特征。《中国人力资源服务业蓝皮书2016》一书基于实证研究发现，各地区人力资源服务业发展水平与其经济社会发展水平密切相关。在这种背景下，基于科学评价指标体系的各地人力资源服务业发展水平评价，是从整体上深入了解不同地区人力资源服务业发展态势的关键，这能够更加直观地把握人力资源服务业发展的阶段性特征和区域性特征，深入跟踪了解行业发展的动态变化，这既可以为未来国家/地区实现更高视角和层次的产业布局和规划打下基础，又可以为加快人力资源服务业的发展进程指明方向。

2. 为制定有效的人力资源服务业产业政策提供依据

社会主义市场经济条件下，政府的宏观调控可以有效弥补市场经济中的信息不对称、公共物品（服务）无法提供、外部性等缺陷。行业持久而稳定的发展也离不开政府的有效调控和指引，人力资源服务业同样如此。

2014年人力资源社会保障部、国家发展改革委、财政部联合下发了《关于加快发展人力资源服务业的意见》，从国家层面正式对这一行业展开部署。2017年10月人社部进一步印发《人力资源服务业发展行动计划》，从国家层面出发就当前和今后一个时期促进人力资源服务业发展工作进行明确部署，重点实施骨干企业培育计划、领军人才培养计划、产业园区建设计划和"互联网+"人力资源服务行动、诚信主题创建行动、"一带一路"人力资源服务行动，进一步改善发展环境，培育市场主体，推进业态创新，加快开放合作。以这些核心文件为指导，各地政府也紧跟国家步伐，纷纷出台加快发展人力资源服务业的相关政策意见和实施措施，同步推进公共服务与市场经营性服务，并重点推进人力资源服务产业园区建设。尽管国家对于人力资源服务产业给予了大力扶持，但是由于我国人力资源服务业仍处于初步发展阶段，地方所制定的相关产业政策在实施中仍出现了一些问题，如目标定位过高、政策设置门槛过高等，亟待未来进一步解决。

在这种背景下，基于科学评价指标体系的各地人力资源服务业发展水平评价就显得尤为重要。一方面，根据相关评价指标体系和评价数据结果，可以更好地从宏观层面把握区域性发展差异，在制定产业政策时能够更加注重统筹发展、提升政策制定的针对性和有效性，亦可以为未来进一步展开行业监管、制定行业规范提供借鉴与参考；另一方面，可以让各地区直观了解目前人力资源服务业的发展水平，摆正位置，更好地树立学习标杆、向行业发展较好的地区借鉴与学习，基于自身情况制定出更为合理的发展目标与产业政策，进而推动整个行业的繁荣发展。

3. 更好地发挥人力资源服务业对经济社会发展的推动作用

随着人力资源要素逐渐取代传统的物质资源要素等成为世界各个国家和地区的经济发展的第一资源要素，人力资源服务业作为衡量市场经济发展水平的重要标志，也开始得到迅速发展。尽管一些实证研究表明，地区人力资源服务业发展水平与其经济社会发展水平密切相关，但是在实践中，人力资源服务业对地区经济社会发展的重要推动作用还是在一定程度上被忽视了。这种推动作用从微观层面看，人力资源服务业所提供的培训服务，在提升人员能力素质的同时提升了企业运行效率；通过人力资源外包服务让企业可以在核心业务上投入更多精力，提升核心竞争力。从宏观层面看，增加地区人口的就业数量是最为直观的影响,而对地区产业结构的优化与调整则显得更为长远。一方面人力资源服务业通过各项专业服务,帮助企业更加有效地完成企业的非核心业务工作,使企业逐渐向专业化和技术化发展,企业内部的价值链和产业链会得到优化,核心竞争力得以提升;另一方面,推动传统产业将对资金、能源的消耗转向对知识、技术的开发与创新上,从而实现对传统产业的改造和升级,提升整个区域的资源配置和利用效率。

本章有关各地区人力资源服务业发展水平评价指标体系和数据结果,可以更加直面地凸显出人力资源服务业与一系列经济社会发展指标间的密切联系,提供了一种联系而非孤立的视角来看待该行业的发展,使其更好地借助服务业改革的浪潮来推动产业向着纵深方向发展,如建设产业园区、扶植行业龙头企业、促进咨询等高端业态的发展等,在行业不断完善、提升中更好地发挥对整个经济社会发展的推动作用,进而实现经济社会发展与人力资源服务业发展之间的协同效应。

二、人力资源服务业发展评价体系与结果分析

(一) 人力资源服务业发展水平评价方法简介

评价不同地区人力资源服务业发展水平实质上就是对不同地区人力资源服务业的竞争力进行评价。对竞争力评价的方法多种多样,比较常见的有综合指数法、聚类分析法、因子分析法等。按其属性划分可分为:定性评价方法、分类评价方法、排序评价方法和操作型评价方法。

1. 定性评价方法

定性评价方法有因素分析法及内涵解析法等几种,因素分析法一般采取"由表及里"的因素分析方式,从最表面、最容易感知的属性入手,逐步深入更为内在的属性和因素展开分析。内涵解析法将定性分析和定量分析相结合,重点研究影响区域竞争力的内在因素,对于一些难以直接量化的因素,可以采取专家意见或者问卷调查的方式进行分析判断。

2. 分类评价方法

分类评价方法有模糊综合评价法、聚类分析法、物元分析法等几种。模糊综合评价法既有严格的定量刻画,也有对难以定量分析的模糊现象进行

的定性描述,定性描述和定量分析相结合是比较适合区域竞争力评价的评价方法。聚类分析法是研究分类的一种方法,是当代分类学与多元分析相结合在区域竞争力评价分析中的运用,可以对不同区域的竞争力状况进行分类,判断区域竞争力的相对强弱。物元分析法把物趣分析理论运用于系统的研究,建立系统物元、相容系统和不相容系统等概念,并提出了化不相容系统为相容系统的有关方法,通过系统物元变换,可以处理不相容系统中的问题。

3. 排序评价方法

排序评价方法有综合指数评价法、主成分分析法、因子分析法、集对分析法、层次分析法、功效系数法等几种。

综合指数评价法是一种综合指标体系评价法。该方法通过选取一定的定性指标以及定量指标,经过无量纲化处理,达到统一量化比较的目的,从而得出具体的综合评价指数。

主成分分析法就是找到几个彼此不相关的综合指标,并且尽可能多地反映原来指标所提供的信息量。

因子分析法是假设大量观测变量背后潜藏着少数几个维度,被命名为"公因子",每个观测变量总变异中的绝大部分能够被这几个公因子所解释,不能被公因子解释的部分称为该变量的"特殊因子"。因此,一般情况下,所有观测变量都可以表示为公因子和特殊因子的一个线性组合,称为因子分析的线性模型。

集对分析法是一种新的系统分析方法,核心思想是把确定、不确定视作一个系统,在这个系统中,确定性与不确定性互相转化、互相影响、互相制约,并在一定条件下互相转化,用一个能充分体现其思想的确定、不确定式子来统一地描述各种不确定性,从而把对不确定性的辩证认识转换成一个具体的数学工具。

层次分析法是用于解决多层次、多准则决策问题的一种实用方法,它提供了一种客观的数学方法来处理个人或者群组决策中难以避免的主观性以及个人偏好影响的问题。

功效系数法是根据多目标规划原理,对每一个指标分别确定满意值和不允许值,然后以不允许值为下限,通过功效函数计算每个指标的功效系数,最后加权计算综合指数的一种评价方法。

4. 操作型评价——标杆测定法

标杆测定法不仅能够评价和判断竞争力的高低,找出竞争力高低的主要原因,而且其研究结果还能指示提高竞争力的路径。标杆测定法评价竞争力的步骤为:第一,确定标杆测定的主题、对象和内容;第二,组成工作小组并确定工作计划;第三,收集资料,开展调查;第四,分析比较,找出差距,确定最佳方法,明确改进方向,制定实施方案;第五,组织实施,并将实施结果与最佳做法进行比较,在比较的基础上进行修改完善,努力达到最佳实践水平,超过标杆对象。

本章主要通过构建评价指标体系的方式对各地人力资源服务业发展水平进行比较和评价,在构建评价指标体系的过程中,将会综合运用上述提到的各种竞争力评价方法,以获得最客观、合理的结果。

(二) 人力资源服务业发展水平评价指标体系

1. 评价指标体系构建的必要性

目前学界中直接关于人力资源服务业发展水平评价指标体系的研究较少。北京大学人力资源开发与管理研究中心萧鸣政教授及其指导的课题研究组自2007年以来对中国人力资源服务业的发展进行了长期跟踪研究,并连续十一年出版了《中国人力资源服务业蓝皮书》,对我国人力资源服务业的发展动向进行了系统的梳理与把握。2011年以来,萧鸣政教授及其课题研究组依托国家人力资源和社会保障部人力资源市场司“中国人力资源服务业战略发展评估研究”的合作项目,在人力资源服务业发展状况评价方面积累了丰硕的研究成果,如张轩(2012)[①]通过文献综述、专家咨询和访谈调查,设计和构建了包括基本情况指标(含服务机构情况、从业人员情况和业务经营情况三方面指标)和评估指标(含信息化、国际化、研发能力和满意程度四方面指标)两个层面在内的人力资源服务业统计指标体系,并基于问卷对该指标体系的合理性进行了验证。《中国人力资源服务业白皮书

---

① 张轩:《人力资源服务业统计指标体系研究》,硕士学位论文,北京大学,2012年。

2013》①则将人力资源服务业统计指标划分为服务机构总体情况、从业人员情况、财务指标情况、服务业态情况以及其他五个层面，并基于对北京市人力资源服务行业的部分问卷调查结果对这一指标体系进行了验证和分析。章梦昱（2014）②采用了 SCP 分析框架对北京市人力资源服务业的市场结构、市场行为和市场绩效等方面进行了描述和分析。董小华（2015）③以北京市人力资源服务业 2011 年到 2013 年基础数据为研究样本，在界定人力资源服务效能内涵边界的基础上，从广义和狭义两个层面分别建立起了人力资源服务效能评价模型，并利用包络分析法和因子分析法对评价模型进行了实证分析，探索了对人力资源服务效能产生影响的各种因素。吴思寒（2016）④采用层次分析法和因子分析法，构建起了两个层面（行业总量层面、机构发展层面）、五个维度（行业规模、行业贡献、机构盈利能力、机构服务效率、机构影响范围）以及十五项具体指标的网络招聘服务业发展评价指标体系，并对北京市网络招聘服务业的发展水平进行了检验和评价。丁肇启（2017）⑤从人力资源服务业的规模、人力资源服务机构质量、政策支持和市场环境四个维度出发构建了区域人力资源服务业评价的体系，利用评价结果对区域人力资源服务业与地方经济社会发展的关系进行了实证研究，并深入分析了区域人力资源服务业如何与地方经济社会发展产生的内在联系，在此基础上提出了未来人力资源服务业发展中所要注意的问题与发展建议。曹伟晓（2017）⑥从产业发展能力、产业发展规模和产业发展结构三个方面出发构建了人力资源服务业区域竞争力评价指标体系，并采用

---

① 萧鸣政、郭丽娟、李栋：《中国人力资源服务业白皮书 2013》，人民出版社 2014 年版，第 305 页。

② 章梦昱：《基于 SCP 范式的人力资源服务产业分析》，硕士学位论文，北京大学，2014 年。

③ 董小华：《人力资源服务效能评价与服务效能影响因素的实证研究——基于北京市人力资源服务业发展情况样本》，博士学位论文，北京大学，2015 年。

④ 吴思寒：《网络招聘服务业发展与评价指标体系研究——基于北京市样本数据的分析》，硕士学位论文，北京大学，2016 年。

⑤ 丁肇启：《区域人力资源服务业与经济社会发展关系研究》，博士学位论文，北京大学，2017 年。

⑥ 曹伟晓：《人力资源服务业区域竞争力评价及竞争力提升策略研究——基于北京市样本》，博士学位论文，北京大学，2017 年。

因子分析和数据包络分析方法,对 2011—2015 年的北京市区域面板数据进行分析,得到北京市人力资源服务业的现实区域竞争力和综合效率评价结果,并以此为基础,进一步采用了空间计量经济学方法对人力资源服务业综合效率与影响因素展开了探讨。

除北京大学人力资源开发与管理研究中心的系统研究成果外,孙林(2015)[①]设计了 5 个一级指标来构成人力资源服务业的评价体系,分别是行业总量、服务机构、从业人员、服务对象和服务效果,5 个一级指标分别从人力资源服务整个产业的规模和经济贡献度、服务机构的资质和业务水平、从业人员的数量和质量、服务对象的数量和业务需求、服务效果的满意度评价五个维度测量和评估了人力资源服务业效能的发挥程度。在此基础上,采用德尔菲法为每个指标设置了权重,并基于北京市人力资源服务业 2013 年度的统计数据和调查数据测算出北京市人力资源服务业效能综合分数为77.5 分,当前仍处于行业效能提升阶段的中后期。俞安平(2017)[②]选择了外部环境、发展状况和发展潜力 3 个一级指标来评价江苏省各市人力资源服务业竞争力,并将这 3 个一级指标细化为 11 个二级指标。依托此指标体系,其进一步基于 2015 年江苏省统计年鉴以及各市人社部门公布数据,采用了层次分析法和模糊综合评价法,对江苏省主要城市人力资源服务业发展指数进行了测算并排序。

由于学界对于该行业发展状况评价指标体系的直接研究较少,故下文又重点梳理了国内服务业发展状况评价指标体系构建的相关研究成果,以为下一步的研究提供更多参考。

李江帆(1994)[③]较早地探索了一般服务业的发展评价指标体系,他认为一个地区第三产业的发展状况应由服务的社会需求决定,而人均 GDP、城市化水平、人口密度和服务输出状况是影响服务需求的主要因素,他用三个方面的指标来衡量服务业的发展状况,包括:第三产业就业比重、产值比

---

① 孙林:《人力资源服务业评价指标体系的构建与实践——以北京市人力资源服务业为例》,《中国市场》2015 年第 35 期。

② 俞安平:《江苏人力资源服务业发展研究报告(2016)》,南京大学出版社 2017 年版,第 100 页。

③ 李江帆:《第三产业的产业性质、评价依据和衡量指标》,《华南师范大学学报》1994 年第 3 期。

重;人均服务产品占有量;服务密度。但这一体系并未考虑服务业的投入情况。单晓娅和张冬梅(2005)①以贵阳市为例,从区位条件、资源和基础设施条件、经济条件、市场条件、要素条件、社会服务条件六个维度入手构建了评价贵阳市各辖区服务业发展水平的指标体系,并对各辖区服务业发展状况做了测算和排名。李艳华等(2009)②构建了现代服务业创新能力评价指标体系,从创新投入、创新环境、创新直接产出、创新经济绩效四个方面构建了包含8个二级指标和11个三级指标的评价体系,并基于这套体系对北京市现代服务业的创新能力进行了评价。冯华和孙蔚然(2010)③从服务业发展规模、服务业产业结构、服务业增速和服务业经济效益这四个方面着手构建评价指标体系,并利用这一体系对2008年全国各省份的服务业发展状况进行了评价和排序。魏建等(2010)④则研究了生产性服务业评价的问题,他们从生产性服务业发展水平、生产性服务业聚集区绩效水平和生产性服务业社会供求及效率三方面入手构建了三级指标体系。邓泽霖等(2012)⑤从发展水平、增长潜力、基础条件和专业化程度四个维度入手构建了包含18个二级指标的现代服务业综合评级体系,并对全国省级行政单位的服务业状况进行了评价和排序。陈凯(2014)⑥对中国服务业增长质量的评价问题进行了研究,从服务业增长结构、增长稳定性、成果分配和资源利用四个维度入手构建了一套三级指标体系,利用1978年以来的数据对我国服务业增长质量进行了评价分析。刁伍钧等⑦(2015)分别从发展环境的竞争力、科技研究的创新能力、专业技术的服务能力和科技成果市场化水平四个方面,

---

① 单晓娅、张冬梅:《现代服务业发展环境条件指标体系的建立及评价——以贵阳市为例》,《贵州财经学院学报》2005年第1期。

② 李艳华、柳卸林、刘建兵:《现代服务业创新能力评价指标体系的构建及应用》,《技术经济》2009年第2期。

③ 冯华、孙蔚然:《服务业发展评价指标体系与中国各省区发展水平研究》,《东岳论丛》2010年第12期。

④ 魏建、张旭、姚红光:《生产性服务业综合评价指标体系的研究》,《理论探讨》2010年第1期。

⑤ 邓泽霖、胡树华、张文静:《我国现代服务业评价指标体系及实证分析》,《技术经济》2012年第10期。

⑥ 陈凯:《中国服务业增长质量的评价指标构建与测度》,《财经科学》2014年第7期。

⑦ 刁伍钧、扈文秀、张建锋:《科技服务业评价指标体系研究——以陕西省为例》,《科技管理研究》2015年第4期。

构建以 34 个指标为基础的科技服务业评价指标体系,然后以 2011 年陕西省和全国科技服务业数据为样本,运用功效系数法与模糊综合评价法进行了实证分析。洪国彬和游小玲(2017)①确定了现代服务业发展基础、发展环境、发展规模、发展潜力四个指标评价体系准则层,并通过大量文献阅读,海选出四个方面对应的指标层,进而根据信息含量最大和重复信息剔除原则,利用主成分——熵的评价指标体系信息贡献模型等对指标层进行处理及筛选,构建现代服务业发展水平指标评价体系。王钰等(2018)②结合"一带一路"所涉及的区域范围和研究的目标,从宏观经济环境、服务业发展规模、服务业产业结构和服务业增长速度四个方面构建了"一带一路"倡议背景下服务业发展评价指标体系。

综观已有文献可以看到,目前有关人力资源服务业发展水平评价指标体系设计还较少,已有的研究过分关注于行业内部的一些指标,忽略了该行业与整体经济社会发展诸多指标间的潜在联系,无法站在更高的层面展开实证测度。与此同时,服务业的评价是一项系统工程,单一指标的评价已不能满足研究和分析的需要,已有的研究方向和侧重点各不相同,构建指标体系的视角和维度也不尽相同,但都是构建了一整套完整的评价体系,评级体系大多包含了两到三个层级的指标。这对本书的启示是在构建指标体系时应该做到覆盖面广,至少包括速度、规模、结构、环境、潜力等方面的指标;指标体系应该分层构建;指标体系中应该有能反映人力资源服务业特点的指标;指标体系应可以反映行业与整体经济社会发展的联系,不能仅局限于行业内选取指标。

2. 评价指标体系的构建原则

根据人力资源服务业的范围界定,综合考虑各种竞争力评价方法的核心思想,本书在构建人力资源服务业发展水平指标体系时将遵循以下原则。

(1)功能定位明确,反映不同地区人力资源服务业发展的实际状况。任何指标体系的构建,都是为适应特定的功能需求而进行。人力资源服务

---

① 洪国彬、游小玲:《信息含量最大的我国现代服务业发展水平评价指标体系构建及分析》,《华侨大学学报(哲学社会科学版)》2017 年第 1 期。
② 王钰、张维今、孙涛:《"一带一路"沿线区域服务业发展水平评价研究》,《中国软科学》2018 年第 5 期。

业发展水平评价指标体系的构建,其核心目标就是要客观反映不同地区人力资源服务业发展的现状,以便为政府部门制定相关产业政策、区域经济发展政策提供参考,为私人部门进行相关投资和进入相关产业提供客观、公正、可靠的依据。因此,在构建这一指标体系时,本书将围绕人力资源服务业的发展规律选取指标,一方面会综合考虑影响人力资源服务业发展的各方面因素,另一方面也会控制指标的量,选取与人力资源服务业发展最为密切的指标。

（2）体现鲜明的人力资源服务业未来发展方向,人力资源服务业未来不仅要发挥人力资源中介的功能,还要更多地发挥人力资源管理咨询和培训教育的功能。指标体系的构建不仅要反映人力资源服务业发展的现状,还要突出中国的发展战略和产业政策,以及中央统筹区域经济发展的战略导向。人力资源服务业在中国处于起步阶段,但根植于快速发展的中国经济,它必将快速成长壮大,成为一个重要的行业,因此必须将目光放长远,紧盯人力资源服务业的国际先进水平和未来发展趋势,为这个行业的健康发展指明方向、铺就道路。通过观察发达国家的人力资源服务业发展状况,可以看到,人力资源服务业在发达国家经济发展中发挥着巨大的作用,它是沟通劳动力市场和生产部门的渠道,现代人力资源服务业的发展方向就是使这一渠道更为通畅和高效,进而促进经济的繁荣,因此,人力资源服务的功能也从最初的人才中介逐步拓展到人力资源管理咨询和培训教育,这一变化一方面符合了人力资源服务业的内涵,同时也指明了人力资源服务业未来的发展趋势,因此本书在构建人力资源服务业发展状况评价指标体系时会着重考虑这一发展趋势,以体现其未来发展方向。

（3）坚持科学性与系统性的设计理念。指标体系的权威性、引导性,取决于指标选取和指标体系设计是否科学合理。人力资源服务业发展水平评价指标体系的构建,必须从人力资源服务的本质功能出发,在充分的产业发展理论和竞争力评价理论的基础上,选取能反映人力资源服务业发展水平的指标,并结合人力资源服务业发展的趋势进行指标体系构建,使人力资源服务业发展水平评价指标体系既能体现人力资源服务业发展的规律与特征,又能反映人力资源服务业发展的未来方向和趋势。在人力资源服务业发展水平评价指标体系的构建中,既要注重单个指标的内涵准确,也要注重指标体系的系统性和全面性。鉴于我国人力资源服务的具体业务目前仍比较单一，而其未来发展则呈现多元化趋势，人力资源服务业发展状况水平指标体系应既可以描述其现有功能和业务，又可以对未来发展作出指示。这就决定了人力资源服务业发展水平评价指标体系并非若干单一指标的简单结构，而应保持完整的系统性，指标间必须相辅相成，从不同层次、不同角度对不同地区人力资源服务业发展的实际状况作出综合反映。

（4）综合考虑可比性与可操作性。人力资源服务业发展水平评价指标体系的一个重要目的是提供不同地区人力资源服务业的发展状况，这就要求设计中必须考虑评价结果在不同地区之间的横向可比性和动态可比性。横向可比性使得指标使用者可以对比不同地区的人力资源服务业发展水平，据此，指标使用者对某个具体省份的人力资源服务业发展水平能有更全面的认识；而动态可比性则能使指标使用者对比一个地区不同年份人力资源服务业的发展水平，据此，指标使用者可以评价一个地区人力资源服务业发展趋势。与此同时，指标体系设计时还要充分顾及数据可得性与可操作性。对于某些特别重要而又无法直接采集数据的指标，应根据尽可能多的信息进行估计或采取替代的指标，而且所选择的指标内容应易于理解，不能有歧义，以确保所构建的人力资源服务业发展水平评价指标体系能够准确而方便地计算并应用。

（5）兼顾结构稳定性与灵活性。人力资源服务业发展水平评价指标体系所包含的指标不宜频繁变化，以保证评估结果的解释具有一定的持续性与动态可比性，然而又不能将指标体系依据的指标及其权重僵化对待，应保持一定的灵活性。因为随着经济的发展，人力资源服务业的发展可能出现新的变化，国家也可能对人力资源服务业的发展提出新的目标和要求，而这些变化、目标和要求要根据具体的情况进行适当的调整。为了准确、客观反映全国各地人力资源服务业发展水平，人力资源服务业发展水平评价指标体系所囊括的指标，应与人力资源服务业的发展变化趋势和国家的产业政策、目标相适应，能够在不同的阶段进行适当的调整。

（6）指标体系透明、构成简单。人力资源服务业发展水平评价指标体系构建的指标选择原则、权重确定原则，均在科学性与可操作性的指导下进行。同时，应采用比较简单直观的计算方法，避免过于复杂、难以理解的方法。此外,指数编制的方法是公开的,以便政府及相关研究部门的工作人员对人力资源服务业发展状况问题进行协同研究,为人力资源服务业的健康快速发展奠定坚实的群众基础。

3. 人力资源服务业发展状况评价指标体系的构建

(1)指标介绍

根据人力资源服务业所包含的业务范围,结合人力资源服务业发展水平评价指标体系构建的原则,并参照竞争力评价理论的相关内容,本节从两个方面为人力资源服务业发展水平评价指标体系选取指标,分别是人力资源服务业发展现状和人力资源服务业发展潜力。每个方面都包含若干具体的指标,具体见表2-2-1。

表 2-2-1　人力资源服务业发展水平评价指标说明

		指标	说明
发展现状	发展规模	人力资源服务业增加值比重	人力资源服务业增加值/GDP
		人均人力资源服务业增加值	人力资源服务业增加值/总人口
		人力资源服务业从业人数	无
		人力资源服务业生产率	人力资源服务业增加值/人力资源服务业从业人员数量
	发展速度	人力资源服务业增加值增速	当年人力资源服务业增加值/上年人力资源服务业产值-1
		人力资源服务业从业人员数量增速	当年人力资源服务业从业人员数量/上年人力资源服务业从业人员数量-1
发展潜力		人均国内生产总值	GDP/总人口
		城镇化率	城镇人口数量/总人口
		第二产业增加值比重	第二产业增加值/GDP
		居民人均消费性支出	无
		利用外资情况	当年实际利用外资总额
		城镇居民储蓄余额	无

人力资源服务业发展现状主要反映的是一个地区现有人力资源服务业发展的状况,具体包括两部分:发展规模和发展速度。人力资源服务业发展

规模主要包括人力资源服务业的产值、从业人员情况和生产效率,这是对一个地区人力资源服务业静态发展状况最直接的说明。其中人力资源服务业增加值占 GDP 比重是最为直观的一个指标,它清楚地反映了人力资源服务业在整个国民经济中所占的比重;人均人力资源服务业增加值反映了该地区人均占有的人力资源服务产品;人力资源服务业从业人数从从业人员的角度反映了人力资源服务业的规模;人力资源服务业生产率反映了一个地区人力资源服务行业的生产效率,是对该地区人力资源服务业服务质量的描述。人力资源服务业发展速度主要反映了一个地区人力资源服务业的增长情况,有的地区可能在总量指标上占优势,但增长缓慢,最终还是会被后进高增长的地区所超越,因此人力资源服务业发展速度也是我们需要考虑的重要方面,它是对一个地区人力资源服务业动态发展状况最直接的说明。两个具体指标都是增速指标,分别反映了人力资源服务业增加值和人力资源服务业就业人员数量的增长速度。

人力资源服务业发展潜力指标主要反映了一个地区人力资源服务业未来的可能发展状况,这些指标虽与人力资源服务业不直接相关,但却很好地说明了一个地区未来的发展潜力。人均 GDP 反映了一个地区的整体经济发展水平,相关经济理论指出随着一个地区的经济发展,其产业结构也在发生着变化,从业人口和资源逐渐从第一、第二产业向第三产业转移。考虑到中国整体的经济发展水平,中国应该处于人口和资源大规模向第二产业转移、部分地区向第三产业转移的阶段,人力资源服务业是第三产业的分支,因此当一个地区人均 GDP 水平较高时,预示着其第三产业将会迎来巨大的发展空间,人力资源服务业也将从中受益,反之人力资源服务业的发展仍会受到人口和资源的限制。城镇化率是一个反映地区居民结构的指标,城镇化率高,说明人口更加集中在少数地区,更加集中的人口会促进包括人力资源服务业在内的现代服务业的发展;此外,城镇化率高意味着更多的农民离开土地进入城镇,这部分农民的流动会带来对人力资源服务的需求。第二产业增加值占 GDP 的比重描述了一个地区产业结构的现状,当一个地区第二产业较为发达时,意味着这个地区会更早开始产业的升级,资源和要素将从第二产业流向第三产业,人力资源服务业将从这个过程中受益,反之则说明这一地区产业结构落后,服务业快速发展的阶段远未到来。居民人均消费性支出反映了一个地区的消费状况,消费多的地区第三产业更为发达,居民的消费将会刺激包括人力资源服务业在内的现代服务业的发展。利用外资情况反映了一个地区对外开放程度,人力资源服务业在国内属于朝阳产业,但在发达国家属于比较成熟的产业,向发达国家学习人力资源服务业发展的经验可以帮助国内的人力资源服务企业快速成长并提供专业化的服务,引入外资就是很重要的学习途径。城镇居民储蓄余额反映了一个地区的投资潜力,任何行业的发展都离不开投资,人力资源服务业也会从一个地区巨大的投资潜力中受益。

(2)数据的说明与处理

受限于数据的可获得性,本章进行人力资源服务业发展水平评价的数据均为 2016 年的数据,数据来源为国家统计年鉴、各地方的统计年鉴以及人力资源和社会保障部门的有关公报①。

4. 评价分析

上述指标体系包含了众多具体指标,根据每个单项指标对全国各地进行排名都能得到一个排序,而综合评价需要综合考虑所有这些指标对各省的人力资源服务业发展水平进行评价和排序,本书采取降维的思想把多个指标转换成较少的几个互不相关的综合指标,从而使得研究变得简单。本书将采用主成分分析,选取特征值大于 1 的主成分,再根据主成分各自的权重通过加总得到一个综合的主成分,我们以综合的主成分表示各地区人力资源服务业发展水平,最后根据综合主成分的得分为不同地区的人力资源服务业发展水平排序。

(三) 人力资源服务业发展状况的评价结果

本节将采用主成分分析法,针对上述指标体系基于搜集的 2016 年数据进行主成分分析,来综合评判各地的人力资源服务业发展水平。具体操作

---

① 需要说明的是,国家统计局现有的行业分类中是没有人力资源服务业的,人力资源服务业的统计散布于不同行业类别中,例如商业服务业中包含了人力资源服务业的企业管理、咨询与调查及职业中介服务等;教育中包含了人力资源服务业的培训服务等。除少部分省份对于人力资源服务业进行了专项统计外,本书所主要采用的关于人力资源服务业的数据是从相关行业数据中筛选提取出来的,是一种近似的代替。

过程不再赘述,根据此方法,我们可以计算不同地区主成分得分,并依据得分情况进行排序,得分及排序情况见表2-2-2。

表2-2-2 各地区综合主成分得分情况及排序一览表

地区	综合得分	2016年排名	分类
上海	3.937756	1	A
广东	2.700460	2	A
北京	2.657559	3	A
江苏	2.423261	4	A
浙江	1.742241	5	A
山东	1.159872	6	A
天津	0.999402	7	B
湖北	0.474863	8	B
福建	0.408274	9	B
河南	0.336271	10	B
重庆	0.028306	11	B
辽宁	-0.132368	12	C
湖南	-0.167468	13	C
安徽	-0.189517	14	C
河北	-0.245217	15	C
四川	-0.264105	16	C
江西	-0.356458	17	C
吉林	-0.596941	18	C
黑龙江	-0.607481	19	C
内蒙古	-0.615087	20	C
陕西	-0.628710	21	C
青海	-0.973762	22	C
山西	-1.027472	23	D
贵州	-1.086389	24	D
海南	-1.104336	25	D
新疆	-1.249654	26	D
云南	-1.391367	27	D
宁夏	-1.406607	28	D

续表

地区	综合得分	2016 年排名	分类
广西	−1.549120	29	D
甘肃	−1.584200	30	D
西藏	−1.691976	31	D

　　表 2-2-2 直观地显示了各地区综合的主成分得分情况,上海、广东、北京、江苏、浙江、山东这 6 个省市的得分均在 1 以上,上海仍然独占鳌头,且领先优势较为明显,广东、北京、江苏紧追其后且得分较为接近,浙江、山东 2 省在这 6 个地区中排名相对靠后;有 20 个省区市的得分在 0 以下,分布呈现出了明显的层次性差异,尤其是西藏的得分依然落后于其他省区市位居末席,可以看出该地区的人力资源服务业发展水平虽有进步,但仍落后于全国其他地区。

　　本书按照综合的主成分得分大小进一步对各省区市进行分类,其中得分 1.0 及以上的为 A 类,0—1.0 分为 B 类,−1.0—0 分为 C 类,−1.0 分以下为 D 类,表 2-2-2 第四列显示了这一分类的结果。上海、广东、北京、江苏、浙江、山东 6 个省市属于 A 类地区;天津、湖北、福建、河南、重庆 5 个省市属于 B 类地区;辽宁、湖南、安徽、河北、四川、江西、吉林、黑龙江、内蒙古、陕西、青海 11 个省/自治区属于 C 类地区;山西、贵州、海南、新疆、云南、宁夏、广西、甘肃、西藏 9 个省/自治区属于 D 类地区。为便于进一步分析,本书按国家地区划分标准分别统计了不同区位的省区市分类情况,得到表2-2-3。

表 2-2-3　不同地区省区市分类情况一览表

地区	A	B	C	D
东部	6	2	2	1
中部	0	2	5	1
西部	0	1	4	7

　　表 2-2-3 所显示的分布情况可以更为直观地展示排序结果,东部地区

的绝大部分省市都属于 A、B 两类,中部地区的省区基本集中于 B、C 两类,西部地区的绝大部分省区市都属于 C、D 两类。该表说明我国各地区的人力资源服务业发展水平也呈现出明显的东、中、西部水平差异,东部地区省市的人力资源服务业发展水平明显优于其他地区,这种水平优势不仅体现在人力资源服务业发展的现状上,而且体现在人力资源服务业发展的潜力上。相较之下,中部地区的省区大多处于中等的水平,而西部省市区的人力资源服务业发展状况就比较落后了,这种东中西部地区的人力资源服务业强弱格局与各地区在中国经济发展中的现实状况是相契合的。此外,同上一年的分类结果相比,C 类省区的总数有了明显增加而 D 类省区的总数有了明显的减少(尤其是西部省区已有接近一半分布到 B 类、C 类),这也可以从一定程度上看出西部省区市人力资源服务业的发展水平在整体上有了提升。

主成分分析的结果显示了一个地区人力资源服务业发展的水平与该地区的经济地位和产业发达程度密切相关,经济发达、对外开放水平、产业层级较高的地区,人力资源服务业就越发达,反之人力资源服务业发展就越落后。

表 2-2-4 显示了 2014 年、2015 年、2016 年各地人力资源服务业发展水平排名的变化情况。

表 2-2-4 人力资源服务业发展水平排名变化情况一览表

地区	综合得分	2016 年排名	分类	2015 年排名	与 2015 年相比排名变化	2014 年排名
上海	3.937756	1	A	1	0	1
广东	2.700460	2	A	3	+1	3
北京	2.657559	3	A	4	+1	5
江苏	2.423261	4	A	2	−2	2
浙江	1.742241	5	A	7	+2	6
山东	1.159872	6	A	6	0	8
天津	0.999402	7	B	5	−2	4
湖北	0.474863	8	B	15	+7	13
福建	0.408274	9	B	11	+2	9

地区	综合得分	2016年排名	分类	2015年排名	与2015年相比排名变化	2014年排名
河南	0.336271	10	B	10	0	12
重庆	0.028306	11	B	8	−3	10
辽宁	−0.132368	12	C	12	0	7
湖南	−0.167468	13	C	14	+1	14
安徽	−0.189517	14	C	9	−5	20
河北	−0.245217	15	C	20	+5	17
四川	−0.264105	16	C	13	−3	11
江西	−0.356458	17	C	18	+1	19
吉林	−0.596941	18	C	16	−2	18
黑龙江	−0.607481	19	C	19	0	21
内蒙古	−0.615087	20	C	17	−3	16
陕西	−0.628710	21	C	24	+3	15
青海	−0.973762	22	C	26	+4	29
山西	−1.027472	23	D	27	+4	22
贵州	−1.086389	24	D	28	+4	27
海南	−1.104336	25	D	22	−3	25
新疆	−1.249654	26	D	30	+4	28
云南	−1.391367	27	D	23	−4	26
宁夏	−1.406607	28	D	21	−7	24
广西	−1.549120	29	D	25	−4	23
甘肃	−1.584200	30	D	29	−1	30
西藏	−1.691976	31	D	31	0	31

一般情况下,由于受到数据统计口径等因素的影响,4个位次以内的变化我们都可以认为是排名的正常波动,因此根据表2-2-4的结果,2015年到2016年,除了湖北、河北、安徽、宁夏有着较大的排名波动外,其余省市区的排名大都保持稳定,上海、广东、北京、江苏、浙江、山东、天津七省市依然位居最前列的"第一集团"。这一结果一方面说明了本书所用的评价指标体系的合理性和相对稳定性,另一方面也较为符合现实情况,短期内除非有特殊的情况,某个地区人力资源服务业是难以有跨越式发展的,人力资源服

务业的发展与当地经济状况有很大关系，人力资源服务业的发展需要建立在经济发展的基础之上。

在4个排名波动较大的省份中，湖北省的排名上升幅度最大，其排名出现大幅上升的一个关键原因在于湖北省2016年人力资源服务业产值比2015年增长了205%，人力资源服务业增加值增速排名全国第二，远超其他省区市；与此同时，湖北省人力资源服务业从业人数增速也位居全国前列。换句话说，人力资源服务业两项发展速度指标值的迅速增长在很大程度上推动了湖北省排名的上升。湖北省人力资源服务业产值实现大幅增长的关键原因在于湖北省政府的大力扶持。2016年湖北省政府、湖北省人社厅为促进人力资源服务业发展下发了《关于加快人力资源服务业发展的实施意见》(鄂政发〔2016〕73号)、《关于进一步调整和完善全省人力资源服务机构审批管理工作的通知》(鄂人社函〔2016〕180号)、《关于贯彻实施〈湖北省人力资源服务机构等级划分与评定〉地方标准开展人力资源服务机构星级评定工作的通知》(鄂人社发〔2016〕29号)等文件，明确了产业发展目标、具体扶持政策和监管措施，推进了行业行政审批改革、诚信体系建设、队伍建设和地方标准化的实施，并不断搭建供需平台，引进人才，促进就业创业。除人力资源服务业发展速度指标迅速增长之外，湖北省人力资源服务业发展规模指标和发展潜力指标也整体增长迅速，如人均人力资源服务业增加值、人均国内生产总值等指标均已经达到全国第十名左右的水准。湖北省排名的上升不只是得益于发展速度指标的提升，还受益于整个产业的持续性积累与发展。

河北省的排名上升幅度仅次于湖北省。与湖北省类似，河北省排名出现大幅上升的一个关键原因在于河北省2016年人力资源服务业产值比2015年增长了48.93%，人力资源服务业增加值增速位于全国前列。出现这种大幅增长的原因可能有很多，一方面这与2016年河北省政府颁布的一系列政策意见有着密切关系，如河北省委、省政府印发《关于深化人才发展体制机制改革的实施意见》，明确"安排专项资金扶持人力资源服务业发展"；省人社厅发布《关于放宽人力资源市场准入条件　规范行政许可程序的通知》等文件，对市场准入、行政审批、监督检查、统计报告等工作进行规范。在这些政策意见的指导下，各级政府不断简政放权、改进管理，优化营商发展环境,激发市场活力,不断推动发展人力资源高端服务,并推动石家庄、唐山、张家口等地的人力资源服务产业园建设。另一方面,河北地处环渤海的京津冀地带,与人力资源服务业发展水平很高的北京、天津邻近,自然地,人力资源服务业的发展在一定程度上也受惠于两市产生的溢出效应。与此同时,河北省政府也主动参与构建京津冀三地人力资源服务业合作机制,联合开展"京津冀人力资源服务标准区域协同发展"课题研究和京津冀人力资源服务地方标准的制定工作,积极推进区域内人力资源服务业的统一规范和协同发展。尽管河北人力资源服务业的发展速度迅猛,增长空间较大,但是距离 A 类省市还有明显的档次差距,若想迈入第一梯队,不能仅仅追求增长速度,还应该注重发展的健康性、长期性和持续性积累。

在 2 个排名下跌的省份中,宁夏回族自治区排名跌幅最大,下跌的原因也较为明晰,即 2016 年宁夏人力资源服务业增加值增速为负值,即出现了明显的负增长。作为人力资源服务业发展水平评价指标体系中发展速度的重要指标值,这直接反映了一个地区人力资源服务业的增长状况。若此值为负,说明 2016 年宁夏人力资源服务业的总体发展活力、速度不尽如人意。相应地,宁夏人力资源服务业生产率也伴随着大幅下滑,已滑落至全国最末位。这些反映人力资源服务业发展现状的核心指标出现大幅下滑,势必会影响宁夏回族自治区的排位。这一波动状况的出现,也与长期以来宁夏人力资源服务业发展起步较晚、基础薄弱,高端业态少,地处西部开放程度不高,市场体系不完善有很大关系。

安徽省的排名下跌了 5 位。安徽省排名下跌主要有以下两个方面的原因:一是人力资源服务业发展速度指标增长趋于放缓。具体来看,安徽省人力资源服务业增加值增速已由上年的 113.8%降到了 2016 年的 63.0%,2016 年人力资源服务业从业人数增速 15.6%也只是排到了全国中游的水平。二是反映人力资源服务业发展水平的发展规模与发展潜力的部分指标排名已较为落后,如反映发展规模的人力资源服务业生产率、人力资源服务业增加值比重、人均人力资源服务业增加值,以及反映发展潜力的人均国内生产总值、城镇化率等指标均处于全国后十名的水平。也就是说,一个产业的发展不能只关注发展的速度,产业发展的基础以及未来发展的潜力等均是产业水平的重要组成部分,发展速度指标的快速提升的确能带来短期排名的上升,但若想真正长期跻身于第一梯队,还应注重产业发展的健康性、长期性和持续性积累。

三、评价结果的总结与政策建议

(一)评价结果的比较与讨论

人力资源服务业在中国属于朝阳产业,现代知识经济对人才的重视使得这一产业在国民经济中的地位迅速提升,并引起了人们的广泛关注和重视。国家、政府和社会都希望这一行业能健康、快速发展,为整个国民经济的持续健康发展作出应有的贡献,因此,了解人力资源服务业在不同地区的发展水平就成为实现这一期许的前提。

本节通过设计人力资源服务业发展水平评价指标体系,在搜集 2016 年全国 31 个省区市的相关数据基础上,依托这一指标体系对各地区人力资源服务业发展水平进行了排序、分类,并对相关的数据分析结果进行了阐释与说明。通过这一研究过程,并综合对比前些年的排名结果,我们可以总结出以下认识。

1. 我国人力资源服务业区域性发展差异显著,中西部地区行业发展空间广阔。与我国经济发展水平的区域性差异类似,我国东部、中部和西部地区的人力资源服务业发展水平差距明显。这种差异在未来一段时期内依旧会存在,但会随着不断的发展而逐渐消除。通过对比 2016 年和 2015 年我国各地区人力资源服务业发展水平的排名便可以发现,2016 年 C 类省区的总数有了明显增加而 D 类省区的总数有了明显的减少(尤其是西部省区已有接近一半分布到 B 类、C 类),这也可以从一定程度上看出西部省区市人力资源服务业的发展水平在整体上有了提升。未来我们一方面不能忽视中西部省区市在行业发展中作出的努力,采取多方措施为人力资源服务业发展创造更好的环境与空间,不断提升其发展速度;另一方面也要总结东部省市在人力资源服务业发展中的经验教训,注重行业的可持续性发展与长期积累,而不仅仅是追求行业发展的高增速。

2. 应正确理解地区人力资源服务业的发展与经济发展间的相互协同关系。一方面,地区经济发展水平对人力资源服务业发展有着基础性的影响,它为人力资源服务的开展提供了广阔的空间(包括平台与需求);另一方面,人力资源服务业的发展又会对地区产业结构的优化与调整,增加地区人口的就业数量、提升企业运行效率产生积极影响,进而促进地区经济的发展。换句话说,人力资源服务业的发展并不是孤立的,一个地区的经济发展水平可以反衬出产业发展的未来潜力,反映在本书中就是指标体系中人力资源服务业发展现状和人力资源服务业发展潜力两部分指标相辅相成,缺一不可。

3. 对于人力资源服务业的发展来讲,政府积极、及时的政策扶持与宏观调控是至关重要的。政府若大力完善相关产业政策、优化环境、增强监管、提升服务,如明确产业发展目标、具体扶持政策和监管措施,推动人才队伍建设和地方标准化的实施,搭建供需平台,引进人才等一些具体措施的推行,对于一个地区人力资源服务业的发展(尤其是发展速度指标)起到极大的促进作用。近些年一些省份排名的大幅上升,与政府的大力扶植与关注密不可分。

4. 人力资源服务业的发展不能只关注发展的速度,产业发展的基础以及未来发展的潜力等均是产业水平的重要组成部分,发展速度指标的快速提升的确能带来某一地区短期排名的上升,但若想真正长期跻身于第一梯队,还应注重产业发展的健康性、长期性和持续性积累。湖北省 2016 年的稳步提升以及安徽省 2015 年、2016 年的排名波动都很好地说明了这一点。

5. 目前来看,人力资源服务业发展水平较高地区的辐射带动作用尚未充分发挥,未来需进一步关注地区间行业互动机制的建立。本章研究的意义之一在于可以让各地区直观了解目前人力资源服务业的发展水平,摆正位置,更好地树立学习标杆、向行业发展较好的地区借鉴与学习。排名大幅上升的河北省主动参与构建京津冀三地人力资源服务业合作机制,联合开展"京津冀人力资源服务标准区域协同发展"课题研究和京津冀人力资源服务地方标准的制定工作,积极推进区域内人力资源服务业的统一规范和协同发展,取得了明显的成效。

(二) 政策建议

基于本书所构建的人力资源服务业发展水平评价指标体系以及以此为

依托而计算出的近些年各地区人力资源服务业发展水平排名结果,吸取排名靠前地区人力资源服务业发展的先进经验与做法,在综合考虑产业发展与区域发展相结合的背景下,本书提出以下政策建议。

1. 各省、自治区、直辖市人力资源服务业的发展目标应依据其经济发展状况而定,产业发展的相关政策也应与当地整体的社会经济发展政策相吻合,不能脱离现实而盲目追求产业发展的高速度。自 2014 年《关于加快发展人力资源服务业的意见》首次从国家层面对发展人力资源服务业作出全面部署以来,各省也相继出台了关于加快人力资源服务业发展的实施意见,支持人力资源服务业的发展。从近两年各地区人力资源服务业发展水平的实际排名结果来看,一些省区市在科学的发展目标和政策支撑下产业发展取得了长足的进步。总结其经验,重要的一点在于地方政府在发展人力资源服务业时,不能孤立地只从产业出发制定发展目标与发展政策,还应综合考虑地方的经济社会发展水平以及相关的发展政策,不能单单追求产业发展的高速度。《中国人力资源服务业蓝皮书 2016》一书也基于实证研究发现,各地区人力资源服务业发展水平与其经济社会发展水平密切相关。人力资源服务业作为现代服务业的组成部分,其主要意义就是服务于经济社会的发展,尤其是在当代中国,人力资源服务业还不能起到显著的引领经济社会发展的作用,这就更应将其发展融于经济社会发展的大环境中,避免跨越式的产业推进带来的低效与资源浪费。因此无论是从现实角度还是从理论角度,在理解地区人力资源服务业的发展与经济发展间的相互协同关系基础上,实现人力资源服务业发展的产业政策与经济社会发展政策的有机结合至关重要。

2. 各省、自治区、直辖市政府应在政策层面大力扶持人力资源服务业的发展,不断实现政策的完善化、精准化,保持政策的延续性和平稳性,因地制宜地保证政策实施落地,避免各省间政策条文的相互模仿。首先,需要构建和完善支持人力资源服务业发展的政策体系,在因地制宜的基础上明确人力资源服务业的发展目标、具体的扶持政策以及配套的监管措施;其次,根据"放管服"改革要求,提升和创新监管服务能力,如进一步深化行政审批改革、推进诚信体系建设、推进行业标准化实施、加强行业队伍建设等;再次,充分发挥市场的主体作用,改善人力资源服务业发展的市场环境,鼓励和引导各类人力资源服务机构参与市场中的有序竞争,不断提升人力资源服务机构的竞争力以及相关从业者的素质水平;最后,重视人才的作用,以政策优惠为吸引,依托各类人力资源服务机构搭建供需平台开展各类招才引智活动。

3. 增强各省、自治区、直辖市人力资源服务业发展中的联系与互动,在更高层面上实现产业区域发展的总体布局。尽管本书以省为单位对各地区人力资源服务业发展水平进行了排名,但是这并不意味着各地区人力资源服务业的发展是相互割裂的,反而彼此间存在着很强的依赖性。各地区人力资源服务业在发展中优势互补,彼此学习借鉴,同时人力资源服务业发展水平较高地区应发挥好辐射带动作用,这样才能实现人力资源服务业的有效整合,实现行业的发展壮大。然而目前现实中,各地区人力资源服务业在发展中的联动效应尚未凸显。若想实现这种联动效应,应从以下三个方面着手。第一,以产业集聚为基础,在更高层面上实现产业区域发展的总体布局。目前来看,各省均在积极推进人力资源服务产业园的建设,试图依托已形成的产业发展优势,发挥产业集聚效应。然而依托人力资源服务产业园而形成的产业集聚目前看仍仅局限在某一个城市或者区,尚未在某个区域范围内以点带面形成合力,这就需要未来在更高层面上实现产业区域发展的总体布局,这里的区域选择可以是环渤海、京津冀、长三角、长江沿线,等等。围绕某个区域,合理规划布局,形成集聚优势,提升溢出效应,可成为产业未来发展的重要路径选择。第二,完善各地区间人力资源服务业沟通与协调机制,加强相互间的资源要素共享,发挥行业协会在地区间合作交流中的作用。第三,为各地区间人力资源服务业发展的联系与互动配套以相应的制度保障。

4. 加强人力资源服务业信息统计系统建设。目前人力资源服务业相关实证研究中所面临的最大困难在于统计数据严重不足,仅有的一些统计数据还存在着各省间统计口径差异的问题。制定人力资源服务业发展政策应基于对行业发展状况的精准认识和把握,而目前人力资源服务业统计数据的缺乏使得决策者在制定相关政策时更多地依赖自己的主观经验和主观判断,这种对于行业发展认识的模糊性直接降低了决策的科学性和准确性。因此,未来将人力资源服务业作为一个独立的行业门类,纳入国民经济统计的范畴,定期公布相关统计数据就显得尤为重要。一方面这有利于相关研究者在深入处理相关数据信息的基础上构建更为科学合理的行业发展水平/竞争力评价体系和机制,深入了解行业发展状况;另一方面可以为人力资源服务机构制定自身的发展规划、人力资源服务业主管部门制定和优化政策提供依据。人力资源服务业信息统计系统的建立并不是一朝一夕的,需要投入大量的精力和时间,但这对于行业的长远健康发展具有十分重大的意义,应成为未来一个重要的政策着力点。

第三章　人力资源服务企业竞争力分析

【内容摘要】

作为人力资源服务体系的重要组成部分,人力资源服务企业已成为现代服务业的新兴增长点。为了进一步提升我国人力资源服务企业竞争力,推动我国人力资源服务企业有序发展,本章对人力资源服务企业竞争力进行了深入分析。本章在回顾相关研究的基础之上,构建出人力资源服务企业竞争力评价指标体系,并运用人力资源和社会保障部评选的全国人力资源诚信服务示范机构的相关数据,选取95家具有代表性的样本企业,采取主成分分析的方法,对企业竞争力进行了综合排名。最后,本章在对我国人力资源服务企业发展现状作出总体性把握的基础上,对企业间竞争力差异的原因进行进一步分析,并提出了相关建议。

Chapter 3　Analysis of Competitiveness of Human Resources Service Enterprises

【Abstract】

As an important part of the human resources service system, human resource service enterprises have become a growth point of the modern service industry. In order to further enhance the competitiveness of China's human resources service enterprises and promote the development of China's human resources service enterprises orderly, this chapter has conducted an in-depth analysis of the competitiveness of human resources service enterprises. Based on reviewing relevant research, this chapter has built an evaluation index system for human resources service enterprise competitiveness, and uses the relevant data of the National Human Resources Integrity Service Demonstration Organization selected by the Ministry of Human Resources and Social Security. We selected 95 sample companies and adopted a principal component analysis method to comprehensively rank the competitiveness of enterprises. Finally, based on the overall situation of the development of China's human resources service enterprises, this chapter further analyzes the reasons for the differences in competitiveness between enterprises, and puts forward relevant suggestions.

一、研究背景及意义

（一）研究背景

在我国，人力资源服务体系可划分为两个层次：一是以政府为主导的公共服务体系；二是以企业为主体的经营性服务体系。其中，人力资源服务企业是经营性服务体系的主体，是指从事人力资源服务行业的，为劳动者就业和职业发展、为用人单位管理和开发人力资源提供相关服务的企业，其业务范围广泛，主要包括多渠道招聘、职业指导、人力资源和社会保障事务代理、人力资源培训、人才测评和技能鉴定、劳务派遣、高级人才寻访（猎头）、人力资源外包服务、人力资源管理咨询、人力资源管理软件服务等多种业务，具有基础性、引领性、溢出性和高成长性等基本特征。

我国的人力资源服务业从产生到现在已有 30 余年的历史。30 余年间，人力资源作为现代企业发展的"第一资源"与核心竞争力的地位日趋被现代企业管理者所广泛熟知，人力资源服务业也因其蓬勃的发展态势成为服务业中的"朝阳产业"。其中，以企业为主体的经营性人力资源服务主体即人力资源服务企业以市场机制为基础，为用人单位和劳动者两大供求主体提供相应的人力资源服务，满足其多方面的人力资源需求，有效地帮助用人单位提升人力资源管理的效率与质量、降低生产成本、提高劳动生产率，也有力地推动了劳动者就业能力的提升和职业生涯的发展；与此同时，其也在我国整体劳动力市场的人力资源有效开发与配置、产业结构的转型与升级过程中发挥了不可替代的作用。

当前，人力资源服务企业已成为现代服务业的新兴增长点。近年来，我国人力资源服务企业发展迅速，人力资源服务内容渐趋丰富，服务领域日益拓展。根据人力资源和社会保障部相关数据显示，2017年人力资源服务外包、人力资源培训、人力资源管理咨询、高级人才寻访等业务同比分别增长7.6%、14.3%、12.8%、11.9%，新兴业态增长迅速，人力资源市场服务能力进一步提升，人力资源服务企业保持着良好的发展势头。

伴随着我国宏观经济稳步增长、产业结构有序升级的背景，我国的人力资源服务企业迎来了一系列的发展机遇。首先，国家政策大力支持人力资源服务企业发展。2016年3月，中共中央印发《关于深化人才发展体制机制改革的意见》，突出强调了人力资源服务业在人才市场化配置中的地位和作用。2017年10月，为贯彻落实国务院《"十三五"促进就业规划》《关于做好当前和今后一段时期就业创业工作的意见》，国家人力资源和社会保障部印发《人力资源服务业发展行动计划》，提出"到2020年，基本建立专业化、信息化、产业化、国际化的人力资源服务体系，实现公共服务有效保障、经营性服务逐步壮大，服务就业创业与人力资源开发配置能力显著提高，人力资源服务业对经济增长贡献率稳步提升"，为我国人力资源企业的发展提供了美好蓝图和发展目标。除此之外，党的十九大报告所指出的"深化供给侧结构性改革""推动互联网、大数据、人工智能和实体经济深度融合，在中高端消费、创新引领、绿色低碳、共享经济、现代供应链、人力资本服务等领域培育新增长点、形成新动能。支持传统产业优化升级，加快发展现代服务业，瞄准国际标准提高水平"等，都为我国人力资源服务企业的转型升级提供了方向指引和政策保障。其次，当前我国的人力资源服务市场逐渐成熟，公众对于人力资源服务的需求日趋旺盛。一方面，从服务内容和服务领域来看，我国人力资源服务企业日益呈现出多层次、多元化的发展趋势，与此同时，服务领域也逐渐由提供招聘服务、人事代理、档案管理等传统模式向包含人力资源管理咨询、人才测评、高级人才寻访等在内的多层次、分类别、多样化的模式拓展；另一方面，伴随着市场体系的日趋成熟和人力资源服务链的渐趋完善，市场对于人力资源服务的需求也不断增大，不论是用人单位还是求职者均释放出极大的市场需求，市场空间进一步拓展，为人力资源服务企业的发展提供了新的契机。

但与此同时,我国人力资源服务企业的可持续发展仍面临着诸多挑战,突出表现为我国人力资源服务企业整体竞争力水平仍较低。首先,当前我国人力资源服务企业的专业化水平仍然较低,服务层次和技术含量偏低,服务内容以中低端为主,缺乏高端服务业务。一方面,人力资源服务企业所提供的专业服务主要集中在人才招聘、派遣、行政事务代理等初级服务上,管理咨询、教育培训、职能外包等,高端服务还比较薄弱;另一方面,大部分人力资源企业研发能力不足,产品缺乏个性,同质化严重。其次,人才服务队伍的素质有待于进一步提高,当前,我国人力资源服务企业仍属于新兴行业,高素质、专业化人才储备不足、人才供给结构不合理、从业人员整体素质不高,制约了人力资源服务企业竞争力的提高。最后,企业品牌知晓度较低。相比于国外成功的人力资源服务企业,我国缺乏优秀的人力资源服务企业本土品牌,品牌知名度相对较低。各人力资源服务企业品牌意识不足,缺乏对自身品牌的培育和品牌形象的建设,品牌影响力相对匮乏。

(二) 研究意义

在我国,人力资源服务业是一个新兴行业,人力资源服务企业的发展也仍处于"初级阶段"。在这样的背景下,对于我国人力资源服务企业的竞争力进行整体分析,不仅有利于从宏观层面了解人力资源服务企业的整体发展情况,更有助于针对其竞争力短板提出建议,从而为人力资源服务企业的良性运转和我国服务业发展的转型升级提供可借鉴的经验。

1. 了解人力资源服务企业的整体发展情况

人力资源服务企业是人力资源服务业的重要组成部分,其发展情况对于我国现代服务业的可持续发展意义非凡。当前,我国人力资源服务企业处于发展初期,对于其总体发展程度和发展态势把握不足,很容易造成决策失误,影响行业的整体进步。因此,只有对其竞争力等行业内部情况进行精准把握与深入分析,才能做到有的放矢,真正制定出有利于产业协调发展的产业政策。

2. 促进人力资源服务企业转型升级

当前,人力资源服务业全面融入国民经济总体格局,人力资源服务企业的发展对于国民经济的平稳运行意义重大。本章在对我国当前人力资源服务企业竞争力情况进行总体分析的过程中,旨在通过对典型人力资源服务企业案例进行对比评价的基础上,对于竞争力差异的原因进行深入探讨,从而为促进我国人力资源服务企业的转型升级和我国服务业产业现代化提供可借鉴的经验,也为政府人力资源服务业的产业政策制定及私人部门的投资决策提供科学、合理的参考。

二、人力资源服务企业竞争力相关文献综述

近年来,作为现代服务业重要形态之一的人力资源服务业,吸引了诸多学者的关注,相关研究层出不穷。大多数学者在对人力资源服务业进行研究的同时,重点关注了人力资源服务企业的发展,对于人力资源服务企业的发展现状、成长特点、未来趋势等内容,提出了自己的看法与论断。

作为国内较早研究人力资源服务业的学者之一,汪怿(2007)在对国外人力资源服务业进行研究时提出,国外人力资源服务业已具备知识化、专业化、综合化、信息化和全球化等特点,已成为国家服务经济的重要组成部分;而与国外相对比,我国的人力资源服务企业呈现出总体实力不足、服务发展不均衡、服务体系不完善、市场化程度不高、企业治理不健全等问题,与国外人力资源服务企业仍存在着较大的差距[1]。来有为(2010)在对我国人力资源服务业发展的新特点进行研究时,也提出当前我国人力资源服务业专业化程度低,企业规模小,面临着一些亟待解决的体制性问题和障碍性因素。尽快解决制约我国人力资源服务业发展的突出矛盾和问题是推动实现人力资源服务业产业化、规模化的关键所在[2]。

董小华(2012)重点讨论了首都人力资源服务业的产业化问题,其在对首都人力资源服务业相关数据进行分析的基础上提出,目前首都人力资源服务业的产业化特征初步显现、服务体系渐趋完善、规范化和国际化水平有所提升,但人力资源服务企业尤其是小微企业的发展仍面临着诸多瓶颈,政府需对其进行专项支持和引导[3]。来有为(2017)在对当前我国人力资源服

---

① 汪怿:《人力资源服务业支撑上海全球科技创新中心建设策略研究》,《科学发展》2017 年第 4 期。

② 来有为:《人力资源服务业发展的新特点与政策建议》,《发展研究》2010 年第 5 期。

③ 董小华:《加快首都人力资源服务业产业化发展》,《中国人力资源开发》2012 年第 2 期。

务业发展所面临的新机遇进行总结的基础上,重点论述了新时代推动我国人力资源服务业发展的政策选择①。王文静(2016)通过对60家人力资源服务企业进行问卷调查,发现当前我国人力资源服务企业面临着低资质企业扰乱市场秩序、同质服务竞争激烈、企业创新能力弱,以及小微企业从传统业务向高端业务转型困难等难题,同时部分企业也存在人工成本攀升、"营改增"加大税收负担等压力②。

综合各位学者的研究成果来看,当前我国人力资源服务业尤其是人力资源服务企业的发展呈现出初步专业化、体系化、产业化、国际化等特点,但在发展规模与发展层次等方面仍存在着诸多弱势,与国外发达国家的人力资源企业相比,在竞争力方面,仍存在着较大差距。认识我国人力资源服务企业竞争力的不足、提高新时代下我国人力资源服务企业的竞争力均是当前学界所必须回答的时代课题。

长期以来,由于受政府管理的影响,我国人力资源服务业的市场作用并不明显。而回顾该领域的相关研究,可以发现,大多数的研究都集中在宏观层面,笼统探讨人力资源公共服务体系与经营性服务体系所面临的机遇及挑战,很少有直接针对人力资源服务企业的分析和研究,对于人力资源服务业市场化所面临的问题及作用的探讨相对缺失。除此之外,前人的研究大多是以宏观数据为基础,缺少从企业层面的微观分析,不利于发现企业自身所存在的问题。本研究通过构建指标体系,对企业微观数据进行分析,并对样本企业进行综合对比排名,有利于发现企业竞争力的存在的具体问题,并有的放矢地提出政策参考,具有一定的创新意义和研究价值。

三、人力资源服务企业竞争力评价指标体系研究

(一) 构建的目的与原则

人力资源服务企业竞争力评价是对当前我国人力资源服务企业的综合

---

① 来有为:《新时代推动我国人力资源服务业转型升级的政策选择》,《西部论坛》2017年第6期。

② 王文静:《我国人力资源服务企业发展现状、存在问题及对策——基于企业问卷的调查分析》,《中国劳动》2016年第18期。

能力的一种全面分析和测评,其指标体系也是反映一个复杂的系统的由多个指标所组成的统计指标群,其遵循着一定的构建目的和构建原则。

任何指标体系的构建,都是为了适应特定的功能需求而进行的,人力资源服务企业竞争力的评价指标体系也不例外,其构建的目的在于:一是反映我国当前人力资源服务企业的发展现状。当前学界研究多集中在从宏观层面探讨人力资源服务业的发展,而缺少从微观视角对人力资源服务企业的具体情况进行研究,以至于难以对于当前人力资源服务企业的发展现状做到准确和清晰的把握。构建人力资源服务企业竞争力评价指标体系的核心目标在于如实客观地反映当前我国人力资源服务企业的发展现状,从而为政府部门相关产业发展政策和私人部门发展战略的制定提供客观真实的数据支持。为此,本书在指标构建方面会全面考虑各方面因素,在梳理相关文献的基础上,加以甄别。二是在于鲜明体现人力资源服务企业的发展方向,充分发挥引领性和指导性的作用。尽管当前我国人力资源服务企业保持着稳步增长的良性发展态势,但在企业规模、专业化程度、员工素质等方面仍与发达国家存在着巨大差距。一个科学的行业竞争力的评价指标体系必然要能够充分体现行业发展的鲜明特点,并发挥出一定的引导和指导作用,为该行业的健康、可持续发展指明方向,铺就道路。因此,本书在构建评价指标体系的过程中,将充分考虑未来国际国内人力资源服务企业发展的趋势和导向,选取与提升人力资源服务企业竞争力关系最为密切的指标。

与此同时,作为由多个指标共同构成的复杂的统计指标群,人力资源服务企业竞争力评价指标体系也应该坚持一定的构建原则。

1. 坚持科学性与系统性相结合的设计理念

指标体系的信度与效度很大程度上取决于指标选取和指标体系设计的科学性。人力资源服务企业竞争力的评价指标需要在把握人力资源服务企业发展特点的基础上,结合竞争力评价的相关理论与研究,兼顾人力资源服务企业的发展动向,从企业竞争力的影响要素角度入手,逐级将指标进行细化,确保各个指标内涵明确,彼此独立,能够客观真实地反映企业竞争力的实际状况。与此同时,人力资源服务企业竞争力评价指标体系构建的过程中,也要注重指标体系的系统性,尽可能全面反映企业的竞争力情况,防止片面性,努力做到各指标之间相互联系,各有侧重。

2. 兼顾全面性与可操作性的设计要求

指标体系的设计要尽可能全面合理,一方面,要尽可能全面地选取具有区分度的评价指标,使其最大限度地真实反映人力资源服务企业的本质功能,揭示行业发展的内在规律;另一方面,指标体系的设计也要充分顾及数据的可得性与可操作性,对于某些特别重要而又难以获取数据的指标,应根据尽可能多的信息进行估计或采取可替代的指标。同时,指标的含义要明确,统计范畴、统计口径相一致,核算和综合方法统一,以达到动态可比,保证指标比较结果的合理性、客观性和公正性。

3. 把握动态性与稳定性的设计结构

伴随着经济发展,人力资源服务企业也不断呈现出新特点和新要求,因此,人力资源服务企业评价的指标体系要充分考虑该行业发展变化的动态化特点,保持一定程度的灵活性,能够根据行业的发展和国家产业政策的变化及时作出反应和调整。但与此同时,指标体系不宜频繁变动,其需要在一定时期内保持指标体系的相对稳定性,以使评估结果的解释具有一定的持续性和动态可比性。

(二) 构建的过程与方法

人力资源服务企业属于现代服务业的范畴,尽管当前学界对于人力资源服务企业竞争力的相关研究较为有限,但对于现代服务业企业竞争力的影响因素的相关研究已经较为成熟,具有代表性的理论主要有:八要素理论、四阶段理论、服务利润链理论和顾客价值理论等。

詹姆斯·菲茨西蒙斯(2000)认为,服务业企业竞争力包括八种要素,分别属于结构要素和管理要素。结构要素有传递系统,设施设计,地点,能力规划;管理要素有服务接触,质量,能力和需求的管理,信息。詹姆斯认为服务业企业只有在这八个要素上保证提供稳定的服务,并且能实现预期的战略目标,进而才能体现服务业企业的竞争力。[1]

服务业企业竞争力四阶段理论从服务传递方面的竞争力出发,将服务

---

[1] [美]詹姆斯·A.菲茨西蒙斯:《服务管理:运营、战略和信息技术》,机械工业出版社2000年版,第68—71页。

业企业的竞争力形成分为四个阶段：提供服务、学徒期、获得出众能力、提供世界一流的服务，并从六个维度出发来描述这四个阶段的能力，即服务质量、后台部门、顾客、新技术引进、员工、一线管理者。

服务利润链理论是由美国哈佛大学商学院的詹姆斯·赫斯克特、厄尔·萨塞、伦纳德·施莱辛格等人提出的，该理论认为服务业企业的竞争力体现在利润增长、顾客忠诚度、顾客满意度、顾客获得的产品及服务的价值、员工的能力、员工满意度、员工忠诚度、劳动生产率等方面①。

顾客价值理论是站在顾客的角度来探讨产品或服务的价值，通过让顾客感知企业提供产品或服务的价值来达到满足顾客需求，提高顾客满意度，保持顾客对企业的忠诚，进而影响服务企业的竞争力。顾客价值理论认为，服务业企业不同于一般的制造业企业，服务业产品的生产与消费过程是一个开放的过程，顾客参与到整个过程当中，而服务本身具有不可感知性、不可分离性、品质差异性、不可储存性等特点。顾客与企业之间存在着大量开放的交互过程，在这个交互过程中顾客可以感受自身消费的服务的质量，并与自身所预期的进行对比，感知自己的满意度，决定自己是否要对该服务企业忠诚，进而最终决定企业的竞争力。

何卫、夏伟怀（2017）在对物流行业的竞争力进行评价时，构建了包括服务质量、市场地位、保障能力和综合实力在内的四类评价指标②。

早期学者对于人力资源服务业统计评价的指标设计主要集中在人力资源服务业的基本情况，包括行业总量、单位性质、单位规模、发展情况、服务质量等指标。如学者韩树杰（2008）提出主要从行业总量指标、市场主体指标、服务质量指标、发展空间指标这 4 个主要指标进行评价③。王振、周海旺（2008）等人建立了一套主要基于人才服务企业的基本情况的评价指标，包括单位性质、设立年份、单位规模、发展情况、具体服务内容这 5 个子指标④。

---

① ［美］詹姆斯·赫斯克特、厄尔·萨塞、伦纳德·施莱辛格：《服务利润链》，华夏出版社 2001 年版，第 5 页。

② 何卫、夏伟怀：《快递企业竞争力分析与评价》，《铁道科学与工程学报》2017 年第 11 期。

③ 韩树杰：《我国人力资源服务业的发展现状与趋势》，《中国人力资源开发》2008 年第 1 期。

④ 王振、周海旺：《上海人力资源发展报告》，上海社会科学院出版社 2008 年版，第243—248 页。

近几年我国人社部发布了人力资源服务统计报表制度,这是现有文献中唯一一份官方性质的人力资源服务业统计指标体系,具有一定的权威性。其评价指标主要集中在从业人员、服务对象(企业和个人)和信息化水平三个方面。

与之相比,萧鸣政、郭丽娟、李栋主编的《中国人力资源服务业白皮书2013》中设计出的人力资源服务业统计指标体系则更为全面。该体系从2个第一维度行业总量指标、行业分项指标,9个第二维度即行业总量指标细分为机构数量、从业人员数量、营业收入总额、行业贡献率这4个二级维度,行业分项指标细分为机构总体状况、从业人员状况、财务指标状况、服务业态状况、其他这5个二级维度。①

另一份较具有代表性的统计评价指标体系为余兴安设计的人力资源服务业发展评价指标。该指标体系在考察人力资源服务业的发展情况的同时,也是对现有人力资源服务行业运行情况的考核。这一指标体系的5个评价维度分别是发展制度环境维度、发展资源潜力维度、发展规模结构维度、服务质量创新维度、服务效率效益维度。其贡献主要在于关注人力资源服务业的发展潜力,在发展制度环境、发展潜力和服务质量创新等方面的研究具有一定的借鉴意义。②

总结上述关于现代服务业竞争力和人力资源服务业评价指标的相关成果,可以得出人力资源服务企业竞争力评价分析的基本思路和基本框架。对人力资源服务企业竞争力情况进行全面、系统的评价,就必须从企业发展规模、企业服务质量、企业从业人员状况、企业财务运营状况等维度出发对其进行综合考量,由浅入深、由表及里地进行分析。

(三) 构建的结果与分析

1. 指标介绍

根据人力资源服务企业自身的特点及发展趋势,结合现代服务业绩人

---

① 萧鸣政、郭丽娟、李栋:《中国人力资源服务业白皮书 2013》,人民出版社 2014 年版,第 304—314 页。

② 余兴安:《人力资源蓝皮书——中国人力资源发展报告 2014》,社会科学文献出版社 2014 年版,第 192—209 页。

力资源服务业竞争力评价指标的相关理论成果,参考官方评价体系,同时坚持评价指标体系构建的目标和原则,本书从从业人员状况、财务运行状况、服务质量状况、企业声誉状况等四个维度出发,构建人力资源服务企业竞争力评价指标体系,每个维度均包含具体指标,详细情况参见表2-3-1。

表2-3-1　人力资源服务企业竞争力指标说明

一级指标	二级指标	具体说明
从业人员状况	从业人员数量	无
	从业人员学历水平	从业人员取得本科及以上学历人数
	从业人员专业资质水平	从业人员取得职业资格人数
财务运行状况	营业收入	2017年度营业收入
	总资产	2017年度总资产数目
服务质量状况	服务人员数量	无
	服务单位数量	无
企业声誉状况	所获社会荣誉数量	自成立以来所获得省级以上荣誉数量
	经营时间	无

　　人力资源服务企业隶属于现代服务业的范畴,对于其竞争力的衡量不仅仅要体现出其作为企业在企业经营、组织声誉等方面的情况,更要体现出其作为现代服务业的重要组成部分在从业人员、服务质量等方面的相关特色。因此,本书主要从从业人员状况、财务运行状况、服务质量状况、企业声誉状况四个方面对其进行测量。其中,在从业人员方面,本书认为从业人员的数量、学历水平、专业资质水平能够充分体现出作为企业竞争力重要组成部分之一的从业人员规模及素质,因而本书分别选取了取得本科及以上学历人数和取得职业资格人数对学历水平与专业资质水平进行衡量;对于财务运行状况,本书认为营业收入和总资产情况是对企业财务运行情况最为直观的展现和描述,故本书采用了2017年度营业收入和总资产数目对其进行测量;对于服务质量状况,本书认为尽管服务人员数量和服务单位数量并不能直接反映出服务质量情况,但服务人数和单位数量较多的企业显然相对于服务数量较少的企业拥有更多的客户,潜在反映出其也拥有相对更好

的服务质量和服务口碑,故本书使用服务人员和服务单位数量对服务质量情况进行测量;在企业声誉状况方面,本书认为企业所获的社会荣誉数量能够较好地反映其组织声誉,而经营时间越长的企业往往拥有使其立足和持续发展的良好声誉,故本书选用了这两项指标对企业声誉状况进行测量。

2. 数据处理与说明

在上述指标体系中,每种指标的量纲存在差异,不同量纲的指标之间无法进行运算,因此要先对数据进行标准化处理,处理方式如下:

$$X_i = (x_i - \mu)/\sigma$$

其中,X_i 表示处理后的指标值,x_i 表示指标的原值,μ 表示该指标值的期望,σ 表示该指标的标准差。本书所使用的统计软件会自动完成这一标准化的处理。

3. 评价分析

上述指标体系包含了众多具体指标,根据每个单项指标对样本企业进行排名可以得到一个排序,而综合评价需要综合考虑全部指标,并对所有样本企业进行评价和排序。本章将采用主成分分析的方法,选取特征值大于1的主成分,再根据主成分的各自权重通过加总得到一个综合的主成分,以此表示人力资源服务企业竞争力的相关情况,最后根据综合主成分的得分为所选取的全部样本企业的竞争力情况进行排序。

四、人力资源服务企业竞争力案例检验与分析

(一) 数据来源及样本概况

本研究基于 2017 年度人力资源和社会保障部评选的"全国人力资源诚信服务示范机构"名录,从样本的代表性和数据的完整性出发,进行了进一步的整理和筛选,确定样本企业 95 家,并对其进行了深入分析[①],以期从微观角度完整、清晰地了解和掌握我国人力资源服务企业竞争力现状。本书对于人力资源服务业竞争力的分析主要采取了主成分分析的方法,通过主

---

① 数据来源:《全国人力资源诚信服务示范机构审核意见表》,中华人民共和国人力资源和社会保障部,2017 年 11 月。

成分分析得到各主成分因子载荷量和特征值,并运用各主成分系数等于各主成分因子载荷量除以相应特征值的开平方得出主成分表达式。各主成分乘以相应权重即得到主成分分析综合模型。最后,利用主成分综合模型,可以计算出不同地区主成分得分,并依据得分情况进行排序。由于部分样本企业部分数据有所缺失,本书尽可能通过企业官网等官方渠道进行了数据的补充,部分难以获取的当期数据使用了往年数据进行替换,最大限度地保证了数据的完整性和可靠性。但受制于难以克服的客观原因,本书对人力资源服务企业竞争力的排名仅供参考。

为了清晰地展示样本企业的基本情况,本书从影响该行业的重要维度(机构类型、地域分布、财务信息、人员状况等)入手,对所选取的样本企业进行统计性描述。

1. 样本企业基本情况

(1)企业类型分布情况

企业类型主要是指该企业的法人类型和经济类型,其具体分布情况见表 2-3-2 和图 2-3-1。从企业法人性质角度来看,样本企业中,有限责任公司最多,占全部样本企业的 51.58%;股份有限公司次之,占全部样本企业的 27.37%;国有企业、中外合资、港澳台投资企业相对较少,仅占全部样本量的 5% 左右。基本覆盖企业的全部法人类型,具有一定的代表性。

表 2-3-2　人力资源服务企业样本机构性质分布情况

经济类型	数量	占比
有限责任公司	49	51.58%
股份有限公司	26	27.37%
国有企业	2	2.11%
私有独资	16	16.84%
中外合资	1	1.05%
港澳台投资	1	1.05%

(2)企业地域分布情况

企业地域分布情况主要考察各样本企业在我国各省市的分布情况,具体见表 2-3-3。由表可知,样本企业分布在我国 22 个省级行政区中,覆盖

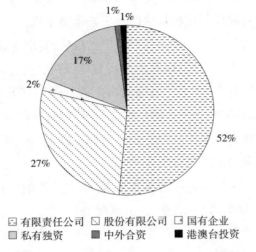

图 2-3-1　人力资源服务企业样本机构性质分布情况

了我国大部分省级行政区。其中,主要集中在山东省、广东省、浙江省、江苏省等东部沿海省份,西部地区及内部地区相对较少,也基本符合我国人力资源服务企业"东多西少"的整体地域分布情况,具有一定的代表性。

表 2-3-3　人力资源服务企业样本地域分布情况

省份	数量	占比
北京市	6	6.32%
福建省	1	1.05%
甘肃省	1	1.05%
广东省	6	6.32%
广西壮族自治区	3	3.16%
河北省	5	5.26%
河南省	4	4.21%
湖北省	6	6.32%
吉林省	2	2.11%
江苏省	8	8.42%
江西省	2	2.11%
辽宁省	6	6.32%
山东省	11	11.58%
陕西省	2	2.11%

续表

省份	数量	占比
上海市	8	8.42%
四川省	7	7.37%
天津市	1	1.05%
西藏	1	1.05%
云南省	1	1.05%
浙江省	9	9.47%
重庆市	5	5.26%

2. 样本企业财务状况

财务状况是一定时期的企业经营活动主体体现在财务上的资金筹集与资金运用状况,它是指企业一定期间内经济活动过程及其结果的综合反映。本书对样本企业的营业收入和总资产状况进行了分层统计,具体情况见表2-3-4和表2-3-5。从营业收入上看,41.05%的样本企业年营业收入在1亿元以下,近六成样本企业的年营业收入达到一亿元以上,且超过20%的样本企业的年营业收入达到十亿元以上。从企业的总资产上看,42.11%的样本企业总资产小于1000万元,近六成企业的总资产在1000万元以上,其中超过10%的样本企业总资产超过一亿元。

表2-3-4 人力资源服务企业样本营业收入的分层统计

营业收入（单位:万元）	0—10000	10000—20000	20000—30000	30000—40000	40000—50000	50000—100000	100000—150000	150000—350000
企业数量	39	11	5	9	5	7	10	9
百分比	41.05%	11.58%	5.26%	9.47%	5.26%	7.37%	10.53%	9.47%

表2-3-5 人力资源服务企业样本总资产的分层统计

总资产（单位:万元）	1—1000	1000—2000	2000—3000	3000—4000	4000—5000	5000—10000	10000—500000
企业数量	40	23	7	6	2	7	10
百分比	42.11%	24.21%	7.37%	6.32%	2.11%	7.37%	10.53%

3. 样本企业从业人员状况

任何一个机构的良好运转,都离不开工作人员的能力、素质、工作积极性等因素,人力资源服务企业更是如此。具体情况参见表 2-3-6 和表 2-3-7。

(1)员工数量情况

从规模上来看,近四成的样本企业员工数量在 50 人以下,而近五成的样本企业员工数量在 50—200 人之间,超过 10% 的样本企业员工规模较大,在 200 人以上。

表 2-3-6　人力资源服务企业样本员工数量的分层统计

员工数量	1—50	50—100	100—200	200—500	500 及以上
企业数量	37	28	17	9	4
百分比	38.95%	29.47%	17.89%	9.47%	4.21%

(2)员工素质情况

从样本企业员工素质来看,本科及以上的员工数量约占样本企业全体员工数量的 45.64%,而大专及以下的员工数量约占全体样本企业员工数量的 54.36%。就职业资质情况来看,持证人员约占全体员工数量的 48.51%,而非持证人员约占 51.49%。由此可见,在样本企业中,本科及以上与大专及以下的员工数量基本持平,但相对而言,大专及以下的员工数量仍略高于本科及以上;持证人员数量与非持证人员数量基本持平,但非持证人员也略高于持证人员数量。基本反映了当前人力资源服务企业从业人员队伍的整体情况。

表 2-3-7　人力资源服务企业样本员工素质情况

项目		数量	占比
学历层次	大专及以下	9673	54.36%
	本科及以上	8120	45.64%
	总计	17793	

项目		数量	占比
职业资质	持证人员	8631	48.51%
	非持证人员	9162	51.49%
	总计	17793	

（二）人力资源服务企业竞争力的主成分分析

本书利用 SPSS 进行主成分分析，具体操作过程不再赘述。在提取主成分时，本书按照特征根大于 1 的原则选取了 3 个主成分，其累计方差贡献率为 71.544%，即这 3 个主成分涵盖了原来 9 个指标所蕴含的 71.544% 的信息，基本覆盖绝大部分情况，可以用以评价整体人力资源服务企业发展现状。其中，因子载荷矩阵见表 2-3-8。

表 2-3-8　因子载荷矩阵

	F1	F2	F3
从业人员数量	.961	-.107	.054
从业人员学历水平	.903	-.278	.052
从业人员专业资质水平	.648	-.633	.050
营业收入	.405	-.544	-.021
总资产	.493	.433	-.290
服务人员数量	.605	.706	-.054
服务单位数量	.483	.691	.040
社会荣誉	.124	.137	.758
经营时间	-.078	.094	.778

根据主成分分析法，各主成分的系数等于各主成分因子载荷量除以相应特征值的开平方，由此可以得出三个主成分的表达式，用 F 表示综合主成分，各主成分乘以相应的权重加总即得到主成分分析的综合模型。利用主成分综合模型，我们可以计算出不同企业的主成分得分，并依据得分情况进行排序，得分及排序情况见表 2-3-9。

表 2-3-9 样本企业 F 得分及排序

单位名称	F 得分
深圳市一览网络股份有限公司	5.11
深圳市兴达人力资源有限公司	2.36
山大地纬软件股份有限公司	1.66
上海企源科技股份有限公司	1.16
百姓网股份有限公司	0.80
深圳市三和人力资源有限公司	0.67
武汉华中新世纪人才股份有限公司	0.58
上海起航企业管理咨询股份有限公司	0.49
中国青岛国际经济技术合作(集团)有限公司	0.40
湖北省对外服务有限公司	0.35
苏州金色未来信息咨询股份有限公司	0.35
北京万古科技股份有限公司	0.32
武汉起点人力资源股份有限公司	0.32
浙江商旅企业服务股份有限公司	0.31
北京纽哈斯科技股份有限公司	0.29
深圳市南深人力资源股份有限公司	0.28
重庆聚焦人才服务有限公司	0.26
杭州东方网升科技股份有限公司	0.23
河北快乐沃克人力资源股份有限公司	0.22
西藏华勤互联人力资源股份有限公司	0.21
河南九博科技股份有限公司	0.20
青岛英谷教育科技股份有限公司	0.18
武汉方阵人力资源市场有限公司	0.17
上海蓝海人力资源股份有限公司	0.17
临沂电力人力资源服务有限公司	0.16
广东倍智测聘网络科技股份有限公司	0.11
大连鸣捷人才信息有限公司	0.10
和君商学	0.10
吉林省彩虹人才开发咨询服务有限公司	0.09
武汉智唯易才人力资源顾问有限公司	0.09
广州市南方人力资源评价中心有限公司	0.06

续表

单位名称	F 得分
徐州市外事服务有限责任公司	0.05
浙江中智经济技术服务有限公司	0.03
上海外服(四川)人力资源服务有限公司	0.02
昆明西山人力资源服务有限公司	−0.02
诚通人力资源有限公司	−0.04
成都紫极伟业科技股份有限公司	−0.05
中智四川经济技术合作有限公司	−0.07
点米网络科技股份有限公司	−0.08
济宁市东方圣地人力资源开发有限公司	−0.08
湖北省兴鸿翔人力资源开发有限公司	−0.10
山东正信人力资源集团有限公司	−0.12
重庆市众业人力资源管理顾问有限公司	−0.14
上海易昂人才服务有限公司	−0.15
福建省人力资源服务有限公司	−0.15
山东铭源人力资源管理有限公司	−0.15
山东德衡人力资源股份有限公司	−0.18
南阳油区众业劳务技术服务有限公司	−0.18
四川全盛人才服务有限责任公司	−0.18
广西中汇劳务开发有限公司	−0.19
南昌市智通人力资源有限公司	−0.19
四川英联中才人力资源管理有限公司	−0.19
杭州三赢人力资源服务有限公司	−0.19
重庆人才服务股份有限公司	−0.20
上海人才(西部)有限公司	−0.20
沈阳双双飞人力资源服务有限公司	−0.20
常州市人力资源市场有限公司	−0.20
烟台达能人力资源有限公司	−0.21
重庆菲斯克人力资源管理有限公司	−0.21
南京市玄武人力资源服务有限责任公司	−0.23
成都市人力资源管理有限公司	−0.25
宁波市众信人力资源服务有限公司	−0.25
吉林省华启企业管理服务有限公司	−0.28

单位名称	F 得分
浙江省对外服务宁波分公司	-0.29
北京融德人才咨询服务有限公司	-0.30
河北冀联人力资源服务集团有限公司	-0.30
甘肃安博人力资源服务有限公司	-0.30
沈阳市外联人力资源服务有限公司	-0.31
陕西易通人力资源开发有限责任公司	-0.31
陕西智领人力资源有限公司	-0.32
四川方盛人力资源服务有限公司	-0.32
天津新世纪人力资源开发有限公司	-0.32
浙江锦阳人力资源有限公司	-0.32
广西嘉路人力资源顾问有限责任公司	-0.33
山东联通人力资源服务股份有限公司	-0.33
连云港市人力资源开发有限公司	-0.34
河北海川人力资源服务集团有限公司	-0.35
郑州鸿易人力资源有限公司	-0.36
四川省环亚人力资源开发有限公司	-0.36
北京外企德科人力资源服务深圳有限公司	-0.41
南宁市前锦人力资源有限责任公司	-0.41
潍坊天泽人力资源管理有限公司	-0.42
中智河南经济技术合作有限公司	-0.42
江苏伙伴人力资源管理咨询有限公司	-0.43
中智沈阳经济技术合作有限公司	-0.44
义乌好耶人力资源管理服务有限公司	-0.45
重庆投促人力资源服务有限公司	-0.45
辽宁中企人力资源服务有限公司	-0.46
承德鸿雅伟业人力资源管理咨询有限公司	-0.50
上海外服(陕西)人力资源服务有限公司	-0.53
中智江苏经济技术服务有限公司	-0.54
滕州市合和人力资源服务有限公司	-0.56
浙江外企德科人力资源服务有限公司	-0.60
河北诺亚人力资源开发有限公司	-0.68
上外(大连)人力资源服务有限公司	-0.79

五、结论与建议

本部分从人力资源服务业行业内的机构这一相对微观的视角切入,研究了国内部分具有代表性的人力资源服务业企业,对其企业性质、地域分布、财务状况、从业人员状况等进行了描述性统计和深入分析;与此同时,构建了人力资源服务业企业竞争力评价指标体系,运用主成分分析的方法,对所选取的具有代表性的样本企业进行综合排序,以期对我国人力资源服务企业发展现状作出总体性判断,并对企业间竞争力差异进行进一步分析。

(一) 东中西部人力资源服务业企业竞争力差异显著

上述分析表明,我国人力资源服务业企业竞争力地区间差异较为显著,东部地区人力资源服务企业竞争力显著高于中西部地区人力资源服务业企业竞争力。从描述性统计的结果来看,具有代表性的人力资源服务企业大都分布在东部地区,中西部地区分布较少;而从企业竞争力的排名上看,绝大多数东部地区人力资源服务业的企业排名高于中西部地区人力资源服务业企业排名。因此,如何针对不同地区制定相应的产业政策,从而实现人力资源服务企业在全国范围内的均衡、健康发展是摆在面前的重要挑战。我国东部地区具有经济、科技、人才等多方面优势,应充分发挥东部地区对中西部地区人力资源产业发展的带动和拉动作用,实现对中西部地区的产业拉动和资源输入的影响效应,通过政策优惠等方式进一步推动其开拓中西部市场,以产业发展的先进经验带动中西部地区的产业结构转型升级。与此同时,也应进一步鼓励中西部地区充分把握自身的"后发优势",积极主动地学习东部地区的先进经验,尽可能地规避东部地区在产业发展过程中的"弯路""岔路",降低发展成本。

(二) 推动从业人员队伍建设迫在眉睫

主成分分析结果表明,本书所提取的第一个因子,即从业人员因子特征根贡献率达到42.23%,与其他两个因子相比,其对人力资源服务企业竞争力的贡献率最大。这一结果说明加强从业人员队伍建设是提升人力资源服务企业竞争力的关键和重点。但综观当前我国人力资源服务企业发展现状,不难发现,当前我国人力资源服务业企业从业人员队伍素质参差不齐,在所选取的具有代表性的 95 家人力资源服务企业之中,仅有45%左右的从业人员具有本科及以上学历,与此同时,仅有 48%左右的从业人员具有专业的职业资质,这说明对于当前我国人力资源服务业企业而言,高学历的专业技术人才仍然比较缺乏。伴随着当前人力资源服务业日益细化的行业划分,客户对于人力资源服务的需求日趋专业和系统,对从业人员的知识背景和素质水平提出了更高的要求。而当前我国人力资源服务业企业员工素质与市场需求之间的巨大落差阻碍了人力资源服务业企业的进一步发展,加强从业人员队伍建设迫在眉睫。因此,应拓宽人才培养途径,加大力度实施人力资源服务业从业人员职业资格制度,积极开展人力资源服务机构经营管理人员培训,着重加强人力资源服务业高层次人才的培养和引进力度,提高从业人员的专业化和职业化水平。

(三) 提升我国人力资源服务企业自主创新能力、专业化程度和品牌建设能力

尽管当前我国人力资源服务企业呈现快速发展的良好态势,服务体系逐步完善,服务形态日渐丰富,服务质量显著提高,但不能否认,我国人力资源服务企业与国外人力资源服务企业之间在自主创新能力、专业化程度、品牌建设等方面仍存在着较大的差距。主成分分析结果表明,服务能力、财务指标、品牌知名度等因素深刻影响着人力资源服务企业竞争力的提升。因此,为提高我国人力资源服务企业的竞争能力,推动我国人力资源服务企业跻身世界一流行列,就必须加强对我国人力资源服务企业能力建设的有序引导,促进人力资源服务企业服务能力的稳步提升。必须推动企业深度应用云计算、大数据、移动互联网等新兴信息技术,充分把握互联网时代所带来的崭新机遇,在提供专业化服务的基础上进行业务拓展,打造功能更加完备的服务平台,为客户提供人力资源服务外包、人力资源解决方案等"一揽子"服务。另外,要加强产业体系建设,加大政策支持力度,大力发展人力资源服务的新模式和新业态,培养新增长点。鼓励人力资源服务企业发展人力资源管理外包、管理咨询、人才测评、职业社交网站、高级人才寻访、人

力资源规划等各种高端服务,提供更多差异化、特色化、精细化服务,增加服务的技术含量和附加价值。支持具有竞争优势的人力资源服务企业,以市场为核心,以服务品牌和服务产品为纽带,实现全球化、规模化、品牌化和平台化发展。

第四章 人力资源服务行业十大事件

【内容摘要】

过去的一年间,中国人力资源服务业发展迅猛、成绩斐然,已经逐渐成为备受党和国家及社会各界广泛重视、支撑经济社会持续健康发展的重要产业。本章秉持继承与发展的精神,延续以往蓝皮书相关章节的设置方式,继续记录中国人力资源服务业的发展历程,从政策、学术和行业三个方面圈点中国人力资源服务业过去一年来取得的重要进展,旨在让社会各界进一步了解和跟踪中国人力资源服务业的行业前沿与发展动态。

本次大事件评选采取线上与线下评选相结合、从业人员评价与专家评价相结合的方式,评选过程分为事件征集、公开评选和专家评审三个阶段,旨在评选出具有先进性、开拓性、推动性、典型性和影响力的事件。此次事件评选对评选办法进行了革新,打通了事件征集和公开评审环节,采取边评选边推荐、边补充边更新的评选模式,进一步拓宽了事件库的来源渠道,提升了事件征集的覆盖面。此次评选出的大事件中,政策事件6件:李克强签署国务院令公布《人力资源市场暂行条例》,人社部发布《人力资源服务业发展行动计划》,国务院印发《关于推行终身职业技能培训制度的意见》,国务院印发《关于建立企业职工基本养老保险基金中央调剂制度的通知》,中办、国办印发《关于提高技术工人待遇的意见》,人社部签发第一张全国统一的电子社保卡;学术事件2件:《中国人力资源服务业蓝皮书2017》和《中国人力资源服务业发展报告2017》发布,《2017年度人力资源和社会保障事业发展统计公报》发布;行业事件2件:人社部发文确定128家全国人力资源诚信服务示范机构,民营人力资源服务企业助力我国人力资源服务产业发展。

　　《中国人力资源服务业蓝皮书2018》评选出的2017—2018年度大事件，较好地覆盖了人力资源服务业发展的各个方面，它们或完善了中国人力资源服务业的法律制度和政策环境，或推动了中国人力资源服务业的国际化与市场化，或勾画了未来一年乃至一个相当长的时期中国人力资源服务业发展的蓝图和远景，总而言之，它们都印证了过去一年人力资源服务业发展的鲜明足印。

　　2017—2018年人力资源服务业大事件是过去一年中国人力资源服务业发展的生动总结。大事件的评选旨在展现中国人力资源服务业发展历程的历史延续性，让世人了解中国人力资源服务业在产、学、研三方面取得的突破性进展与成绩，在提高全社会对我国人力资源服务业关注和重视的同时，也为将来我国人力资源服务业的发展提供镜鉴。为了全面、系统而深刻地论述此次评选的过程和结果，我们首先介绍了大事件评选的指导思想、评选目的与意义以及评选的原则与标准，接着介绍了评选的流程，最后则是本章的重点即年度十大事件评述。

Chapter 4　The Top Ten Events of HR Service Industry

【Abstract】

　　From 2017 to 2018, the HR service industry in China has enjoyed rapid development with milestone achievements, and has already become the pillar industry which is attracting a wide attention from the Party, Government and society. Similar to the relevant sections in previous Blue Papers, this chapter continues to record the development process of China's HR service Industry, shedding light on the breakthroughs and accomplishments China's HR service industry has achieved in policy guidance, academic research and industry development over the past year, aiming at letting a growing number of people get a better known of the development of China's HR service industry.

　　This year, an integrated approach combining online and offline selection, practitioners and scholar selection is adopted in the poll for the Top ten

Events. The poll is divided into three phases, namely event collection, public voting and expert evaluation, with an aim to choosing events of advanced, pioneering, encouraging, and influencing nature. This year, we settled an adjustment of the selection method, that is, we courage the voters to recommend the events they valued into the candidate list, for the purpose of broadening the source channels and enlarging the coverage of the events. The top ten events of this year are: Six policy guidance events, i.e., (1) Li Keqiang signed the decree of the State Council and promulgated the *Provisional Regulations on the human resources market*; (2) The Ministry of Human Resources and Social Affairs released *the Action Plan for the Development of Human Resources Services*; (3) The State Council issued *the Opinions on the Implementation of Lifelong Vocational Skills Training System*; (4) Notice issued by the State Council on *the Establishment of the Central Dispensing System for Basic Old-age Insurance Funds for Enterprise Employees*; (5) The Central Office and the State Office issued *the Opinions on Improving the Treatment of Skilled Workers*; (6) The Ministry of Social Affairs issued the first nationwide unified electronic social security card. Two academic research events, i.e., (7) Publishment of *the Blue Paper on Human Resource Service Industry in China 2017* and *Development Report on China's Human Resources Service Industry 2017*; (8) Publishment of the Statistical Bulletin of Human Resources and Social Security Development 2017. Two industry development events, i.e., (9) The Ministry of Human Resources and Social Affairs issued 128 national human resources integrity service demonstration organizations; (10) Human resources services to private enterprises contributing to China's human resources services industry development.

The Top Ten Events listed in the Blue Paper on Human Resource Service Industry in China 2018 has either improved the legal environment and policy platforms of China's HR industry, or has been conducive to the internalization of China's HR service industry, or has depicted the blueprint and vision of China's HR service industry. All of these has been instrumental to the rapid development and promotion of China's HR service industry.

The poll for the Top Ten Events of the Development of HR service industry 2017-2018 records the significant events in the leapfrog growth of the HR service industry. The poll is designed to record the development process of China's HR service industry, shedding light on the breakthroughs and accomplishments China's HR service industry has achieved in production, scholarship and research over the past year. The poll itself can also enhance public care and support for the development of HR service industry. With this in mind, we start with an introduction of the guiding ideology, purpose and significance of the poll along with its principles, standards and procedure. This is followed by our comments on the Top Ten Events, which is the key point of this chapter.

一、行业大事件评选概述

为记录中国人力资源服务业的发展进程,我们对发生在 2017 年 8 月至 2018 年 7 月期间的人力资源服务业发展中的代表性事件进行了筛选与评述。秉着继承性与发展性并重的原则,我们在继承往年《中国人力资源服务业蓝皮书》对大事件选拔的指导思想、评选目的与意义、评选原则与标准的基本精神的同时,也结合时代要求和阶段性时期特征,在指导思想和目标设计、评选主体选择和流程设置上进行了一定的开拓和发展,形成了较为成熟的线上与线下相结合、评选与推荐相结合、从业个人与专家相结合的大事件评选机制,最终确定了本年度的人力资源服务业十大事件。

(一) 指导思想

全面贯彻落实党的十九大精神和习近平新时代中国特色社会主义指导思想,以邓小平理论、"三个代表"重要思想、科学发展观为指导,按照党和国家决策部署,大力推动人力资源服务业发展。党的十九大报告提出,我国要坚定实施科教兴国战略、人才强国战略、创新驱动发展战略、乡村振兴战略、区域协调发展战略、可持续发展战略和军民融合发展战略,上述战略的实现离不开人才的支撑。通过大力发展人力资源服务业,提升我国人才队伍数量、质量水平,促进优质人才合理流动,为各类人才提供更全面的保障与服务,才能充分发挥人才支撑作用,推动各项发展战略稳步有效实现。同时要紧紧围绕"十三五"规划要求,紧紧围绕供给侧结构性改革、转变经济社会发展方式和实现产业结构优化升级对人力资源开发配置的需要,坚定秉持民生为本、人才优先的基本理念,以最大限度地发挥市场机制的作用为基础,坚持把人力资源服务业作为发展和提升我国人力资本的突破口,把提高人力资源服务供给能力和促进人力资源服务业规范发展作为主要任务,不断完善服务体系,激发市场活力,营造良好发展环境,进一步引导人力资源服务机构依法经营、诚实守信、健全管理、提高水平,为人力资源的充分开发利用创造条件、提供支持,优化全国范围内的人力资源配置,为更好实施人才强国战略、创新驱动发展战略和大力扩大就业的战略服务。

(二) 评选目的与意义

当今世界,人力资源越来越成为一个国家生存发展的战略性、关键性资源,人力资源服务业是促进人力资源优化配置、充分发挥我国人力资源优势的重要支撑产业。它作为现代服务业的重要组成部分和新兴领域,有着十分广阔的发展前景。当前我国正处于经济结构转型升级、现代服务业快速发展的变革时期,促进我国人力资源的充分开发与利用并提升我国人力资本水平是我们当前面临的一个重要课题。以人力资源为核心的服务业态将在这一转型中发挥积极作用、扮演重要角色。"十三五"以来,党和国家将人力资源服务业的重要性提升到了前所未有的高度,在《国家中长期人才发展规划纲要(2010—2020)》和国务院《关于加快发展服务业的若干意见》等文件中,多次对发展人力资源服务业提出了明确要求。党的十九大则明确了要将人才工作作为党和国家新时期的一项重点工作来抓,这也为我国人力资源服务业的发展指出了一个鲜明的方向,那就是以习近平新时代中国特色社会主义思想武装头脑,认真贯彻落实党和国家决策部署,按照服务业发展的整体战略布局,服务于供给侧结构性改革和经济结构转型升级的大局,大力推动人力资源服务业向专业化、信息化、产业化、国际化方向发展,更好地满足经济社会发展对人力资源服务的需要。过去的一个时期,我国人力资源服务业取得了较快发展,但是应当看到,我国人力资源服务业的发展水平同我国经济社会发展对人力资源服务的需要还不匹配,我国人力资源服务市场还不健全,人力资源服务业对促进人力资源优化配置的作用还不够突出,解决我国用人市场矛盾的能力还有待加强,同发达国家的成熟市场相比,还存在较为明显的差距。

因此,《中国人力资源服务业蓝皮书 2018》编委会希望通过开展 2017—2018 年促进人力资源服务业发展的十大事件评选活动(以下简称"行业大事件"),重点描述和刻画中国人力资源服务业在过去一年的快速发展,让更多的人了解和认识中国人力资源服务业的发展动态,让更广泛的群体更加关注中国人力资源服务业发展的状况和前景。希望能够以行业大事件的评选为契机,助力我国人力资源服务业再掀发展新潮。

（三）评选原则与标准

本次评选活动坚持"严格筛选、科学公正、公平合理、公开透明"的原则,整个评选过程在《中国人力资源服务业蓝皮书 2018》编委会的指导下进行,严格按照评选流程进行规范操作。事件评选的时间范围为 2017 年 8 月至 2018 年 7 月。此次事件评选主要遵循以下五个标准:

1. 先进性:能够带动整个行业朝向国际先进水平迈进。
2. 开拓性:弥补行业缺失,具有里程碑式的意义。
3. 推动性:推动新业态产生,促进传统业态升级。
4. 典型性:与行业密切相关,具有代表性的意义。
5. 影响力:具有广泛的社会影响力和积极的社会反响。

（四）评选方式与程序

此次大事件的评选采用线上与线下相结合、评选与推荐相结合、从业个人与专家相结合的方式进行,经过广泛采集、民主投票、科学评定三阶段的评选,最终得出本年度中国人力资源服务业十大事件。

本次评选的第一阶段是事件采集阶段。首先通过学术搜索、新闻检索等网络渠道进行事件的初步整理;更主要的是邀请人力资源服务业相关政府部门、行业协会、企业组织和从业个人进行推荐,参与推荐的组织类型涵盖学术机构、政府部门和行业协会,层次覆盖中央到地方,范围包括全国十多个省市区。

评选的第二阶段是公开投票阶段。根据第一阶段事件采集的结果,我们组织了公开投票,向上述参与事件推荐的单位、人力资源服务企业、各地方人力资源服务机构、各高校人力资源相关专业教师及其他各类人力资源相关从业人员发放了问卷,对初选事件进行了投票,最终得到458张有效选票,并以得票率高低对候选事件进行了排序。

评选的第三阶段是专家评定阶段。根据第二轮投票结果,编委会组织召开了专家评审会议。本着覆盖全面、多方兼顾的原则,专家评定会议决定将初选事件划分为政策事件、学术事件和行业事件三个类别,力求尽可能从多方面立体展示中国人力资源服务业在过去一年的发展状况。为了结果的客观性、公正性和评选结果的权威性,此次评选增设专家投票环节,利用工作之机,本书编委会在2018年9—10月举办的各类学术会议和行业论坛中,向与会专家发起了大事件投票,最终得到60张有效选票。综合公开投票和专家投票结果,最终得出2018年度中国人力资源服务业"十大事件",其中政策事件6件、学术事件2件、行业事件2件。

下面就此次大事件"三阶段评选法"的过程和结果进行详细说明。

1. 事件搜集与初选阶段

本阶段主要目标是得到一个数量不低于30的大事件初选目录,纳入大事件的候选事件池,并通过持续性地补充不断完善初选事件的覆盖范围,确保最终上榜事件与备选事件比例不低于1∶3。首先我们进行了大范围的网络检索(包括主要网络搜索引擎、相关机构和部门门户网站、中国学术期刊网、主流渠道政策文件等),其次查阅了大量期刊、报纸,搜集整理2017年8月至2018年7月间发生的与人力资源服务业密切相关的活动和事件,按照前述"四个原则"和"五条标准"对这些事件进行了初步的筛选。接下来编委会邀请人力资源和社会保障部市场司等政府部门、中国人力资源开发研究会等学术机构、北京人力资源服务协会等社团组织以及请相关领域专家学者和一线从业人员进行了广泛推荐,在充分吸纳他们意见的基础上,对初选事件池进行细致分析甄别,得到为数30个的初选阶段大事件初选目录列表。

2. 公开投票阶段

本阶段的主要目标是通过公开公正投票,对 30 个初选大事件进行公开评价。为了充分保证事件选取的全面性和覆盖性,此次公开投票进行了两个阶段。第一阶段我们精心编制了事件评选的电子问卷,通过微信公众号、微信群进行广泛发布,并在中心网站进行了张贴,同时向参与事件推荐的各单位进行了集中投放,参与此次事件推荐与评选的单位有:北京大学人力资源开发与管理研究中心,人力资源和社会保障部人力资源市场司,人力资源和社会保障部劳动保障研究院,人力资源和社会保障部劳动工资研究所,国务院发展研究中心,中国人力资源开发研究会,中国人才交流协会,中国对外服务协会以及各地人力资源服务行业协会等。最终回收有效选票 402 张。第一阶段投票过程中,事件推荐通道继续保持开放,鼓励参与此次事件评选的相关方在初选目录的基础上继续提出事件补充意见,以尽可能杜绝重大事件的遗漏。第一阶段投票暨事件补充结束后,我们发起了第二轮投票,主要是对第一阶段投票期间新补充的事件进行补充评价,也是为了允许投票人员对第一轮投票结果进行补充修正,再次得到有效选票 56 张。综合两轮投票结果,得到候选事件得票比例,按照得票率高低进行排序,汇报在表 2-4-1 中。

表 2-4-1 初步筛选的 30 个候选事件得票比例汇总表

排序	事件名称	得票率
1	国务院公布《人力资源市场暂行条例》,2018 年 10 月 1 日起施行	81.03%
2	人社部发布《人力资源服务业发展行动计划》	74.14%
3	国务院印发《关于推行终身职业技能培训制度的意见》	63.79%
4	《中国人力资源服务业蓝皮书 2017》和《中国人力资源服务业发展报告 2017》发布	62.07%
5	国务院印发《关于建立企业职工基本养老保险基金中央调剂制度的通知》	53.45%
6	中办、国办印发《关于提高技术工人待遇的意见》	53.45%
7	人社部签发第一张全国统一的电子社保卡	50.00%
8	人社部印发国家职业资格目录	46.55%
9	人社部、财政部印发通知,提高全国城乡居民基本养老保险基础养老金最低标准	45.83%

排序	事件名称	得票率
10	《2017 年度人力资源和社会保障事业发展统计公报》发布	45.28%
11	人社部、财政部联合印发《企业年金办法》	44.83%
12	国务院印发《关于改革国有企业工资决定机制的意见》	44.83%
13	国家发改委等 17 部门联合发布《关于大力发展实体经济积极稳定和促进就业的指导意见》	43.10%
14	中共中央印发《深化党和国家机构改革方案》,国税地税合并,社会保险由税务部门统一征收	38.43%
15	人社部发文确定 128 家全国人力资源诚信服务示范机构	37.67%
16	人社部办公厅印发《关于进一步加强招聘信息管理的通知》	36.21%
17	民营人力资源服务企业助力我国人力资源服务产业发展	35.98%
18	HROOT 发布《全球人力资源服务机构 100 强榜单与白皮书》	34.35%
19	《聘任制公务员管理规定(试行)》发布	32.76%
20	2017 年国务院所属部门人才中介服务机构名录发布	27.59%
21	全国人力资源市场建设工作座谈会召开	25.86%
22	《中国社会保险发展年度报告 2016》发布	22.41%
23	全国劳动关系工作座谈会召开	17.24%
24	振兴东北·人力资源服务业创新发展大会召开	15.52%
25	中国劳动和社会保障科学研究院揭牌	13.79%
26	人社部印发《关于做好 2018 年全国高校毕业生就业创业工作的通知》	11.28%
27	第三届"中国创翼"创业创新大赛成功举办	10.34%
28	2018 中国博士后制度高校校长研讨会召开	10.34%
29	首届全国创业就业服务展示交流活动在山东省济南市启动	7.25%
30	《人力资源服务京津冀区域协同地方标准》正式发布,于 2018 年 8 月 1 日起正式实施	6.90%

3. 研究评定阶段

本阶段的主要目标是对公开投票结果进行审议评定,对事件类型进行合理划分,确保上榜事件的全面性和覆盖性。据此,编委会组织召开专家评定会议,确定按照政策事件、行业事件和学术事件三种类型和 6∶2∶2 的比例进行事件名额配置。此外,为了更进一步突出此次评选的科学性和公正性,提升事件评选的权威性,我们首次增加了专家投票环节。在 9—10 月举办的"中国人力资源开发研究会人才测评分会 2018 年会"等学术会议和行业的其他论坛上,本书编委会向来自全国的与会专家发放了"行业十大事件"评选选票,最终回收有效选票 60 张。专家投票的结果,按照事件类别归类,我们依照各类型事件专家得票数的高低,选取排名靠前的事件进行说明并汇报在表 2-4-2 中。

表 2-4-2　专家投票结果分类汇总

类型	事件名称	专家票数	总得票率
政策事件	国务院公布《人力资源市场暂行条例》,2018 年 10 月 1 日起施行	57	83%
	人社部发布《人力资源服务业发展行动计划》	51	75%
	国务院印发《关于推行终身职业技能培训制度的意见》	46	64%
	中办、国办印发《关于提高技术工人待遇的意见》	45	55%
	国务院印发《关于建立企业职工基本养老保险基金中央调剂制度的通知》	40	54%
	人社部签发第一张全国统一的电子社保卡	37	51%
学术事件	《中国人力资源服务业蓝皮书 2017》和《中国人力资源服务业发展报告 2017》发布	41	62%
	《2017 年度人力资源和社会保障事业发展统计公报》发布	39	45%
行业事件	人社部发文确定 128 家全国人力资源诚信服务示范机构	45	37%
	民营人力资源服务企业助力我国人力资源服务产业发展	43	36%

专家投票结果反映了人力资源开发与管理领域专家学者对 2018 年度行业发展动态的捕捉、思考与观察,编委会发现专家投票较为集中的事件与公开投票阶段的排名靠前的事件高度类似,只是在相关事件的次序上存在个别差异,这反映了不同主体站在可能不同的立场上的看法差异。本着实事求是的精神,编委会将专家投票结果纳入公开投票的结果统一考量,整体核算候选事件的总得票率(反映在表 2-4-2 中),最终按照政策事件、学术事件和行业事件各类型依比例取总得票率排名靠前的事件作为最终结果,至此"2017—2018 年度中国人力资源服务业十大事件"正式出炉,其中政策事件 6 件,行业事件 2 件,学术事件 2 件。表 2-4-3 展示了十大事件的名

称和入选理由。

表 2-4-3　中国人力资源服务业 2017—2018 年度十大事件

事件类型	事件	入选理由	影响力指数
政策事件	国务院公布《人力资源市场暂行条例》,2018 年 10 月 1 日起施行	规范我国人力资源市场环境的一部重要规范	★★★★★
	人社部发布《人力资源服务业发展行动计划》	指导我国人力资源服务业发展的一份重要指南	★★★★☆
	国务院印发《关于推行终身职业技能培训制度的意见》	影响职工职业技能培训与配套服务的一项重要文件	★★★★☆
	国务院印发《关于建立企业职工基本养老保险基金中央调剂制度的通知》	养老保险金管理的一个重要制度调整	★★★★☆
	中办、国办印发《关于提高技术工人待遇的意见》	提升技术工人待遇、促进用工结构优化的重大尝试	★★★★☆
	人社部签发第一张全国统一的电子社保卡	我国社会保障事业信息化管理的重要里程碑	★★★★☆
学术事件	《中国人力资源服务业蓝皮书 2017》和《中国人力资源服务业发展报告 2017》发布	概括和评价我国人力资源服务业发展状况和动态的重要力作	★★★★★
	《2017 年度人力资源和社会保障事业发展统计公报》发布	诠释和描述我国人力资源与社会保障事业的权威公告	★★★★☆
行业事件	人社部发文确定 128 家全国人力资源诚信服务示范机构	规范和引导人力资源服务机构发展的重要举措	★★★★☆
	民营人力资源服务企业助力我国人力资源服务产业发展	人力资源服务业发展的重要推动力量	★★★★☆

二、十大事件述评

（一）政策事件

1. 李克强签署国务院令公布《人力资源市场暂行条例》,2018 年 10 月 1 日起施行

事件提要:

2017 年 7 月 16 日,国务院总理李克强签署国务院令,公布《人力资源

市场暂行条例》（以下简称《条例》），自 2018 年 10 月 1 日起施行。《条例》在正式出台之前，国务院常委会于 5 月就通过了条例草案，向社会各界广泛征求意见，经过了一个时期的讨论、修改和补充，我国第一部正式规范人力资源市场存在和发展的国家级行政法规正式落地。《条例》对人力资源市场培育、人力资源服务机构、人力资源市场活动规范、人力资源市场监督管理及法律责任等作了全面规定。《条例》的正式出台，引起了社会各界的广泛关注和热烈讨论，也必将会把我国人力资源市场的发展推向一个新的阶段。

事件述评：

《条例》是系统规范在我国境内通过人力资源市场求职、招聘和开展人力资源服务活动的第一部行政法规，对建设统一开放、竞争有序的人力资源市场，更好服务于就业创业和高质量发展，实施就业优先战略和人才强国战略，具有重要意义。《条例》的正式出台，从以下四个方面为我国人力资源市场的存在和发展提供了系统和扎实的制度保障。

一是能够更好发挥政府作用，加强对人力资源市场的培育。国家建立政府宏观调控、市场公平竞争、单位自主用人、个人自主择业、人力资源服务机构诚信服务的人力资源流动配置机制。县级以上人民政府运用区域、产业、土地等政策，推进人力资源市场建设，建立覆盖城乡和各行业的人力资源市场供求信息系统。《条例》规定，任何地方和单位不得违反国家规定设置限制流动的条件，鼓励开展平等、互利的人力资源国际合作与交流，这有利于引导和促进人力资源合理流动，充分开发利用国际国内人力资源。

二是有利于落实改革要求，推进人力资源市场领域的"放管服"改革。明确了公共人力资源服务机构应当免费提供的服务事项。经营性人力资源服务机构从事职业中介活动，需要取得行政许可，开展其他人力资源服务实行备案管理；设立分支机构，变更名称、住所、法定代表人或者终止经营活动，需要书面报告。取得行政许可或者经过备案的经营性人力资源服务机构名单及其变更、延续等情况应当及时向社会公布。

三是明确人力资源市场活动规范，促进市场主体诚信守法。个人应当诚实求职，用人单位应当依法如实发布或者提供招聘信息，人力资源应当依法流动。人力资源服务机构举办现场招聘会、收集和发布人力资源供求信息、提供人力资源服务外包、通过互联网提供人力资源服务等,应当严格遵守法律规定,不得采取欺诈、暴力、胁迫或者其他不正当手段,不得介绍从事违法活动;违法开展业务的,依法承担法律责任。

四是为强化监管和维护人力资源市场秩序提供进一步的保障。《条例》规定:人力资源社会保障行政部门采取"双随机、一公开"的方式实施监督检查;经营性人力资源服务机构应当提交经营情况年度报告。同时还要加强人力资源市场诚信建设,实施信用分类监管等。上述政策的落地对进一步强化人力资源服务市场监管、规范市场秩序具有重要意义。

人力资源市场在迅速发展的同时,也暴露出一些迫切需要解决的问题。比如,过去开展人力资源服务的许可过多,进入市场的门槛较高,《条例》的一个亮点,就是最大限度地减少了人力资源服务的行政许可。人力资源服务为用人单位和求职者都提供了更多的选择和交流的机会,提高了劳动者和岗位的匹配效率,在一定程度上,缓解了劳动者与用人单位之间的信息不对称问题,有助于解决劳动者求职难和企业招工难的问题。但与此同时,人力资源市场目前还存在人力资源服务业企业规模偏小、专业化程度不高、服务功能单一、服务同质化现象,运用大数据、云计算、移动互联网等新技术、新方法提供服务的方式还不够多,服务的效率还不够高等突出问题。

总而言之,《条例》的出台进一步明确了政府在提高人力资源服务业发展方面的法定职责,同时提出鼓励社会力量参与行业发展,鼓励并规范发展高端人力资源服务业等业态,对人力资源公共服务体系和经营性服务体系的职责定位、服务范围、行为规范和管理要求都作出了规定。一些突出问题的解决,还需要一系列配套政策对其进一步规范、鼓励、扶持和引导,以促进整个产业的进一步发展与壮大。

2. 人社部发布《人力资源服务业发展行动计划》

事件提要:

2017 年 10 月,为贯彻落实国务院《"十三五"促进就业规划》和《关于做好当前和今后一段时期就业创业工作的意见》的有关要求,人社部印发了《人力资源服务业发展行动计划》(以下简称《行动计划》),就当前和今后一个时期促进人力资源服务业发展工作进行部署,要求各地人社部门认真贯彻执行。《行动计划》指出,要充分发挥市场在人力资源配置中的决定性作用和更好发挥政府作用,以产业引导、政策扶持和环境营造为重点,健全管理制度,完善服务体系,提高服务质量,推动人力资源服务业快速发展,为实现充分就业和优化配置人力资源,促进经济社会发展,提供优质高效的人力资源服务保障。

《行动计划》明确了未来一个时期人力资源服务业发展的基本方向和主要原则,制定了基本的发展目标,同时提出了一系列切实可行的、具有实践指导意义的务实举措,同时在制度、人员和组织保障方面都有详细的规定,以保证行动计划的方略和目标最终能够落到实处。

事件述评:

《行动计划》是未来一个时期我国人力资源服务业发展的一个基本蓝图,为我国人力资源服务事业的发展指明了方向、指出了方法、提出了要求。

发展人力资源服务业要坚持"市场主导、政府推动,融合创新、集聚发展,促进交流、开放合作"的原则,以基本建立专业化、信息化、产业化、国际化的人力资源服务体系为目标,实现公共服务有效保障、经营性服务逐步壮大,服务就业创业与人力资源开发配置能力显著提高,人力资源服务业对经济增长贡献率稳步提升。到 2020 年,人力资源服务产业规模达到 2 万亿元,培育形成 100 家左右在全国具有示范引领作用的行业领军企业,培育一批有特色、有规模、有活力、有效益的人力资源服务业产业园,行业从业人员达到 60 万,领军人才达到 1 万名左右。

上述人力资源服务业发展的原则是科学的、目标是理性的、愿景是美好的、任务是艰巨的。这恰恰能够引领我国人力资源服务业从业人员和相关机构未来三年在党和国家的领导下科学决策、求真务实、合理布局、健康发展。

《行动计划》提出,要围绕国家重大战略,针对人力资源服务业发展中的重大问题和关键环节,实施"三计划"和"三行动",即:"骨干企业培育计划",重点培育一批综合性人力资源服务骨干企业,加快发展专业化人力资源服务骨干企业;"领军人才培养计划",着力提高从业人员专业化、职业化水平,打造一支素质优良、结构合理的人力资源服务业人才队伍;"产业园区建设计划",培育建设一批有规模、有辐射力、有影响力的国家级人力资源服务产业园和一批有特色、有活力、有效益的地方产业园;"'互联网+'人力资源服务行动",推动人力资源服务各业态和互联网的深度融合,支持人力资源服务企业运用互联网技术探索开展跨界服务模式;"诚信主题创建行动",持续推动人力资源服务行业诚信体系建设,打造一批"全国人力资源诚信服务示范机构";"'一带一路'人力资源服务行动",稳步推进人力资源市场对外开放,鼓励人力资源服务机构为我国企业走出去提供人力资源服务,支持人力资源服务机构为"一带一路"沿线国家来我国投资办企业提供服务。通过实施一系列具体行动计划,进一步改善发展环境、培育市场主体,推进业态创新,加快开放合作。

上述大力发展人力资源服务业的措施较为具体、方法比较系统,主次分明、重点突出,为未来几年中国人力资源服务业发展提供了清晰的行动指南,为政府、企业和个人等人力资源服务业的各类参与主体指明了方向,有利于其作出符合社会需要和自身实际的发展战略,有利于推动更多的社会力量积极投身人力资源服务产业,做大人力资源服务产业规模。

《行动计划》强调,各地人社部门要高度重视促进人力资源服务业发展工作。要加强组织领导,健全工作机制,加强对人力资源服务业发展的考核评价;要加大支持力度,出台有针对性的政策措施,落实税收相关政策,稳步推进政府购买人力资源服务,进一步拓宽投融资渠道;要营造良好发展环境,落实放管服改革要求,依法规范实施人力资源服务行政许可,加强事中事后监管,强化劳动保障监察执法;要加强宣传引导,丰富宣传内容,创新宣传形式,充分发挥各级人力资源社会保障网站第一平台作用,探索利用新媒体手段开展宣传,鼓励举办人力资源服务业博览会等活动,不断扩大人力资源服务业的知名度、美誉度和社会影响力。

人力资源服务业正在驶入迅速发展的快车道,作为一份纲领和指南,《行动计划》的及时出台恰好为未来 5 年左右中国人力资源服务业的发展指出了清晰的方向、制定了可行的计划、提出了务实的举措、提供了扎实的组织与制度保障,有利于推动更多的社会力量积极投身人力资源服务产业,做大人力资源服务产业规模,引导我国人力资源服务业科学良性发展。

3. 国务院印发《关于推行终身职业技能培训制度的意见》

事件提要:

2018 年 5 月 3 日,经李克强总理签批,国务院正式印发了《关于推行终身职业技能培训制度的意见》(以下简称《意见》)。《意见》深刻论述了职业技能培训的经济意义和社会意义,明确了推行终身职业技能培训的指导思想和基本原则,提出了一系列切实可行的政策措施。措施的重点包括:一是构建终身职业技能培训体系。完善终身职业技能培训政策和组织实施体系;围绕就业创业重点群体,广泛开展就业技能培训;充分发挥企业主体作用,全面加强企业职工岗位技能提升培训;适应产业转型升级需要,着力加强高技能人才培训;大力推进创业创新培训;强化工匠精神和职业素质培育。二是深化职业技能培训体制机制改革。建立职业技能培训市场化社会化发展机制、技能人才多元评价机制、职业技能培训质量评估监管机制、技能提升多渠道激励机制。三是提升职业技能培训基础能力。加强职业技能培训服务能力建设、职业技能培训教学资源建设和职业技能培训基础平台建设。① 除此之外,《意见》也明确了推行终身职业技能培训的组织机制保障,着力将这项利国利民的关键事业落到实处。

事件述评:

职业技能培训是国民教育体系和人力资源开发的重要组成部分,承载着培养多样化人才、传承技术技能、促进就业创业的重要职责。《意见》的出台进一步明确了职业技能培训是全面提升劳动者就业创业能力、缓解技能人才短缺的结构性矛盾、提高就业质量的根本举措,是适应经济高质量发展、培育经济发展新动能、推进供给侧结构性改革的内在要求。推行终身职业技能培训制度,对推动大众创业万众创新、推进制造强国建设、提高全要素生产率、推动经济迈上中高端具有重要意义。

总体来看,"终身"制度是此次意见的亮点,四大措施成为有力保障。第一,从覆盖培训对象上来说,既包括城市劳动者,也包括乡村劳动者,既包括就业人员,也包括准备就业人员;第二,从就业培训补贴上来说,只要是在岗、在职劳动或者工作,都可以接受职业技能培训,并且获得政府补贴,同样覆盖终身职业生涯;第三,从技能评价激励机制上来说,除职业资格、职业技能等级、技能人员的专项业务能力外,职业技能培训也将纳入其中,并覆盖培训全程,以提高积极性;第四,从服务保障上来说,将提供全方位的服务保

---

① 中央人民政府网,http://www.gov.cn/zhengce/content/2018-05/08/content_5289157.htm。

障,大力倡导劳动者终身培训的理念,使我国从"人口红利"向"人才红利"进行转变。上述四类保障机制共同发挥作用,为职业技能培训终身制能够真正产生实效提供了基本保障。

终身职业技能培训有利于推动就业人员技能提升,实现高质量就业发展。就业是最大的民生,也是经济发展的压舱石。党的十八大以来,我国连续五年为超过1300万人提供就业岗位,取得了可喜的成就。但长期以来,我国劳动力就业市场始终存在技能人才短缺的结构性矛盾,技能劳动者的求人倍率一直在1.5∶1以上,就业难与招工难的现象屡见不鲜。如何进一步提高就业人口,实现高质量就业发展,需要推行终身职业技能培训制度,广泛开展职业技能培训。此次印发的意见中提出,要围绕就业创业重点群体,广泛开展就业技能培训,同时为了适应产业转型升级需要,着力加强高技能人才培训。

此次《意见》的出台有利于企业充分发挥主体作用,强化职工职业技能培训。加强劳动者职业技能培训,是增强企业核心竞争力、推动产业转型升级的必然要求,也是深入实施人才强国战略和创新驱动发展战略的重要内容。而目前在职业技能培训方面,我国企业的机制还不够完善,发挥的作用还不够明确,这是需要着力加强的方面。

总而言之,《意见》的出台,是完善我国劳动力市场和劳动就业环境、改善劳动者技能水平、促进经济社会长期稳定发展的一项重要的里程碑。终身职业技能培训的全面普及将为我国的人力资源服务业带来新的业务模式与发展机遇。中国的人力资源服务业也必将在我国劳动人员技能水平不断提升的历史趋势中扮演愈加重要的角色。

4. 国务院印发《关于建立企业职工基本养老保险基金中央调剂制度的通知》

事件提要:

2018年5月30日,国务院印发了《关于建立企业职工基本养老保险基金中央调剂制度的通知》(以下简称《通知》),决定建立养老保险基金中央调剂制度,自2018年7月1日起实施。《通知》明确,建立养老保险基金中央调剂制度的主要内容是:在现行企业职工基本养老保险省级统筹基础上,建立养老保险中央调剂基金,对各省份养老保险基金进行适度调剂,确保基本养老金按时足额发放。一是中央调剂基金由各省份养老保险基金上解的资金构成，按照各省份职工平均工资的90%和在职应参保人数作为计算上解额的基数，上解比例从3%起步，逐步提高。二是中央调剂基金实行以收定支，当年筹集的资金按照人均定额拨付的办法全部拨付地方。三是中央调剂基金纳入中央级社会保障基金财政专户，实行收支两条线管理，专款专用，不得用于平衡财政预算。四是现行中央财政补助政策和补助方式不变，省级政府要切实承担确保基本养老金按时足额发放和弥补养老保险基金缺口的主体责任。①

事件述评：

建立养老保险基金中央调剂制度的总体思路是，在不增加社会整体负担和不提高养老保险缴费比例的基础上，通过建立养老保险基金中央调剂制度，合理均衡地区间基金负担，实现基金安全可持续，实现财政负担可控，确保各地养老金按时足额发放。

实行养老保险基金中央调剂制度，将有利于增强企业职工基本养老保险基金的互济功能和抗风险能力，防范和化解部分地区企业职工基本养老保险基金收支风险，改善部分地区基金收支状况。同时建立中央调剂制度，有助于集中统一进行基金筹集调剂，拨付更加能够兼顾公平与合理。

但是此项制度实施的成果好坏，关键在于落实。中国劳动和社会保障科学研究院院长金维刚认为，在具体实施中要注意以下三个问题：一是在通过建立中央调剂制度来实行全国统筹之后，应注意防止一些地方想方设法"少交多得"，并由此而加大基金收支运行风险，违背全国统筹的宗旨和目的。二是在各地区企业职工基本养老保险基金征缴职能全部划归税务部门承担的情况下，由于税务部门不负责基金支付，在税务征缴方面通常是"先税后费"，在一定程度上可能出现"应收未收"的问题，加剧一些地区基金收支失衡的状况。三是各级财政责任不够清晰合理的问题，在实行中央调剂制度之后，应注意避免一些地方政府推卸责任。

为确保中央调剂制度顺利实施，应加强全国各地区企业职工基本养老保险基金预算管理，加强基金预算编制和审核工作，严格规范收支内容、标准和范围，强化基金预算的严肃性和硬约束，确保应收尽收，杜绝违规支出。

---

① 中央人民政府网,http://www.gov.cn/xinwen/2018-06/13/content_5298321.htm。

另外,要建立健全考核奖惩机制,将各地区养老保险扩面征缴、确保基本养老金发放、严格基金管理、基金中央调剂制度落实等情况列入省级政府工作责任制考核内容,实行相应的奖励和问责措施。同时,应尽快建立全国养老保险缴费以及待遇查询系统、基本养老保险基金中央调剂监控系统,建立全国共享的中央数据库,推进相关信息化建设,在中央与地方之间、部门之间实现信息、数据互联互通,及时掌握和规范中央调剂基金和省级统筹基金收支行为,防范基金运行风险①。

养老保险基金中央调剂制度的建立在一定程度上平衡了全国不同地域养老保险基金管理的风险,对于人力资源服务业而言,这一变化为其提供了更多的可能性。养老保险安全性和公平性的提高有可能进一步促进人才流动和劳动力市场的发展,人力资源服务业应当抓住这一契机,加快实现自身产业布局,推动行业努力登上下一个发展的高点。

5. 中办、国办印发《关于提高技术工人待遇的意见》

事件提要:

2018 年 3 月,中共中央办公厅、国务院办公厅印发了《关于提高技术工人待遇的意见》(以下简称《意见》),并发出通知,要求各地区各部门结合实际认真贯彻落实。《意见》指出,要创新技能导向的激励机制,进一步鼓励辛勤劳动、诚实劳动、创造性劳动,增强生产服务一线岗位对劳动者吸引力,建设知识型、技能型、创新型劳动者大军,大力倡导"工匠精神",营造劳动光荣的社会风尚和精益求精的敬业风气。《意见》强调,要充分发挥政府、企业、社会的协同作用,完善技术工人培养、评价、使用、激励、保障等措施,实现技高者多得、多劳者多得,增强技术工人获得感、自豪感、荣誉感,激发技术工人积极性、主动性、创造性。《意见》就大力提高高技能领军人才待遇水平,实施工资激励计划、提高技术工人收入水平,构建技能形成与提升体系、支持技术工人凭技能提高待遇,强化评价使用激励工作、畅通技术工人成长成才通道等方面的工作提出了具体意见。

事件述评:

《意见》的出台背景有几个方面,最主要的是体现了党的十九大精神;十

---

① 中央人民政府网,http://www.gov.cn/zhengce/2018-06/15/content_5298843.htm。

九大提出了要建设知识型、技能型、创新型劳动者大军,要弘扬劳模精神和工匠精神,要营造劳动光荣的社会风尚和精益求精的敬业风气,要实施人才强国战略和创新驱动发展战略。十九大报告特别提出要建设现代化经济体系,这一经济体系包含了实体经济、科技创新、现代金融和人力资源的协同发展。

近年来我国技术工人队伍建设取得了很大成绩,为经济发展提供了坚强的人才保障,打下了坚实的基础。据统计资料显示,我国的技术工人有1.65亿,其中高技能人才有4700多万。技术工人占就业人员的比重和高技能人才占就业人员的比重都较低。特别是高技能人才,高级二以上包含技师和高级技师非常短缺,所以技工短缺的现象是劳动力市场结构性矛盾的体现,就业难与招工难同时存在。提高技术工人待遇政策的推出,第一次把提高技术工人待遇上升到全局高度,摆在一个重要位置,抓住了技术工人最关心、最直接、最现实的利益问题。《意见》聚焦企业人才瓶颈,突出激励提升,强化问题导向,具有鲜明的导向性、针对性和标志性。《意见》的出台,对于技术人才结构优化,将会起到很好的推动作用。

人才是实现民族振兴、赢得国际竞争主动的战略资源。技术人才是国家建设发展的生力军,让每一个技术人才既有待遇又有机遇,各得其所,尽展其长,发挥出最大效能,才能真正激活大国工匠的创造活力。国家发展要以"高精尖缺"为导向,要让高技能领军人才更有获得感。技术人才尤其是高技能领军人才肩负着工业强国梦,是"中国制造"的核心竞争力。要大力提高技能领军人才的政治待遇、经济待遇和社会待遇水平,全面加强服务保障,发挥高技能领军人才在技术创新等方面的重要作用,营造优越的人才环境。企业不仅应完善符合技术工人工作特点的工资分配制度,还应建立工资正常增长机制,探索长效激励机制,持续不断地提升长期默默奉献在基层一线的技术工人对于自身职业的认同感和自豪感,让他们可以更有尊严、更体面地工作和生活。要以职业培训为手段,让技术工人更有价值感。除了上述条件,技术工人成长与发展的"软环境"同样重要,必须下大力气营造"尊重技术、尊重人才"的良好社会风尚和健康的社会环境。①

《意见》的出台,为技术工人队伍的发展壮大打了一针强心剂,同时也

---

① 新华网,http://m.xinhuanet.com/comments/2018-03/24/c_1122584575.htm。

为人力资源服务业提供了新的发展机遇。广大人力资源服务机构可以为技术工人求职、培训、保障等各个方面提供良好的服务,为提升我国技术工人队伍的数量和质量作出有力的支持,同时也能够更好地实现自身的产业价值。

6. 人社部签发第一张全国统一的电子社保卡

事件提要:

在 2018 年 4 月 22 日举行的首届数字中国建设成果展览会上,人力资源社会保障部签发了全国首张电子社保卡。这张电子社保卡具有以下几个显著的特点:一是一一对应,电子社保卡作为社保卡线上应用的有效电子凭证,与实体社保卡一一对应、唯一映射,由全国社保卡平台统一签发,人力资源社会保障部统一管理。与实体社保卡一样,电子社保卡全国统一、全国通用,具有身份凭证、信息记录、自助查询、医保结算、缴费及待遇领取、金融支付等功能。二是安全高效,电子社保卡依托全国社保卡平台,以全国社保卡持卡人员基础信息库为支撑,以实体社保卡安全体系为底座,结合电子认证、生物特征识别、人工智能等互联网安全技术手段,构建网络与实人之间的可信连接,确保群众能够在互联网上真正实现"实人、实名、实卡"。三是便捷领取,在持卡人允许的前提下,电子社保卡可以通过各类经过安全授权的 APP 领取使用,包括人社部门 APP、商业银行及第三方支付平台 APP等。只要手中有一张实体社保卡,持卡人就可以随时随地通过可信 APP 领取电子社保卡。四是一卡多用,电子社保卡将在人社、政府公共服务、金融等领域线上线下有机结合应用,重点推进线上查询社保权益记录、线上就医购药支付结算、线上办理参保缴费、线上办理职业资格认证、线上人社公共服务办事凭证等业务场景应用。同时将进一步支持跨部门应用,助力政府公共服务,促进民生服务和智慧城市建设。

事件述评:

人力资源社会保障部签发第一张全国统一的电子社保卡,意味着社保卡线上线下全面打通,以线下为基础,线上线下相互补充的社保卡多元化服务生态圈正在形成。截至 2018 年第一季度末,全国社保卡持卡人数达11.2 亿人,普及率达 80.6%,被广泛应用于医保、养老、就业等领域。人社部信息中心主任翟燕立表示,随着电子社保卡的推出,社保卡线上线下应用结合将更加紧密,实现全国和线上线下"一卡通行",给群众带来更大的便利。①

　　电子社保卡的全面铺开,事实上反映的是证件电子化的现象,而证件电子化正是"互联网+政务"的必然趋势。这种趋势之所以近两年发展势头迅猛,一是机构之间的数据逐步实现了打通;二是以前需要本人带实体证件到现场办的事,现在在手机上"刷脸"就能证明"我就是我",足不出户就能办理。借助互联网刷脸认证、安全保障技术,证件电子化将从前几年的小范围探索试点阶段,加速进入全国推广阶段。证件电子化和数字化政务一方面得益于技术的进步,另一方面也反映了党全心全意为人民服务的宗旨和政府积极提高社会治理水平的坚定决心。正如中国人力资源和社会保障部新闻发言人卢爱红所言:"人社部正积极推行'三个不用'的便民服务措施,分别是异地业务'不用跑',无谓证明材料'不用交'和重复表格信息'不用填'。"

　　社会保险是人力资源服务业的重要业务内容,社保电子化的全面铺开一方面为社会保险业务的办理提供了极大的便利,空前提升了服务和管理效率;另一方面也为各类人力资源服务机构带来了不小的挑战。电子社保卡使得公民个人直接完成业务的能力大大提高,势必会齐压部分人力资源企业的业务空间。但机遇总是与挑战并存,人力资源服务企业势必要进一步提升自身的信息化服务能力,提升自己的信息系统集成能力,与国家的整个社会保障电子化服务体系相衔接;同时要不断探索和开辟新的业务模式,寻找新的增长点,这才是保障我国人力资源服务业不断健康向好发展的根本动力。

(二)学术事件

　　7.《中国人力资源服务业蓝皮书2017》和《中国人力资源服务业发展报告2017》发布

　　事件提要:

　　为了贯彻落实《国家"十三五"发展纲要》与《国家中长期人才发展规划

---

　　① 搜狐网,http://www.sohu.com/a/229203747_118392。

纲要(2010—2020年)》的要求,贯彻党的十九大精神,进一步推动人力资源服务业的发展,提高人力资源服务业对人才强国战略的助推作用,在国家人力资源和社会保障部人力资源市场司的大力支持与指导下,北京大学推出《中国人力资源服务业蓝皮书2017》;与此同时,人力资源市场司委托中国人才交流协会牵头组织编写的《中国人力资源服务业发展报告2017》也正式与读者见面。蓝皮书和发展报告均专门成立了编委会,组织业内专家、学者共同参与编写工作,经过各方的精心筹划、认真起草、深入讨论、反复修改和广泛征求意见,最终问世。蓝皮书和发展报告以推动人力资源服务业更好更快发展的宗旨,对2017年度中国人力资源服务业的发展状况进行了系统梳理,并从理论高度对实践进行了深入分析,通过理论归纳、事实描述、数据展现、案例解读和科学预测等方式,力图全面展现中国人力资源服务业的发展现状、重点领域和最新进展。

事件述评：

《中国人力资源服务业蓝皮书2017》和《中国人力资源服务业发展报告2017》注重内容的权威性、覆盖的全面性和信息的时效性,展示了我国人力资源服务业发展的基本面貌,全面概括了该年度我国人力资源服务业取得的新成果、新增长、新亮点。首先,蓝皮书和报告汇总和分析了2016—2017年度对我国人力资源、人力资源服务业有重要影响的法律法规政策及其新变化,并在往年对政策进行介绍和解读的基础上,在分类方法上作出了较大的改变,将法律法规政策变化分为了对全国人力资源服务业有重大影响的全国性政策、对全国人力资源服务业有较大间接影响的全国性政策、对区域人力资源服务业有重大影响的地方性政策。其次,全面介绍了我国人力资源服务业机构的概况、人力资源服务机构从业人员现状及变化、人力资源服务业机构经营理念的变化并对以上变化进行了分析,有助于广大读者把握我国人力资源服务业发展的整体趋势和脉络。再次,着重介绍了我国人力资源服务业的业态划分情况,人力资源服务业划分为招聘会服务、求职推荐服务、高级人才寻访服务、素质测评服务、培训服务、人力资源管理咨询服务、劳务派遣服务、薪酬服务、福利服务九种业态,还对人力资源服务的"互联网+"新技术产业、人力资源服务业、我国人力资源服务产业"走出去"的趋势进行专题分析,然后介绍了2017年全国人力资源服务业在学、政、企三界的重要活动。最后介绍了我国人力资源服务业的经验与技术创新,先对国内优秀的人力资源服务机构代表的经验和人力资源服务创新发展趋势进行分析,然后探讨新的信息技术在人力资源服务业中的应用现状及前景,其中云技术在人力资源服务业的应用、人力资源与共享服务中心概念的引进以及 SaaS(软件即服务)的实践显得尤为重要。

《中国人力资源服务业蓝皮书 2017》和《中国人力资源服务业发展报告 2017》重视方法的科学性和内容的创新性。首先,在讲述人力资源服务业在我国各省市的发展情况及各省市政府对人力资源服务业发展的重视时,通过词频分析等研究分析方法,具体展开分析人力资源服务业在微博这个新兴的网络环境中的网民关注度及发展情况、针对人力资源服务业的微信公众号分析等。其次,2017 年度中国人力资源服务业大事件评选过程中,对评选方法进行了创新,打通事件推荐和投票环节,采用边投票边推荐的做法,力图提高事件的覆盖性。最后,在对人力资源服务业的宏观影响因素、地区间人力资源服务业发展差距和各地人力资源服务企业竞争力差异三个方面问题分析的过程中,搜集了相关数据资料,用面板模型、聚类分析和主成分分析等方法对上述问题进行了分析。

《中国人力资源服务业蓝皮书 2017》和《中国人力资源服务业发展报告 2017》注重比较分析,关注发展的平衡性和多样性。通过大数据分析方法,比较出人力资源服务业在我国各省市的地区发展差异,对各省市政府对人力资源服务业发展的政策支持水平以及各省市在人力资源服务业的政策制定方面的比较分析,使我们对人力资源服务业的认识得到了进一步拓展深化;同时关注人力资源服务业的国际化趋势,用基本数据、行业发展起步年代、产业政策发布时间和服务内容四个方面进行了中西方国家人力资源服务业的比较分析,帮助我们进一步找到我国人力资源服务业同发达国家之间的差距与优势。

《中国人力资源服务业蓝皮书 2017》和《中国人力资源服务业发展报告 2017》全面真实地反映了人力资源服务业的发展情况,深入分析了行业发展面临的形势,也科学预测了未来可能的发展趋势,为我国未来的人力资源服务业发展提供了政策建议和道路指引。这些著作的发布,能够促进行业的交流与学习,带动整个人力资源服务行业发展的研究与探索;对于激发行业管理和服务的创新与实践,引起社会各界对人力资源服务业的了解、关注与支持具有重要价值。

8.《2017 年度人力资源和社会保障事业发展统计公报》发布

事件提要:

2018 年 5 月,人社部发布了《2017 年度人力资源和社会保障事业发展统计公报》(以下简称《公报》)。《公报》系统描述了 2017 年我国人力资源和社会保障事业的发展情况,分别从劳动就业、社会保险、人才队伍建设、公共人事管理、工资分配、劳动关系与劳动者权益维护和基础建设等七个方面,利用翔实的数据进行了深入的统计分析和情况汇报。《公报》是对 2017 年度我国人力资源与社会保障事业的高度概括与总结,是政府部门和社会各界认识与了解我国人力资源与社会保障事业现状的一个重要渠道,是监测 2017 年相对于 2016 年而言我国人力资源与社会保障事业发展动态的一份可靠资料。它的发布,有利于我们充分认识人力资源服务业所面临的外部环境和总体形势,为大量的人力资源服务机构布局 2018 年乃至未来一个时期的发展战略提供了一个非常可靠的支撑。

事件述评:

《公报》的发布,有利于党和政府以及社会各界全面掌握我国人力资源与社会保障事业发展的实时动态,掌握劳动就业、社会保险、人才队伍建设、公共人事管理、工资分配、劳动关系与劳动者权益维护和基础建设方面的基本统计数据和整体发展状况,为将来的政策制定、制度匹配提供一个良好的参考。

同时,《公报》的发布为广大人力资源服务企业、服务机构及从业个人提供了一份权威性的指导意见,使得上述机构和个人能够了解我国人力资源与社会保障事业发展的基本情况,包括政策环境、发展阶段、重大进展和不足等,为其基于上述信息推断产业发展趋势,找准市场空间,打造核心产品业务,乃至为个人职业选择等都提供了一个基础性的、可靠的信息来源渠道。

《公报》不仅概括了目前我国人力资源和社会保障事业的发展情况,也为我国人力资源服务业的发展提供了一定的想象空间,在人才服务、促进就业、辅助社会保障以及基础设施和技术支持方面都显现出较强的发展潜力和较大的发展空间。

　　总之,《公报》具有宏观指导性和权威性,同时也为我国人力资源服务业的发展进一步提出了指向,助力我国的人力资源服务业从业机构和人员找准整个行业发展的重点和痛点,抓住机遇,直面挑战,合理布局,做到既能融会于我国经济社会发展、人力资源和社会保障事业发展的大势之中,又能够在将来的进程中发挥自身优势、打造新业态和新增长点,在实现自身价值的同时,主动推动我国人力资源与社会保障事业的发展。

（三）行业事件

9. 人社部发文确定 128 家全国人力资源诚信服务示范机构

事件提要：

　　2018 年年初,人社部发出通知,确定 128 家机构为"全国人力资源诚信服务示范机构"。通知指出,推进人力资源服务机构诚信建设,是规范人力资源市场秩序、推进人力资源服务行业健康发展的有效手段。近年来,各地市场管理部门认真开展以"诚信服务树品牌、规范管理促发展"为主题的创建活动,涌现出一批诚信规范的人力资源服务机构典型。为进一步巩固诚信创建活动成果,更好营造诚信服务的行业氛围,在各省(区、市)推荐、专家组审核、公示的基础上,经研究确定北京融德人才咨询服务有限责任公司等 128 家机构为"全国人力资源诚信服务示范机构"。

事件述评：

　　通知要求,被确定为全国诚信服务示范机构的单位,要深入学习贯彻党的十九大精神,以习近平新时代中国特色社会主义思想为指导,更加珍惜荣誉,再接再厉,不断提升服务水平。各类人力资源服务机构要以示范机构为榜样,恪守诚信服务准则,践行诚信服务制度,争创诚信服务品牌。各级人社部门要认真总结和大力宣传全国人力资源诚信服务示范机构的先进事迹和经验,使人力资源服务机构学有榜样、做有标尺、赶有目标,使诚实守信成为人力资源服务行业的自觉行动。

　　人社部此次确定的全国 128 家诚信服务示范机构是这个行业的杰出代表。整个人力资源服务行业的发展壮大,这些人力资源服务机构是主体。128 家诚信服务示范机构类型多样、分布广泛,不仅仅集中在北上广深等一线大城市,内陆地区也有一定数量的机构存在。但我们仍应看到,东中西部地区之间人力资源服务机构数量上存在的巨大差距。人力资源服务业的发展壮大必须要建立在实体经济的基础上,东中西部地区之间经济发展的差异是客观存在的,但人力资源服务业的作用可以体现在帮助中西部地区的用人单位吸引人才,为人才在全国范围内的双向流动提供便捷的服务和保障。此次发布的 128 家诚信服务示范机构体现了全国统一平衡的原则,体现了政府对中西部地区的扶持,希望通过树立几家示范典型企业,带动和引领中西部地区整个人力资源服务行业的发展壮大。

128 家诚信服务示范机构不仅涉及的地域分散,涉及的业务类型的覆盖面也十分广泛,几乎覆盖了人力资源服务的所有业务条线。作为新型服务业的重要组成部分,人力资源服务业将扮演更为重要的角色,成为推动创新驱动战略发展的重要载体。例如,人力资源服务中的人力资源培训、职业指导等服务,已经成为当前人力资本投资的重要组成部分;而人力资源招聘、人力资源和社会保障事务代理、人才测评、劳务派遣、高级人才寻访、人力资源外包、人力资源管理咨询等可以看作是提高人岗匹配和劳动力市场效率的一种专业服务。

发布全国性的人力资源服务业诚信示范机构一方面是给广大人力资源服务的购买者传递信心,另一方面是以标杆作用鼓励和带动全行业向他们看齐,整体上推高全国人力资源服务业的业务能力和服务水平。应该要注意的是,一方面,诚信服务示范机构的数量要有所增加,但上限一定要控制;另一方面,要鼓励各级地方监管机构开展类似的评选活动,形成各个层级、各个段位互相带动、互相支撑的格局,有效填充各级人力资源服务市场。

10. 民营人力资源服务企业继续助力我国人力资源服务产业发展

事件提要:

民营人力资源服务企业是推动我国人力资源服务业全面、健康发展的关键力量。近年来,大量的民营人力资源服务企业如雨后春笋般蓬勃涌现出来,2018 年,更是有许多企业不断做大做强,取得了不俗的经营业绩。广西锦绣前程人力资源股份有限公司(以下简称"前程人力")于 2015 年在新三板挂牌上市,是广西首家在新三板挂牌上市的人力资源公司。广西锦绣前程人力资源股份有限公司是广西贝福投资集团的下属子公司,是一家以人力资源开发为主体的人力资源专业机构。前程人力是从事人力资源外包、高级猎头、人才培训、人才测评、管理咨询等多项业务的全国性人力资源综合解决方案提供商。经过 11 年的发展,前程人力已成为广西乃至全国人力资源服务行业的品牌机构,目前已在广西 11 个市成立了分、子公司,在北京、浙江、深圳、福建、贵州、海南、山东、武汉、西安等省市及澳洲、东盟国家成立了分支机构。前程人力还是中华人力资源研究会在华南的分支机构、北京大学智力支持单位、深圳市管理咨询行业协会常务副会长单位。

事件述评:

民营人力资源服务企业是我国人力资源服务产业的重要组成部分,是推动我国人力资源服务产业发展壮大、完善市场、提供多元化服务的重要力量。它们不仅自身创造了较大的市场价值,也有效补充了政府类人力资源服务机构的业务空间,加之其具有更好的灵活性,对市场的反应更为灵敏,因此往往站在产业发展的前沿一线,具有十分重要的地位。

许多民营人力资源服务企业的发展在过去一年成绩显著,取得了当地政府部门、机构和个人投资者和其他社会各界的一致认可。这事实上也反映了政府对人力资源服务业的重视和整个市场对产业发展前景的信心。例如广西锦绣前程人力资源服务有限公司在 2017—2018 年延续了良好的发展势头,取得不俗的经营业绩,多次获得各类荣誉:获得广西人力资源诚信服务示范单位;入选全球著名的人力资源服务机构 HRoot-Market Watch (HR 管理世界—市场观察)发布的全球人力资源服务供应商市值排名一百强榜单;获得"2016 年度新三板最具价值投资百强奖";董事长周文皓荣获"2016—2017 年度广西优秀企业家"称号等。

许多优秀的民营人力资源服务企业在服务内容上已打造出完整的服务产业链,可满足企业高中基层全方位的需求,为企业提供"人力资源及其相关联业务"的综合性服务,形成了各自特有的商业模式和盈利模式。像前程人力这样能够提供多元化、专业化、国际化的人力资源服务的人力资源服务企业,在我国产业结构转型升级、加快服务业发展、推动实体经济增长的战略转型过程中发挥着重要的角色,并且仍具有巨大的拓展空间。在这样一个时代契机下,广大人力资源服务企业都应当抓住机遇,积极投身到国家战略布局当中去,寻找自身优势,加快补齐短板,锻造自身核心业务,打造区域知名、全国知名乃至国际知名的人力资源服务机构。

拥有数家全球知名的、国际性的人力资源服务机构，是中国人力资源事业发展的必然要求，也是我国从人力资源大国真正转变成为人力资源强国的一个重要标志。要进一步加快促进民营企业、政府部门和其他各类社会人力资源服务机构协同配合，才能深入促进我国人力资源服务业的全面繁荣与增长。

第三部分

人力资源服务机构经营业务情况及部分研究成果名录

附录1 部分人力资源服务机构及经营业务介绍

一、人力资源服务网站名录

中国人力资源市场网 http://www.chrm.gov.cn/

中国国家人才网 http://www.newjobs.com.cn/

中国对外服务行业协会网站 http://www.cafst.org.cn/

北方人才网 http://www.tjrc.com.cn/

北京人才网 http://www.bjrc.com/

北京市人力资源服务网 http://www.unihr.cn/

福建省公共就业服务网 http://www.fj99.org.cn/

广东人力资源网 http://www.12333.org/

广西人力资源网 http://www.gxrlzy.com/

江西人才网 http://www.jxrcw.com/

宁夏人才网 http://www.nxrc.com.cn/

青海人才市场网 http://www.qhrcsc.com/

山东人才网 http://www.sdrc.com.cn/

山西人才网 http://www.sjrc.com.cn/

上海人才服务行业协会网站 http://www.shrca.org/

上海人才服务网 http://www.shrc.com.cn/

深圳市人力资源服务行业协会网站 http://www.szhra.org/

四川省人才网 http://www.scrc168.com/

云南人才网 http://www.ynhr.com/

浙江人才网 http://www.zjrc.com/

浙江省人力资源服务行业协会网站 http://www.zjhrca.com/

二、各级人才市场及经营业务情况介绍

（一）国家级人才市场及经营业务①

序号	机构名称	成立时间	主营业务与现状
1	中国成都人才市场	1997	● 网络招聘会,简历库查询,广告发布,猎头服务,求职信息发布 ● 2017 年服务各类人才累计 306.6 万人次;服务各类企业累计 53.5 万家次;提供公共服务累计 119.1 万件次
2	中国云南企业经营管理人才市场	2007	● 定制服务,证书挂靠,人才检索,增值服务 ● 目前服务各类人才累计 20 万人次
3	中国大连高新技术人才市场	2005	● 人才交流、人才引进、劳动用工手续办理、人事调转、人事代理、毕业生就业指导、职称评审
4	中国桂林旅游人才市场	2002	● 为国内旅游行业发展、广西区经济建设和社会发展开发配置旅游人才资源,服务旅游行业企事业用人单位和求职者职能 ● 网站现拥有 1000 家的企业会员,每周提供有效职位 2000 多个;10 多万份有效个人简历,目前网站日均访问量达 2 万多人次
5	中国海洋人才市场（山东）	2012	● 挖掘更多涉海、涉蓝人才,为青岛和胶东半岛地区提供更好的人才支撑;为海洋专业人才的开发配置提供服务
6	中国青岛企业经营管理人才市场	2003	● 参与制定全市人才工作发展规划、计划并组织实施;参与制定全市人才公共服务政策
7	中国江西人才市场	2002	● 职业介绍、留学中介、出国培训考察、人事代理、档案保管、职称评定、户口挂靠、人才派遣（租赁）、代办"五险一金" ● 市场总面积 5600 平方米,拥有 170 多个标准展位的招聘会场和综合服务大厅、多功能会议室、培训场地、人才测评室以及现代化的档案库,并有一支大专以上学历组成的高素质专业人事人才工作队伍

---

① 资料来源:中国人力资源市场网,http://www.chrm.gov.cn/HROrganization。

续表

序号	机构名称	成立时间	主营业务与现状
8	中国新疆人才市场	2003	●交流人才信息,办理人事代理业务;代理岗位知识和专业技能培训业务,负责为存档人员办理工龄计算、档案工资、出国(境)政审;组织开展人才及人才智力的引进与输出;人才信息收集;等等 ●目前已累计服务14.4万人次
9	中国江苏企业经营管理人才市场	2001	●为各类企业经营管理人才合理流动提供服务;企业经营管理人才交流洽谈;受委托选聘各类人才;收集整理、发布人才供求信息 ●目前在职员工10名
10	中国江汉平原农村人才市场	1997	
11	中国贵州人才市场	2008	●提供招聘信息发布,简历筛选、人才推荐、高级人才猎头、人事代理、人才测评、人才培训、人才派遣等优质HR解决方案,为求职者提供各类人才职业发展有关的丰富信息 ●目前已累计服务60万人次
12	中国广西人才市场	2003	●致力于中国东盟自由贸易区的人力资源开发和人才服务 ●广西规模最大、服务最完善的人才服务机构,区域性人才资源市场化配置中心、社会化服务中心、科学化评价中心、现代化培训中心和远程教育网络中心;目前已累计服务150万人次
13	中国龙江企业经营管理人才市场		
14	中国东北毕业生人才市场		●服务对象主要是东北及全国各地的各类企事业单位及应往届大中专以上毕业生。建立专门的振兴东北老工业基地项目人才需求库、紧缺人才库,定期向毕业生发布人才需求目录,围绕项目开展毕业生人才派遣活动,以项目引导毕业生就业;提供人事关系及人事档案保管、确定档案工资、职称评定、代办保险、落户和代管党团组织关系等所需的人事服务

续表

序号	机构名称	成立时间	主营业务与现状
15	中国宁波人才市场	2009	●跨区域组团招聘,代理招聘,现场招聘会 ●2017 年第一季度举办各级各类现场招聘会 49 场,共 8000 余家次企业参会,需求各类人才 16.5 万余人,共 8.5 万余人次进场应聘洽谈
16	中国武汉人才市场	2001	●人力资源开发、现场招聘、网络招聘、报纸招聘、劳务派遣、人事代理、大学生家教、兼职等服务 ●我国中部最大的人才资源服务机构。每年举办各类现场招聘会近百场,进场招聘单位近万家,进场择业人员达 50 余万人次
17	中国吉林高新技术人才市场	1999	●人事人才政策咨询、人事代理、人才培训、人才交流等业务 ●现有工作人员 50 余人,聚集一批具有博士、硕士和研究员等高水平从业人员
18	中国中原毕业生人才市场	1995	●举办各类人才招聘会、信息咨询(中国中原人才网)、中高级人才开发派遣、人才培训、人才测评等 ●目前已累计服务 80 万人次
19	中国山西人才市场	2002	●省内人才、智力交流,引进省外国外人才,人才开发就业等工作 ●目前已累计服务 200 万人次
20	中国上海人才市场	1997	●人才交流引进、中高级人才寻访推荐、人事代理、人才诚信信息评估、机关事业单位雇员派遣及军队文职人员服务,流动人员人事档案管理、新经济组织管理服务、领军人才和优秀人才综合配套服务
21	中国济南企业管理人才市场	2003	●企业管理人才的信息收集、整理和发布等工作,为人才与用人单位提供及时、准确的信息服务
22	中国唐山企业家人才市场	2001	●求职登记、招聘登记、职业介绍、《就业失业登记证》核发、劳务派遣、劳动保障事务代理、用工备案 ●目前已累计服务 13.2 万人次
23	中国西安人才市场	1996	●档案管理、人事代理、人才网站、委托招聘、人才培训、人才评价、人才交流 ●目前已累计服务 142 万人次

续表

序号	机构名称	成立时间	主营业务与现状
24	中国安徽人才市场	2005	●网络招聘、报纸招聘、现场招聘、人才培训及代理招聘 ●市场网站企业会员超过8万家,个人会员突破80万,日均访问量超过1万人
25	中国包头高新技术人才市场	2004	●档案管理、人事代理、人才网站、委托招聘、人才培训、人才评价、人才交流
26	中国北方(天津)人才市场	1994	●国内外人才交流、网上人才求聘、人事代理、人才培训、毕业生就业指导、猎头服务、人才派遣、人才测评、新经济组织党员管理、人才报出版、实业开发 ●目前已累计为11万余家用人单位、300万各类人才提供服务
27	中国海峡人才市场	2004	●提供人才供求信息,提供省内外、国内外人才交流,大中专毕业生就业指导推荐,人事代理,人才派遣(租赁) ●目前已累计服务90.6万人次;拥有3家全资国资企业;在福建省为设立14个分部
28	中国沈阳人才市场	1994	●人才配置、人才开发、人事代理、人力资源咨询等四大支柱业务的人才服务体系,拥有人才交流会、专栏招聘、网上招聘、网上求职、局域网人才检索、高级人才推荐服务、代理招聘、兼职市场、流动人员人事档案管理、出国政审、职称申报、人才培训、人才测评等二十多个服务项目
29	中国重庆经营管理人才市场	2000	●向用人单位和各类人才提供人才交流、人事代理、人才培训、人才引进、人才测评、人才猎头等多层次、多功能、全方位的服务 ●面积3000平方米,设有120个展位,建有集求职登记、信息发布、网上查询、档案接转、户籍挂靠、养老保险、辞职辞退、广告审批等内容为一体的一条龙服务区
30	中国南方(广州)人才市场	1995	●人事代理、人才租赁(派遣)、现场招聘会、人才网站、考试测评、猎头、人才培训、毕业生就业服务、国际人才交流、管理咨询 ●华南地区最成熟、最权威、规模最大的人力资源专业服务机构

（二）省级人才市场及经营业务

序号	机构名称	成立时间	主营业务与现状
1	云南人才市场	2004	●现场招聘、网络招聘、委托招聘、人才测评、政企服务、培训服务、人事代理、人才派遣、跨区域交流、校园招聘、人力资源周边业务等 ●市场有 8 个部门，2 个培训机构和 1 个全资控股公司；拥有 5000 平方米舒适的交流大厅，294 个专业的供需洽谈展位和先进的展位预订系统
2	河南省人才交流中心	1990	●为人才流动与人才配置提供社会化管理与中介服务、人才市场管理、人事代理业务承办、人才流动手续办理、人事档案社会化管理、人才培训与开发、人才测评、大中专毕业生就业指导、市县人才交流业务指导、上级委托事项承办 ●目前已累计服务 80.6 万人次
3	四川省人才交流中心	1984	●人才交流大会、大中专毕业生就业服务、人事档案管理、全程人事代理、代办社会保险、人才引进、人才培训、人才测评、人才信息查询、人才推荐、人才网站、人才派遣 ●中心现管理流动人员人事档案近 7 万份、流动党员 3200 余名，年提供档案管理及人事代理相关服务约 10 万人次；目前已累计服务 60 万人次
4	陕西省人才交流服务中心	1996	●流动人员管理服务、毕业生就业创业服务、人才培训评价服务、人才引进、求职招聘 ●现有 11 个工作部门，21 个分支机构，每年累计服务 20 万人次，向社会提供 30 余万个岗位信息
5	中国新疆人才市场	1994	●查询简历库，企业随时自主发布删除招聘职位，负责为存档人员办理工龄计算、档案工资、出国(境)政审
6	山西人才市场	2002	●省内人才、智力交流，引进省外国外人才，人才开发就业等工作
7	上海市人才服务中心		●从事国际教育合作、境外留学、学历继续教育、职业资格培训、择业指导、教育咨询、人才交流、人才服务
8	黑龙江省人才市场		●人才交流、档案管理、招聘审批、出口政审

续表

序号	机构名称	成立时间	主营业务与现状
9	河北省人才交流服务中心	1984	●省内人才、智力交流,引进省外国外人才,人才开发就业等工作 ●目前已累计服务 10 万人次
10	内蒙古人才交流服务中心	2004	●档案管理、人事代理、人才网站、委托招聘、人才培训
11	西藏自治区人才交流中心	2009	●建立统一规范的人力资源市场,促进人力资源合理流动、有效配置
12	山东省人才服务中心	1984	●人才法规和政策咨询,管理流动人员人事档案,组织举办人才交流会,收集发布人才供求信息,开展人事代理、流动党员管理以及人才培训、人才测评和网上人才交流等服务 ●已累计举办人才交流会 847 场,进场招聘单位 4.6 万家,参会求职人数 198 万人次,为社会提供就业岗位 69 万个,40 万人次实现交流和就业
13	安徽省人才服务中心	1984	●单位人才招聘、人才流动的中介、中转和管理服务工作;承担各类人才培训工作 ●下设 5 个部门,一个人才中心与安徽人才网
14	吉林省人才交流开发中心	1995	●人才政策咨询、人事代理、人才培训、人才交流等业务 ●目前已累计服务 48.8 万人
15	海南省人力资源市场	2000	●网络招聘求职(天涯人力网)、委托招聘求职、人才素质测评、劳务派遣、人才培训、学历鉴定与认证 ●设固定招聘展位 100 个,可同时容纳 200 多家单位进场招聘,2000 多人进场求职;人才简历库有 13 万余份,合作企业 5000 多家,每天保持新注册 300 份以上的个人求职简历的增长速度
16	辽宁省就业和人才服务局	2012	●参与拟定全省公共就业和人才服务业发展规划及相关政策;负责省本级公共就业服务岗位、公益性岗位和全省城乡劳动力资源管理的具体工作;负责境外公民在辽宁就业管理工作;指导全省创业带动就业工作和失业保险经办工作;负责流动人员人事档案及相关人事代理工作

序号	机构名称	成立时间	主营业务与现状
17	北京市人才服务中心	1993	● 人力资源市场发展和管理的辅助性、事务性工作,承担大型公益性人才服务活动的具体组织协调工作,开展流动党员教育、管理 ● 目前内设 10 个部门,下设 4 个所属单位;目前累计服务 80 万人次
18	广西人才交流服务中心	2003	● 职业资格培训、择业指导、教育咨询、人才交流、人才服务 ● 目前已累计培训 100 万人次
19	湖南省人才流动服务中心	2005	● 从事档案代理、应届毕业生接收、异地人才引进、专业人事咨询以及职称、社保等人事代理服务
20	甘肃省人力资源市场	2000	● 为流动人员提供人才招聘、人才交流、档案托管、人事代理、人才推荐、职业培训、学历认证、流动党员管理、留学回国人员就业服务等工作 ● 每年举办各类人才招聘会 100 余场次,目前,打造了中国·兰州人才智力交流大会、开发西部全国人才智力交流大会、"一带一路"沿线城市大型人才招聘会、校园人才招聘会等品牌招聘会;托管流动人员人事档案 6 万余份,每年提供人才服务 10 万余人次

（三）副省及地市级人才市场及经营业务

序号	机构名称	成立时间	主营业务与现状
1	西宁市人才开发交流中心		● 为西宁地区经济建设和社会发展服务,向用人单位、流动人员提供人事人才公共服务;承担政府、企业人力资源配置、人才交流、人才招聘、推荐指导大中专毕业生就业等业务职能
2	江淮人才网	2000	● 本地化属性、半开放、一对一专属顾问等特色服务 ● 31 个独立品牌,覆盖 31 个省市自治区,服务 3500 求职者和 240 万企业

续表

序号	机构名称	成立时间	主营业务与现状
3	太原人才大市场	2003	● 人才交流、人才招聘、人才网站、人才推荐、人才培训、劳务外包、劳务派遣、劳务输出和输入、社保代理、考试考核评荐、人事代理等 ● 每年服务单位4万余家,服务人数超40万余人次
4	义乌市人才交流中心	1998	● 毕业生就业、毕业生流动党员的管理与服务、人才招聘、人才推荐、人事人才政策法规的咨询和指导、人才的档案管理、人事代理服务、义乌人才网的运行与维护 ● 每年服务约8000人
5	大庆市人才开发流动服务中心		
6	中山市人才交流管理中心	2003	● 办理各类企业单位的专业技术人员和管理人员的调入、调出业务,组织全市性大型人才交流会、大中专毕业生供需见面会
7	贺州市人事局	1986	● 干部管理、军官转业安置、考核奖惩培训、工资福利退休专业技术人员退休
8	抚顺市人才中心		● 参与拟定人才服务业发展规划和相关政策、对人才市场监督、管理和业务指导、人事考试组织管理和实施、流动人员人事档案管理及人事代理等相关业务、毕业生派遣、人才资源开发培训、人才评价和推荐
9	西安市人才服务中心	1983	● 负责全市人才交流和人事代理,科学的人力资源配置流程,为各类企事业单位及个人提供高水平、专业化的人事人才服务 ● 目前已累计服务7 2万人次
10	泉州市人才智力开发服务中心		
11	安阳市人才开发服务中心	2003	● 简历投递、简历制作、职位应聘、人员招聘、猎头服务、人才测评、短信提醒、在线服务 ● 已吸引14万多名大学毕业生和社会求职者,服务于8000多家企事业单位,日访问量达到6万人次左右
12	湘潭人才市场		
13	黄石市人才中心	1990	● 职业资格培训、择业指导、教育咨询、人才交流、人才服务,大(中)专生毕业推荐

序号	机构名称	成立时间	主营业务与现状
14	合肥市人才中心	1984	• 人才交流、人才猎头、人才测评、信息服务、人才开发、人事代理、就业指导、合同鉴证 • 建筑面积 3000 多平方米,内设 2 个招聘大厅、130 个招聘展位
15	运城市人才市场	2017	• 人力资源代理、档案管理、流动党员管理、人力资源招聘、技能培训、就业援助、劳务输出、人才引进、创业指导、在外务工人员服务等公共就业和人才服务
16	长春市人才开发服务中心	1984	• 人才信息、交流、招聘、培训、测评、引进、猎头、派遣、广告、人事代理、档案管理等多项服务功能 • 人才交流场地面积 3000 平方米,设标准展位 230 个;共举办各类现场招聘会 2700 多场,接待用人单位 46 万家次、各类人才 770 万人次
17	武汉市人才服务中心	1996	• 通过信息交流、培训、测评、代理、保障等社会化功能和调节机制,促进人才合理流动、合理配置
18	福州市人才市场	2003	• 发布人才供求信息;提供择业指导和咨询服务;接受用人单位书面委托招聘人才;向用人单位推荐人才;经批准举办人才交流会;人才派遣及人才租赁;毕业生就业服务;从事人事代理服务;高级人才寻访(猎头);等等
19	吉林市人才服务中心	1983	• 高校毕业生就业管理服务、人才招聘引进服务、流动人员人事档案管理服务、流动人员档案管理的人事服务、流动党员管理服务、网络信息服务和人才市场监管
20	无锡市新区人力资源服务中心	1995	• 人才交流、人才猎头、人才测评、信息服务、人才开发、人事代理、人才流动的中介、中转和管理服务工作
21	沈阳市人才中心	1996	• 提供人才供求信息,提供省内外、国内外人才交流,大中专毕业生就业指导推荐
22	昆山人力资源市场管理委员会	2007	• 委托招聘求职、人才素质测评、劳务派遣 • 目前下设 14 个公司、中心

序号	机构名称	成立时间	主营业务与现状
23	郑州市人才市场	1984	●现场招聘、专场招聘、劳务专送、委托推荐、人才寻聘、职业指导、职业测评、人事服务 ●交流大厅1万平方米,设标准展位300多个,每天接待170家以上的用人单位和8000多人次的求职者,日均向社会提供3000—4000个就业岗位信息,累计服务150多万人次
24	陕西榆林市人才交流服务中心	1990	●为企业提供名企招聘、品牌招聘、查询人才库等网上招聘服务,人事代理、培训、求职指导信息
25	河池市人才服务管理办公室	1999	●人事代理,网上招聘、求职,人才培训,人才评测
26	长沙市人才服务中心	1984	●人事代理、人才培训、人才派遣、人才开发等人事人才公共服务;以人事代理服务为基础,拓展了与之相关的人事公证、合同鉴证、社会保险、职称评定、毕业生手续接转、转正定级、党团组织关系管理、计划生育、户口管理等社会化公共人事人才服务 ●目前与全国17个城市建立人才联盟;网站日均访问量5万以上,日均浏览量20万以上,拥有20多万人才简历库,每日新增简历400余份,10000余家会员单位常年提供每日1000个以上的工作机会
27	临汾市人才市场	2001	●档案管理、人事代理、人才网站、委托招聘、人才培训、人才评价、人才交流
28	山东省潍坊市人力资源管理服务中心	2006	●开展公共就业服务,落实人力资源市场发展规划;负责就业和人力资源信息网络建设,构建四级就业服务网络平台 ●目前已累计服务15万人次
29	洛阳市人才服务中心	2002	●提供人才人事社会化管理和社会化评价服务;负责人才中介组织和人才交流活动的管理;发展人才市场,运用市场手段配置人才资源;建设人才人事公共信息网络,发展网上人才市场;开发人才资源;开展中专学历以上专业技术人才和管理人才就业指导推荐和服务;开展人事代理;建立职业诚信体系
30	北海市人才市场	1985	●人才交流中介、人才供求信息收集和发布、现场和网上招聘会、推荐就业、毕业生就业指导、人才培训、人才派遣(租赁)

续表

序号	机构名称	成立时间	主营业务与现状
31	中山市菊城人才市场	2003	●人才招聘、求职服务、人才推荐、网络招聘、人才测评、人才租赁、猎头、人才培训、户口托管,代办毕业生报到手续、转正定级、职称评审
32	柳州市人才服务管理办公室		●组织举办各类公益性人才交流会、就业指导、人事代理、档案管理、人才培训服务 ●人才办现拥有专业的档案存放库、人事代理联网操作系统,并在全区率先开通毕业生网上报到系统
33	江门市人才服务中心	2003	●人才推荐、人事代理、人才培训、人才派遣、人才开发等人才公共服务
34	常德市人才开发交流服务中心	2002	●日常求职登记、企业委托招聘、人才与智力交流、举办现场招聘会、人才推荐评价、人才培训与开发、人才测评、人才派遣、网上人才信息服务、人事代理、流动待业大中专毕业生档案托管
35	眉山市人才流动服务中心	2001	●开发人才资源、引导人才合理流动,为企事业用人单位招聘推荐人才,为流动人员提供全方位的人事代理和求职推荐服务
36	绵阳市人才服务中心	1984	●高校毕业生就业指导、流动人员档案管理、流动人才党组织建设、人才公共服务体系建设规划以及人才引进、人事代理、人才招聘、人才派遣、人才测评、人才培训、猎头服务 ●中心有人才招聘大厅近1000平方米,招聘摊位70余个,配备有一条龙办事大厅、高级人才洽谈室、多功能培训室等设施
37	唐山市人才交流中心		●职业资格培训、择业指导、教育咨询、人才交流、人才服务
38	常州市人才服务中心	1984	●人才引进;大中专毕业生就业指导、接收和派遣工作;人才职业资格审核、认定和代理人员职称评定工作;全市人才信息网络建设;人才招聘广告内容的审核;举办各类人才招聘活动;流动人员人事关系、档案管理;办理人才流动手续;全市人才需求预测和规划工作;高级人才的评价推荐服务工作;人才派遣工作 ●目前共有50余名工作人员,内设机构为8个部、2个中心

续表

序号	机构名称	成立时间	主营业务与现状
39	大连长兴岛人才交流中心		• 人才交流、人才培训、人事咨询策划等业务;制定行业服务标准和自律规范、强化自我管理、反对不正当竞争、促进区人才市场健康发展;开展学术交流,编辑人才交流信息刊物;开展人事代理服务,人力资源咨询与策划业务
40	杭州市人才服务局	1984	• 贯彻执行关于中央、省和市人才工作的方针、政策和法律法规、规章;参与拟订人才开发工作地方性法规、规章草案和人才公共服务等政策并做好相关工作;承办人才中介服务机构相关管理工作;负责开展高层次人才引进、评价、推荐等服务工作;参与开展高校毕业生就业创业指导和公共服务等工作;受委托办理流动人员人事档案管理等有关人事代理业务;受委托代管杭州人才市场;指导市人力资源管理协会工作;负责流动党员服务管理;指导协调区、县(市)人才市场管理和人才市场信息规划工作 • 目前下设7个处室
41	太原人才大市场	2003	• 人才交流、人才招聘、人才网站、人才推荐、人才培训、劳务外包、劳务派遣、劳务输出和输入、社保代理、考试考核评荐、人事代理 • 每年服务单位4万余家,服务人数超40万余人次。每年有10万余人次通过太原人才大市场人才交流及人才培训后实现初次就业和转岗就业
42	德阳市人才服务中心		
43	广西贺州市人才交流服务中心	1986	• 人才档案管理、人才引进、交流,干部出国(境)的政审、人才流动争议仲裁
44	辽宁省盘锦市人才服务局		• 全市人才交流、引进和开发工作以及人才供求信息统计、上报和发布工作;负责全市大中专毕业生就业政策制定、就业指导、就业见习及创业服务工作;负责各类流动人员和毕业生档案的管理,开展人事代理工作
45	辽西人才在线		• 招聘和求职信息实时更新,关于求职、培训、创业等相关政策法规的介绍和咨询服务

序号	机构名称	成立时间	主营业务与现状
46	中国海峡人才市场	1998	• 提供人才供求信息,提供省内外、国内外人才交流,大中专毕业生就业指导推荐,人事代理,人才派遣(租赁),代办保险,人才培训,人才测评,人才资信认证,猎头服务以及出国留学,留学人员回国创业,国(境)外劳务、移民 • 目前已累计服务 90.6 万人次;拥有 3 家全资国资企业;在福建省内设立 14 个分部
47	上饶市人力资源服务管理中心	1989	• 培育、发展和规范人力资源市场,搭建以职业介绍为主要内容的就业服务平台,促进人力资源优化配置;受理、审核、登记和发布用人单位招聘岗位信息,为用人单位推荐求职者;为求职人员办理求职信息登记,推荐用人单位空缺岗位,进行必要的就业指导;负责市本级就业困难人员职业介绍,以及公益性岗位的开发和人员录用工作;向求职者和用人单位提供人事和劳动保障政策法规咨询服务;组织或承办各类招聘活动 • 目前已累计服务 17 万人次
48	浙江省职业介绍服务指导中心		• 指导全省劳动力市场建设和职业介绍工作;承办全省性劳动力市场交流大会,举办各类专场招聘会 开展就业政策咨询,收集和发布劳动力市场供求信息;办理求职登记、招聘登记、职业指导、职业介绍,以及开展下岗失业人员再就业培训和创业培训等就业和再就业服务
49	佛山人才资源开发服务中心		• 人才招聘、人才求职、人才测评、猎头服务、人事代理、人才派遣、党务管理、人才流动、学生报到、学历认证、档案管理 • 目前设有 7 个部门
50	廊坊市人才服务中心		
51	辽宁省鞍山市人才服务中心	1994	• 办理各类企业单位的专业技术人员和管理人员的调入、调出业务,组织全市性大型人才交流会、大中专毕业生供需见面会
52	焦作市人才交流中心		• 目前设有 7 个科室

续表

序号	机构名称	成立时间	主营业务与现状
53	南昌市人才开发交流服务中心	1984	• 负责人才引进和人才提升培养工程实施以及"高层次人才一卡通"的办理、咨询等相关工作;高层次人才引进计划申报及申报认定工作;全市企业经营管理人才培训工作;人才供求市场预测和人才政策、人才信息发布;编制发布《南昌市企业人才需求目录》;中高级人才信息库建设、管理、维护和信息查询 • 目前下设6个职能科室
54	瑞安市人才开发服务中心	2011	• 组织研究制定本市人才管理工作计划、规定和办事程序等规范性文件、文书;对本市实施人才工作有关法律、法规、规章、政策的监督检查;指导协调全市人才流动工作;受委托监督管理本市各类人才中介服务活动、维护人才市场秩序;负责人才引进和流动工作;受委托负责大中专毕业生就业报到、政策咨询和就业指导工作;负责人事档案管理工作,完成上级交办的其他工作 • 目前人才市场管理办公室下设人事代理部、市场交流部、信息咨询部。拥有网站"瑞安人才网",设有单位招聘、个人求职、搜索人才、信息中心、政策法规、人事代理、服务指南、网上办公等栏目
55	抚州人才服务中心		• 人事代理、企业招聘、人才求职、引进高素质人才测评、社会化人才培训和高校毕业生就业等服务职能 • 中心内的招聘大厅场地面积近1000平方米,设有标准化招聘摊位60个;建有国际互联网站(抚州人才网),并与中国江西人才市场共建全省人才市场网络信息平台;配有人才档案查询系统
56	江西赣中人才市场		
57	昆明市人才服务中心		• 负责考试、培训、人事代理等业务;组织用人单位与求职人才招聘洽谈;发布人才供求信息、企业招聘广告业务代理、高级猎头服务负责开展人才测评、心理咨询、就业指导等工作;负责经营性人才服务业务的研发及人才数据库管理

续表

序号	机构名称	成立时间	主营业务与现状
58	中国新疆人才市场南疆分市场	1994	● 负责办理人事代理业务,代理岗位知识和专业技能培训业务;代理人才招聘、专业技术职务(称)申报和评审、人才素质及能力测评、单位内部人才配置及岗位职责、待遇等方案,人事关系和人事档案接转、管理等人事工作业务;协助委托单位分析研究人事管理工作中的问题,促进单位人事管理科学化、规范化 ● 市场拥有 800 平方米宽敞明亮的人才交流大厅,设有 160 个招聘展位;每个招聘活动日平均有一百余家单位、上千余人员进场招聘应聘,供需两旺,是自治区最大的人才信息集散中心
59	九江市人才交流服务中心	1985	● 负责全市人才资源开发和综合管理服务工作;全市流动人员的档案管理工作;受理非政府人事部门人才中介机构的申报和审批工作;人才引进;人事代理;大中专毕业生就业指导工作;组织各类人才岗前培训、专业培训、更新知识培训、学历培训、境外培训;组织开展国际人才交流与合作,负责国内、国外(境外)人才(劳务)输出工作等 ● 目前设有 8 个科室;面积达 4600 余平方米,拥有南北 2 个招聘大厅;每月举办 4 场招聘会(固定每周五举办),每月进场招聘单位总数达 800 家左右、入场找工作求职者达 10000 人次以上
60	福建省南平市人才市场		● 人才交流中介服务,毕业生就业指导服务,人才转向培训,拓展其他人才智力流动有关的项目与业务
61	威海人才服务中心	1992	● 为用人单位和求职人员提供场所人才供求信息和中介服务、接受单位和个人委托、提供人事代理服务、培养和发展高级人才、大中专毕业生、企业经营者人才市场
62	萍乡市人才交流中心		
63	海口市人才交流中心人才市场	1985	● 人才引进、档案托管、人事服务

序号	机构名称	成立时间	主营业务与现状
64	玉林市人才市场		● 负责用人单位和求职招聘者的接待、咨询、信息登记、资料储存、发布人才供求信息、洽谈面试安排工作;收集分析招聘单位录用招聘人才情况;负责大中专毕业生的报到接收、就业指导和就业推荐工作;办理招聘会、人才输出和中高级人才中介服务等
65	云南农垦人才服务中心		
66	长治市人才信息市场	1999	● 人才交流
67	青岛市人力资源和社会保障局		● 负责起草人力资源和社会保障地方性法规、规章草案;拟订全市人力资源和社会保障事业发展规划和政策,并组织实施和监督检查 ● 目前下设 23 个职能处室
68	中国包头高新技术人才市场		
69	南宁市人才服务管理办公室	1984	● 承担本市人才交流、人才引进、人才输出、档案综合服务、人才测评、人才培训、大中专毕业生推荐就业、高层次人才评价推荐、网上人才服务、留学回国人员回国创业就业指导、政策咨询及流动党员管理等多项人才公共服务 ● 下设 6 个机构;每年接收市内外高校毕业生 3.6 万多人,为 1 万多家次单位和 10 万人次求职者搭建交流平台,提供各类工作岗位 10 万多个,南宁人才网的人才库存量 553539 人,现存大学生人事档案达 171092 册
70	广西西南人才服务市场	2008	● 人才供求信息的收集、整理、储存、发布和咨询服务;人才推荐招聘;人才培训、测评;人事(劳动事务)代理政策咨询;人才(劳务)派遣
71	景德镇市人才交流中心	1991	● 负责人才交流服务

序号	机构名称	成立时间	主营业务与现状
72	青海省职业介绍中心	1993	• 为用人单位通过市场自主择人和人才进入市场自主择业提供双向选择的平台；人事代理；人才派遣；人员招聘、入职培训、合同签订及工资发放、社保缴纳；专业技术人员继续教育培训、在职人员短期提高性培训、学历培训和公务员考前辅导等多项培训业务 • 现有工作人员 65 人，其中在编人员 38 人，聘用人员 27 人，内设机构 9 个
73	大连市公共职业介绍中心		• 负责全市劳动力市场的规划、建设和管理；对区市县公共就业服务机构及民办职业介绍机构的业务指导和管理；为全市各类求职者提供求职登记、职业介绍、政策咨询和法律援助；负责全市劳动力的供求分析与统计、劳动力市场网络信息化建设
74	吉安市人才市场	1989	• 人事代理、流动人员人事档案管理、人才交流、人才服务、企业招聘、网络招聘和人事外包等业务工作 • 面积 2200 多平方米，设有招聘区、自助查询区、信息发布区、洽谈填表区、高级人才洽谈区、综合服务区和政策咨询区等七个区。其中，招聘区设有 130 个展位，可同时容纳招聘单位近 200 家，求职者 2000 人
75	河南省平顶山市人才交流中心		• 人才交流、学生委培
76	济南市人力资源市场		
77	厦门市人才服务中心		• 以人才交流、人事代理两大业务体系为主体，提供人才交流会、人事代理服务、人才网信息服务；人才培训、人才派遣、境外人才交流 • 每年举办交流会 200 余场，为 3 万多家次用人单位及约百万人次人才提供供需见面、双向选择交流服务
78	南京市毕业生就业指导服务中心	2018	• 承担全市公共就业管理服务工作；组织实施就业失业登记、劳动合同备案、职业介绍、职业指导、就业援助、劳动保障事务代理等工作；受理审核社保补贴等就业再就业资金申请；落实就业创业相关扶持政策；组织开展劳动力资源调查，引导农村劳动力转移就业；为全市高校毕业生就业创业提供指导服务；为全市就业困难和未就业高校毕业生提供就业援助

序号	机构名称	成立时间	主营业务与现状
79	库车县人力资源服务中心		
80	山东淄博人才市场		
81	沧州市人才服务中心		
82	广西壮族自治区梧州市人才市场		●为用人单位提供人才信息、代理招聘;为大中专毕业生提供就业信息;人事代理;人力资源开发与测评
83	温州市人才市场管理办公室		●负责对市人才市场中介组织的管理;流动人员人事代理及档案管理工作;人才引进;人才派遣与人事外包;承办大型招聘活动;收集和发布人才供求信息;职称评定
84	中国桂林旅游人才市场	2002	●为国内旅游行业发展、广西经济建设和社会发展开发配置旅游人才资源,服务旅游行业企事业用人单位和求职者职能 ●网站现拥有 1000 家的企业会员,每周提供有效职位 2000 多个;10 多万份有效个人简历,目前网站日均访问量达 2 万多人次
85	汕头人才智力市场	1996	●除人才登记、人才招聘、推荐就业等功能外,还提供人才交流调动、人才录聘用、人事代理等配套的人事服务 ●面积 2100 多平方米,三楼现场招聘大厅设有 60 个标准展位
86	贵阳市人力资源市场	2000	●招聘会展服务、人才派遣、市场化培训、猎头服务、人事外包 ●目前下设 5 个部门
87	青岛市人才市场	1999	●市场化人才配置服务、人才培训、人事代理、职称代理、人才集体户以及社会保险、企业人事和劳动事务代办等一体化人力资源服务;各类社会化考试命题、阅卷、人才素质评价和职业生涯规划服务 ●市场下设 8 个部(厅)、公司和 15 个分市场;年举办招聘会 280 余场,进场单位 4.6 万余家,应聘人员 140 万人次
88	湖南百花女性人才市场	1996	●近千平方米的交流和办公场地,硬件设施齐全,拥有一支 100 余人的高素质服务团队。市场下设现场招聘管理中心、推荐安置中心、猎头中心、教育培训中心、网络服务中心、信息中心等六个部门

序号	机构名称	成立时间	主营业务与现状
89	中国南方人才市场	1995	• 人才引进、人才交流配置、人才服务和高校毕业生就业服务的职能作用 • 中国南方人才市场人事代理中心是目前广州地区规模最大、专业经验最丰富的人事管理服务机构,能够为企业和个人提供全方位人事、劳动事务代理服务,也是广州市引进人才的窗口
90	宜宾市人力资源服务中心		• 收集、储存、发布人才供求信息,提供咨询服务及广告业务;人才推荐,代理招聘及人才派遣、租赁;人事代理服务;人才信息网络服务;智力技术交流;人才培训、人才素质测评 • 目前已累计服务 16 万人次
91	长春经济开发区人才劳务交流服务中心	1994	• 负责就业岗位开发、困难群体的就业援助、创业促就业培训及项目开发,同时负责劳动用工备案、失业人员登记与管理等业务,负责区企事业单位工作人员职业技术培训、下岗失业人员和失地农民引导性培训,举办人力资源市场集市活动及网络人才服务 • 目前设有四个职能部门;已累计服务 14 万人次
92	深圳市人才交流服务中心有限公司	1984	• 现场招聘、网络招聘、人事代理、档案管理、人才(劳务)派遣、服务外包、人才测评、人才征信、人才培训、管理咨询、高规格政府展会、流动党员管理、青年职业见习、外籍人员服务、国际劳务输出、法律咨询、出国签证、台胞服务 • 全年举办各类人才交流活动 300 多场,接待求职者 240 万人次;深圳人才网网络会员单位 10 万家,人才简历 250 多万份;中心每年为深圳引进人才提供学历、学位验证服务 12 万次,占全国总量1/5
93	马鞍山市人才交流服务中心	1984	• 人才招聘、人才引进、毕业生就业创业指导、人事代理、人才租赁与派遣、人才培训、人才评价、人事咨询以及代理社会保险等多层次、全方位的人才服务 • 目前已累计服务 15 万人次
94	银川市人才开发交流服务中心	1984	• 政策咨询、就业指导、交流招聘、人才培训、人才派遣、高级人才推荐、人事代理、档案托管、职称评审、人事外包、流动人员党团组织关系管理和集体户管理等 • 目前已累计服务 30 万人次

续表

序号	机构名称	成立时间	主营业务与现状
95	苏州市人才服务中心	1984	●现场招聘、网络招聘、毕业生就业、人才引进、档案管理、人才派遣、人事外包、人才测评、学历认证、培训、猎头服务等 ●目前已累计服务35万人次
96	天津经济技术开发区人才服务中心		
97	深圳市西部人力资源市场	2003	●人才租赁、劳务派遣、人事代理、新资本、人才猎头等产品
98	呼和浩特人才服务中心	1996	●人才培训、人才派遣、高级人才推荐、人事代理、档案托管、职称评审、人事外包
99	浙江绍兴人才市场		
100	哈尔滨市人才服务局		●向高校毕业生在内的各类人才和企事业单位,提供人事代理、职称评审、集体户口、流动党员等服务,并不定期举办公益性网络招聘会

三、2018 年全国人力资源诚信服务示范机构及经营业务情况①

序号	机构名称	成立时间	主营业务与现状
1	北京融德人才咨询服务有限责任公司	2003	●劳务派遣服务、业务外包服务、人力资源外包服务、招聘服务、培训服务、人力资源管理咨询服务
2	北京东方慧博人力资源顾问股份有限公司	2007	●人才中介服务;劳务派遣;专业承包;劳务分包;企业管理咨询;经济贸易咨询;市场调查;计算机技术培训;企业策划
3	北京市残疾人就业服务中心(北京市残疾人职业介绍服务中心)	2000	●残疾人职业介绍、职业培训、职业评估等就业服务工作

---

　　①　中华人民共和国人力资源和社会保障部, http://www.mohrss.gov.cn/Yrlzysrshbzb/jiuye/zcwj/201801/t20180109_286274.html。

续表

序号	机构名称	成立时间	主营业务与现状
4	北京市西城区人力资源公共服务中心	2015	
5	北京易才营销管理顾问有限公司	2003	● 提供商业保险、人事代理、劳务派遣、咨询与培训等
6	锐仕方达（北京）人力资源顾问有限公司	2008	● 人才供求信息的收集、整理、储存、发布和咨询服务；人才推荐、人才招聘 ● 全球 45 个城市拥有 100 多家分支机构，猎头团队 2700 多人
7	北京东方汇佳人才服务有限公司	1999	● 人事委托服务、人事外包服务、招聘外包服务、薪酬服务、招聘会、培训与咨询及信息化服务等 ● 目前已累计服务 200 余万人
8	天津市北方人力资源管理顾问有限公司	2000	● 人才派遣、人事代理、岗位外包、猎头访寻、人才甄选、管理培训等
9	天津滨海高新技术产业开发区人才交流服务中心	1993	
10	天津中天对外服务有限公司	2000	● 人才派遣和人事代理以及人力资源招聘、猎头服务、员工培训、员工个人职业生涯规划、毕业生就业指导咨询、企业劳动法律法规咨询等人力资源服务 ● 目前拥有国内外客户 700 余家
11	河北海川人力资源服务集团有限公司	2008	● 招聘服务、劳务派遣、服务外包、高端猎聘、人事代理、管理咨询等服务 ● 目前拥有员工 3 万人，客户 400 余家
12	河北诺亚人力资源开发有限公司	2011	● 人力资源开发培训、就业培训、人力资源管理咨询、劳务派遣服务；人事代理；人力资源外包服务；职业介绍 ● 目前拥有 11 家分公司；为 6000 多家单位和 170000 多个人提供高效的人力资源外包服务
13	河北冀联人力资源服务集团有限公司	2007	● 国内劳务派遣、人力资源招聘、人力资源管理咨询、人力资源信息网络服务、举办人才交流会、人力资源管理服务外包、人力资源培训、人才测评、高级人才寻访、灵活就业服务及社会保险代收代缴
14	秦皇岛市人才交流服务中心	1984	● 人才引进、人事代理、人才培训、非统招高校毕业生就业录用、人才市场招聘、人才派遣、人才素质测评、社会保险代办、人才网站建设管理和流动党员管理等

续表

序号	机构名称	成立时间	主营业务与现状
15	唐山市人才市场	2001	●个性化、全程化的猎头招聘、委托(代理)招聘服务
16	山西万保人力资源有限公司	2008	●开展就业等相关服务的政策宣传和咨询;为用人单位和劳动者提供职业供求信息的收集、登记、储存、发布和咨询等服务;为用人单位和求职者洽谈提供服务;开展创业、就业指导和就业培训;为劳动者(人才)和用人单位提供招聘服务;组织劳务输出、输入和劳务外包;开展人才和职业能力测评;高端人才访聘;根据国家和省有关规定从事互联网人力资源中介服务;劳务派遣业务;人力资源管理咨询
17	山西全联人力资源有限公司	2005	●劳务派遣;开展就业等相关服务的政策宣传和咨询;为用人单位和劳动者提供职业供求信息的收集、登记、储存、发布和咨询等服务;为用人单位和求职者洽谈提供服务;开展创业、就业指导和就业培训;为劳动者(人才)和用人单位提供招聘服务;组织劳务输出、输入和劳务外包;开展人才和职业能力测评;高端人才访聘;根据国家和我省有关规定从事互联网人力资源中介服务
18	包头市职业介绍服务中心	1990	
19	赤峰市松山区人才交流服务中心	1993	●人才交流
20	中智沈阳经济技术合作有限公司	2006	●人事代理、劳务派遣、项目外包、商务旅游服务、签证服务、培训服务、招聘服务等 ●国务院国资委的全资子公司,是人力资源行业唯一一家央企
21	上外(大连)人力资源服务有限公司	2013	●人力资源招聘、推荐、培训、测评;人事代理;高级人才寻访;人力资源供求信息的收集、整理、储存、发布和咨询服务;劳务派遣 ●服务商社近2000家,服务各类雇员4万人,年营业收入近17亿人民币
22	辽宁中企人力资源服务有限公司	2012	●国内劳务派遣(含外包服务);人力资源培训、测评,人事代理;人力资源外包服务;企业规划设计,会议服务,物业服务
23	沈阳外联人力资源服务有限公司	2011	●社保代缴、人才派遣、猎头服务 ●服务超过1000家企事业单位,提供就业服务10万人次以上

序号	机构名称	成立时间	主营业务与现状
24	吉林省彩虹人才开发咨询服务有限公司	2006	• 各类人才招聘、人才派遣、人才外包、人才培训、素质测评等业务 • 现有员工46人
25	吉林省外国企业服务有限公司	1991	• 人力资源业务流程外包、业务外包、人员派遣、人才招聘、商务咨询服务以及人力资源管理咨询等 • 近10万名员工;服务中外800余家客户
26	北京网聘有限公司哈尔滨分公司	2008	• 人才供求信息的收集、整理、储存、发布和咨询服务;人才推荐、人才招聘;人才测评;劳务派遣
27	哈尔滨报达家政有限公司	2009	• 职业介绍、中介服务;家政服务,家政职业技能培训咨询服务
28	上海东浩人力资源有限公司	1995	• 为海外企业、团体在上海及浦东设立的办事机构、外商投资企业和海外来沪的企业、团体及个人提供服务
29	北京外企德科人力资源服务上海有限公司	2005	• 人才供求信息收集、整理、储存、发布和咨询服务;人才推荐;人才招聘;人才派遣;家庭劳务服务;经济信息咨询(金融信息服务除外)、企业管理咨询;人力资源外包服务 • 服务人数超过50万名,服务客户近10000家
30	上海浦东新区人才市场	1997	• 办各类招聘会2500多场,入场人数1900多万人次
31	上海晨达人力资源股份有限公司	2002	• 人事代理、劳务派遣、培训、招聘外包、服务外包、专业外包等 • 管理外包项目员工超过3万人;服务企业客户1000余家,2015年销售额超过5.4亿人民币
32	伯乐慧智人才服务(上海)有限公司	1996	• 人才中介,商务信息咨询
33	上海临港漕河泾人才有限公司	2005	• 人才供求信息的收集、整理、储存、发布和咨询服务,人才推荐,人才招聘,人才培训,劳务派遣,会务服务,企业登记代理,保险兼业代理业务(保险公司授权代理范围),以服务外包方式从事职能管理服务和项目管理服务

序号	机构名称	成立时间	主营业务与现状
34	上海蓝海人力资源服务有限公司	2008	●人事服务、综合福利、招聘服务、服务外包、咨询服务 ●在全国拥有实控企业 80 多家;覆盖了全国 350 个县级以上地市,服务对象涵盖了 20 个行业的上万家客户
35	中智江苏经济技术合作有限公司	2004	●开展外企常驻代表机构中方雇员派遣和外商投资企业人事代理业务;人才中介;(境内)人才供求信息的收集、整理、储存、发布和咨询服务;人才推荐;人才招聘;人才派遣(兼营);职业中介
36	苏州英格玛服务外包股份有限公司	2010	●制造外包、金融外包、电商外包、O2O 外包、政务外包、人事外包、中高级人才搜寻 ●60 多家分支机构,管理团队 600 多人,外派雇员 30000 多人;累计培训及安置就业的员工超过 100 万人
37	点米网络科技股份有限公司	2005	●人事代理、外包服务、劳务派遣、薪税服务、人力资源法务 ●服务网点覆盖全国 241 个城市及地区
38	苏州市金阊人力资源有限公司	2001	●人才招聘、人才交流、人才租赁、劳务派遣、人才法规、政策、信息咨询服务
39	江苏伙伴人力资源管理咨询有限公司	2012	●人力资源中介服务;劳动事务代理;劳务派遣经营;人力资源管理咨询;人力资源软件研发及服务;人力资源业务流程设计服务;人力资源管理数据库服务;人力资源评估;人才测评;薪酬福利调查服务;人力资源管理业务流程外包
40	苏州工业园区人力资源开发有限公司	1995	●提供集市场招聘、网络招聘、猎头招聘、人才派遣、人事代理、人才培训、人才测评、人力资源指数发布、人力资源管理咨询
41	盐城人才网人力资源有限公司	2009	●网络招聘、现场招聘、人才服务、人事外包及劳务派遣 ●每年为 5000 多家企事业单位,近 8 万求职者提供人力资源服务
42	徐州市外事服务有限责任公司	1997	●人才招聘、咨询培训、社保代理、劳务派遣、业务外包、薪酬外包、财税顾问、文化事业、移民留学、签证翻译、外事服务 ●现有员工 68 人,2016 年营业额 12 亿元;服务总人数达到 3 万人

序号	机构名称	成立时间	主营业务与现状
43	无锡成功人力资源有限公司	2003	●人力资源服务,劳务派遣经营,家政服务,以承接服务外包方式从事技术开发,人力资源管理,企业管理服务产品/服务
44	常州市人力资源市场有限公司	2007	●人才供求信息的收集、整理、储存、发布和咨询服务,人才推荐,人才招聘,人才培训,劳务派遣,会务服务,企业登记代理,保险兼业代理业务(保险公司授权代理范围),以服务外包方式从事职能管理服务和项目管理服务
45	浙江中通文博服务有限公司	2011	●业务流程外包、人事服务、工程分包、招聘服务、培训服务、咨询服务 ●中通文博年营收突破 70 亿元
46	浙江杰艾人力资源股份有限公司	2004	●国内劳务合作交流,劳动和社会保障事务代理服务,国内劳务派遣,为工程项目劳务外包提供服务(除对外劳务合作),物业管理,清洁服务;人才职业信息咨询
47	浙江中智经济技术服务有限公司	2005	●收集、整理、储存和发布人才信息,开展职业介绍,开展人才信息咨询,代理记账业务,劳务派遣业务
48	浙江外企德科人力资源服务有限公司	2008	●收集、整理、储存和发布人才信息;开展职业介绍,开展人才信息咨询;劳务派遣(涉外劳务派遣除外),经济信息咨询(除证券、期货),企业管理咨询,网络及信息技术的技术开发、技术转让、技术服务;翻译服务;中国境内的人才培训
49	宁波东方人力资源服务有限公司	2002	●人才招聘、人才测评、中高级人才寻访、法务咨询、人力资源服务流程外包、人力资源项目外包、人力资源管理咨询
50	宁波市汇丰人力资源服务有限公司	1993	●劳务派遣、岗位外包、人事代理、代理招聘、法律咨询服务
51	宁波市众信人力资源服务有限公司	2005	●国内企事业单位人力资源外包、招聘、培训、管理咨询 ●有 29 家分支机构,管理团队 90 多人,外派雇员 15000 多人;累计培训及安置就业的员工超过 16 万人
52	杭州市对外经济贸易服务有限公司	1991	●开展对外劳务合作业务,向境外派遣工程、生产及服务行业的劳务人员(不含海员)

续表

序号	机构名称	成立时间	主营业务与现状
53	浙江锦阳人力资源有限公司	2005	● 为求职者介绍用人单位,为用人单位推荐求职者,收集、发布职业供求信息,开展职业指导、咨询服务,自身劳务派遣。劳动用工、劳务服务,人才信息咨询及培训服务 ● 员工总数约27万人
54	宁波市外国企业服务贸易有限公司	1987	● 人才供求信息收集、整理、储存、发布和咨询服务;人才推荐;人才委托招聘;人才测评;人才派遣;以服务外包方式从事企业职能管理服务和项目管理服务,提供外国企业驻甬机构报批、雇员、租房服务
55	安徽远创人力资源管理集团有限公司	2008	● 人力资源外包、全国社保外包、灵活用工、人事代理、政府采购、人才培训、人才测评、专业技术人员继续教育、商务旅游
56	安徽省申博人力资源管理有限公司	2005	● 劳务派遣、劳务租赁、劳务管理及服务代理;装卸服务;向境外派遣各类劳务人员(不含港澳台地区)、技术性业务流程外包服务;劳务、生产线、业务外包
57	合肥源动力经营者人才有限公司	2005	● 人才供求信息的收集、整理、储存、发布和咨询服务,人才推荐,人才招聘,人才培训,劳务派遣,会务服务,企业登记代理,保险兼业代理业务(保险公司授权代理范围),以服务外包方式从事职能管理服务和项目管理服务
58	北京外企人力资源服务安徽有限公司	2010	● 人才派遣、人事流程外包、社会保险公积金代理、员工福利外包、专项事务外包、人才猎聘、员工培训、人力资源管理咨询、会务代理、出入境事务代理等人力资源外包服务
59	福建海峡人力资源股份有限公司	2006	● 劳务派遣(不含涉外业务);人才派遣、人才租赁及相关培训;信息咨询;信息设备维护服务;人力资源管理咨询;运输代理服务
60	厦门市人才服务中心	1984	● 人才服务
61	福建省人力资源服务有限公司	2003	● 人力资源外包;人力资源和社会保障事务代理;劳务派遣(不含涉外业务);人力资源管理咨询;企业管理咨询;承揽服务外包业务;人力资源培训;职业指导;职业技能培训;职业中介服务;发布人才供求信息,提供择业指导和咨询服务

序号	机构名称	成立时间	主营业务与现状
62	江西省人力资源有限公司	2002	●人力资源管理咨询服务；人力资源供求信息的收集、整理、存储、发布和咨询服务；人力资源信息网络服务；人才推荐；人才招聘；人才培训；人才测评；劳动承包；劳务输出；职业指导与介绍；人力资源培训、招聘、外包服务
63	吉安市人才市场	1993	●人事代理、流动人员人事档案管理、人才交流、人才服务、企业招聘、网络招聘和人事外包
64	南昌市智通人力资源有限公司	2008	●招聘流程外包（RPO）、猎头、人才测评、人事代理、人事外包、劳务派遣、业务流程外包
65	山东德衡人力资源股份有限公司	2006	●人力资源管理、劳动政策的咨询、劳动事务代理，职业介绍、人力资源开发、企业用工就业指导；劳务派遣
66	中国青岛国际经济技术合作（集团）有限公司	1990	●向境外派遣各类劳务人员（含海员）；提供法律、法规和政策咨询；提供互联网人才供求信息；办理人才求职登记和人才推荐；组织人才招聘
67	山东正信人力资源集团有限公司	2011	●人才派遣，人才招聘，人事服务，业务外包，管理培训
68	山东联通人力资源服务股份有限公司	2005	●劳务派遣、业务外包、管理咨询及培训、劳动事务代理
69	烟台达能人力资源有限公司	2008	●人事外包、制造外包、高级人才寻访、劳动关系管理等 ●现拥有 7 家分子公司，管理团队 50 多人，外派雇员 5000 多人；服务客户 200 余家
70	山东铭源人力资源管理有限公司	2005	●劳务派遣、服务外包、劳务输出、劳动保障事务代理
71	山东华杰人力资源管理有限公司	2007	●人事外包、人才派遣、招聘猎头、薪酬福利、劳动法务外包、项目外包、咨询培训
72	青岛人和卓远实业有限公司	2005	●工序承揽、产品及零部件承揽加工，劳务派遣、咨询与培训、人事代理 ●现有员工 4000 余名
73	山东前程似锦人力资源有限公司	2007	●劳务派遣、劳务输出、劳务承包、服务外包、技术服务、职业介绍和人才培训、劳动保障事务代理、企业管理咨询、商务信息咨询服务、教育信息咨询服务、文化艺术交流策划服务

序号	机构名称	成立时间	主营业务与现状
74	潍坊天泽人力资源管理有限公司	2008	● 劳务派遣;提供法律、法规和政策咨询,提供互联网之外的人才供求信息,组织招聘;劳务服务、人力资源规划管理服务;劳务外包服务
75	河南省人力资源开发中心	1996	
76	河南华信企业信息服务有限公司	2005	● 职业介绍、职业指导、咨询服务;人才推荐、人才招聘
77	南阳油区众业劳务技术服务有限公司	2002	● 职业介绍,劳务派遣(输出),劳务合作,劳动人事代理,职业技能开发,就业信息与政策咨询,居民服务,社区服务
78	中智河南经济技术合作有限公司	2012	● 职业中介、职业指导、职业供求信息服务、人力资源管理咨询服务(凭有效许可证核定的经营范围及有效期限经营);劳务派遣
79	郑州鸿易人力资源有限公司	2009	● 业务外包、劳务派遣、劳务承揽、劳动保障事务代理、人力资源管理服务、劳动政策法规咨询、企业内训策划与培训,人力资源管理技能培训与职业资格认证培训业务 ● 人力资源租赁、人才派遣和人力资源业务外包服务人数 14000 余人
80	汤阴县人力资源服务中心	2008	
81	中原石油勘探局就业服务中心	2007	
82	湖北省兴鸿翔人力资源开发有限公司	2004	● 人才招聘、劳务派遣、人才派遣、劳务外包、业务外包、人力资源外包、人力资源开发培训、劳动保障事务代理、档案整理、档案数字化加工、档案修裱、档案咨询 ● 现有管理人员 107 人
83	湖北省对外服务有限公司	1994	● 招聘猎头、人事外包、劳务派遣、薪酬福利、培训、咨询、业务外包、财税外包
84	武汉华中新世纪人才股份有限公司	2003	● 人力资源招聘、人力资源培训、猎头、人力资源外包、人力资源派遣、人力资源测评、人力资源信息服务、人力资源管理咨询服务、人力资源业务外包、生产外包、项目外包 ● 现有员工 130 人;成功举办各类大中型人才交流会 1600 余场,为数百万求职者提供就业机会

序号	机构名称	成立时间	主营业务与现状
85	湖北省劳务经济开发有限公司	2002	●人才、职业供求信息收集、整理、储存、发布；为求职者介绍用人单位；为用人单位和居民家庭推荐求职者；从事互联人力资源信息服务和组织各类招聘洽谈会；人事代理服务
86	武汉方阵人力资源市场有限公司	2007	●劳务派遣、代发工资、代办退休、协调处理劳资纠纷、人事档案托管、代办职称 ●先后与全国各地2万多家用人单位建立了业务联系，其岗位需求平均每年都在10万个以上
87	长沙经济技术开发区人才交流服务中心	2004	
88	北京网聘咨询有限公司长沙分公司	2012	●人才供求信息的收集、整理、储存、发布和咨询服务；人才推荐；人才招聘；人才培训；人才测评；商务咨询
89	广州市南方人力资源评价中心有限公司	2004	●收集、整理、储存和发布人才供求信息；人才信息网络服务；人才推荐；人才招聘；人才培训；人才测评；人才择业咨询指导；人力资源开发与管理咨询
90	广东沃德人力资源咨询有限公司	2010	●人才租赁、劳务派遣、人事代理、招聘外包（RPO）、猎头、企业内训、人力资源项目咨询
91	北京外企德科人力资源服务深圳有限公司	2005	●业务流程外包（BPO）、财务外包与薪酬管理、人事委托/人事派遣、全球化派遣、人才招聘/RPO相关服务 ●目前累计服务人数15万人
92	深圳市一览网络股份有限公司	2006	●人才推荐；人才测评；人才信息网络服务；劳务派遣；以服务外包方式从事职能管理服务和项目管理服务以及人力资源服务和管理
93	广东倍智测聘网络科技股份有限公司	2011	●收集、整理、储存和发布人才供求信息；人才招聘；人才测评；人才租赁；人才推荐；人才培训 ●有11个分支机构，200多名员工；为超过6000家行业标杆及领先企业、10万家中小企业提供人力资源综合服务
94	珠海市南方人力资源服务有限公司	2004	●招聘服务、政府公益性服务、猎头服务、劳务派遣、人力资源外包、培训服务、人才数据信息服务以及人力资源管理咨询服务

续表

序号	机构名称	成立时间	主营业务与现状
95	广州市锐旗人力资源服务有限公司	2001	• 收集、整理、储存和发布人才供求信息；人才测评；人力资源开发与管理咨询；人才培训；人才租赁；人才择业咨询指导；人事代才引进；大学生就业推荐
96	广州南方人才市场	1995	• 人事代理、现场招聘会、人才租赁（派遣）、人才网站、猎头、考试测评、人才培训、毕业生就业服务、国际人才交流、管理咨询 • 现有员工800多名，下属部门和机构15个，年纳税额过亿元
97	广东羊城人力资源管理有限公司	2005	• 人才租赁（人力资源外包、劳务派遣、劳务承揽）、劳务代理、人事代理、人才培训、管理咨询
98	广西南宁人才智力交流开发中心	1994	• 人才智力资讯、信息、培训开发
99	广西嘉路人力资源顾问有限责任公司	2004	• 经营劳务派遣业务、国内劳务外包服务
100	重庆人才服务股份有限公司	2008	• 劳务派遣、人事代理、人才资源供求信息的收集、整理、储存、发布 • 固定客户单位2000多家、服务雇员5万余人
101	重庆飞驶特人力资源管理有限公司	2001	• 人力资源外包、招聘推荐、命题评价、人力资源培训、劳务派遣、福利外包和档案资料整理外包 • 目前已累计服务客户3000余家
102	重庆投促人力资源服务有限公司	2010	• 劳务派遣、人事代理、人才资源供求信息的收集、整理、储存、发布
103	重庆聚焦人才服务有限公司	2005	• 劳务派遣、人事代理、人才资源供求信息的收集、整理、储存、发布
104	重庆北部人力资源管理有限公司	2014	• 人力资源供求信息的收集、整理、储存、发布和咨询；应聘人员推荐；职业指导与咨询；人力资源招聘会；人力资源信息网络及媒体服务；人力资源培训；人力资源测评；企业人力资源研发咨询和规划设计
105	重庆市众业人力资源管理顾问有限公司	2004	• 人力资源供求信息的收集、整理、储存、发布和咨询；应聘人员推荐；职业指导与咨询；人力资源招聘会；人力资源信息网络及媒体服务；人力资源培训；人力资源测评；企业人力资源研发咨询和规划设计

序号	机构名称	成立时间	主营业务与现状
106	中智四川经济技术合作有限公司	2003	●商务服务业;科技中介服务;翻译服务;劳务外包
107	成都市人力资源管理有限公司	2004	●劳务派遣、社保缴费、劳动合同、档案管理 ●派遣员工 50000 余名
108	上海外服(四川)人力资源服务有限公司	2003	●人力资源供求信息的收集、整理、储存、发布和咨询;应聘人员推荐;职业指导与咨询;人力资源招聘会;人力资源信息网络及媒体服务;人力资源培训;人力资源测评;企业人力资源研发咨询和规划设计 ●为 2500 多家知名企业和 3.2 万多名雇员提供专业的人力资源服务
109	四川英联中才人力资源管理有限公司	2011	●人力资源服务;劳务派遣;建筑劳务分包;企业管理服务、社会经济咨询、职业技能培训
110	四川方胜人力资源服务有限公司	2007	●人力资源服务;劳务派遣;建筑劳务分包;企业管理服务、社会经济咨询、职业技能培训 ●客户达 700 余家,服务的员工人数近 20000 人
111	贵州省兴黔宏智人才大市场有限公司	2015	●猎头服务、RPO、现场招聘、网络招聘、e-HR、档案管理、人事代理、职称评审、人才(劳务)派遣
112	黔南人力资源开发有限责任公司	2008	●人才派遣;人力资源开发、输出;猎头服务;人才素质测评;职业中介;人才供求信息(收集、整理、储存、发布和咨询服务);人才招聘、推荐、人才培训;人才职业生涯设计;人才信息网络服务;人事外包服务;人事代理
113	云南高创人才服务有限公司	2007	●企业营销策划;企业管理信息咨询;劳务派遣;劳动事务保障代理;经济信息咨询;建筑劳务分包;家政服务;保洁服务
114	昆明西山人力资源服务有限公司	2002	●职业介绍、就业培训、人才交流、人事代理、劳动事务代理、劳务派遣、人力资源信息储备与推荐、人才劳务交流、劳务输出、输入,家政服务
115	北京外企人力资源服务云南有限公司	2013	●经济信息咨询;承办会议及商品展览展示活动;翻译服务;工商事务代理

续表

序号	机构名称	成立时间	主营业务与现状
116	陕西易通人力资源开发有限责任公司	2003	●信息咨询,职业介绍,职业培训,劳务输出,劳动保障事务代理,专业人员交流,人力资源开发;人力资源服务外包;人力资源代理服务;以外包形式从事项目管理;劳务外包与分包;物业管理及服务;劳务派遣
117	西安佳诚劳务派遣有限公司	2008	●劳务派遣;人力资源管理服务咨询;人才供求信息的收集、整理、储存、发布和咨询服务;人才推荐;人才招聘;人才信息网络服务;人才测评;人力资源服务外包 ●现有职工110多人,年产值4亿多元;为600余家企事业单位30000多名外派雇员提供高效服务
118	上海外服(陕西)人力资源服务有限公司	2007	●提供人才供求信息,办理人才求职登记、推荐;接受委托进行招聘人才活动;提供法律法规和政策咨询;人才培训;人才测评;人才派遣;人才租赁;人才信息网络服务;人力资源代理服务 ●为2500余家在华世界500强及国有企事业单位的近8万名员工提供高效的人力资源外包服务
119	陕西智领人力资源有限公司	2008	●人才推荐、职业介绍、劳务输出、人力资源管理咨询服务、收集和发布职业供求信息、互联网职业信息服务、人才测评、组织人力资源招聘会
120	甘肃红海人力资源有限公司	2006	●职业介绍、劳务派遣、职业指导、职业培训、劳动保障政策咨询、发布劳动力市场供求信息 ●为近40家客户单位提供人力资源管理和人力资源外包服务,服务员工5000多人
121	甘肃安博人力资源服务有限公司	2008	●职业介绍、职业指导、人力资源管理咨询服务、收集和发布职业供求信息、组织职业招聘洽谈会、根据国家有关规定从事互联网职业信息服务;人力资源供求信息的收集、储存、发布和咨询;人力资源培训、派遣、推荐、招聘
122	银川市人才交流服务中心	1984	

续表

序号	机构名称	成立时间	主营业务与现状
123	宁夏顺心人力资源服务有限公司	2011	●劳务派遣;劳务输出;职业中介服务;社会保障咨询服务;档案托管咨询服务;人力资源咨询服务及开发;企业策划;家政服务;劳动保障事务咨询服务;社会保险咨询服务;职业技术咨询服务
124	喀什地区人力资源市场	1986	
125	新疆才特好人才服务有限公司	1993	●人才供求信息的收集、整理、储存、发布和咨询服务;人才信息网络服务;人事代理;人才交流;人才推荐;人才招聘;人才培训;人才测评;人才派遣;人才外包
126	八师石河子市人力资源市场	2006	
127	工业和信息化部人才交流中心	1985	●人才培养、人才交流、国际合作、智力引进、人力资源服务、人才领域研究咨询 ●服务企业超过 10000 家,向国外派遣各种层次的技术和管理交流人员 10000 余人,引进外国技术和管理专家数千人次
128	诚通人力资源有限公司	2007	●人事管理服务和外事服务,以及人力资源外包、高级人才寻访、人力资源咨询、人才招聘、人才测评、教育培训 ●为世界 500 强企业在内的超过 3000 家中外企业提供服务,多于 7 万名员工的稳定客户群体

附录2　2017—2018 年度人力资源
服务业研究相关成果

专著类①

[1]孙建立：《中国人力资源服务业发展报告 2017》，中国人事出版社 2017 年版。

[2]彭莹莹：《人力资源管理实训教程之人力资源管理服务篇》，电子工业出版社 2017 年版。

[3]萧鸣政：《中国人力资源服务业蓝皮书 2017》，人民出版社 2018 年版。

[4]中华人民共和国人力资源和社会保障部：《2017 年度人力资源和社会保障事业发展统计公报》，人力资源和社会保障部官方网站 2013 年版。

[5]王红、徐姗姗：《人力资源第三方服务工作手册》，中国劳动社会保障出版社 2018 年版。

[6]王军、高尚等：《人力资源实务系列——劳务派遣服务操作实务手册》，化学工业出版社 2018 年版。

期刊论文类②

[1]崔艳：《我国人力资源服务产业园区发展现状、问题及对策研究》，

---

① 专著类名单根据亚马逊搜索排序选编而成，为 2017 年 8 月 1 日至 2018 年 7 月 31 日期间出版且书名包含有"人力资源服务"字样或主题高度相关的图书。搜索不全面等不当之处，恳请读者斧正。

② 中文期刊论文类名单选自中国知网，为 2017 年 8 月 1 日至 2018 年 7 月 31 日期间发表在中文核心期刊或 CSSCI 来源期刊，题目包含有"人力资源服务"字样或以人力资源服务业各业态为主题，按照第一作者姓名拼音顺序排序。搜集不全面等不当之处，恳请读者斧正。

《当代经济管理》2017 年第 10 期。

[2]曹玲:《人力资源共享服务模式与创新效率研究》,《科学管理研究》2017 年第 5 期。

[3]何勤、邹雄、李晓宇:《共享经济平台型灵活就业人员的人力资源服务创新研究——基于某劳务平台型网站的调查分析》,《中国人力资源开发》2017 年第 12 期。

[4]来有为:《新时代推动我国人力资源服务业转型升级的政策选择》,《西部论坛》2017 年第 6 期。

[5]马岩、王慧:《服务业人力资源经理胜任素质模型研究——基于双视角人力资源管理的构想》,《商业研究》2018 年第 2 期。

[6]田永坡:《"互联网+"与人力资源服务业创新发展状况:基于调查数据的研究》,《中国人力资源开发》2017 年第 8 期。

[7]朱莉莉:《新常态下京津冀人力资源市场一体化评估指标体系构建研究》,《当代经济管理》2018 年第 4 期。

硕博士论文类①

[1]曹伟晓:《人力资源服务业区域竞争力评价及竞争力提升策略研究——基于北京市样本》,博士学位论文,北京大学,2017 年。

[2]丁肇启:《区域人力资源服务业与经济社会发展关系研究》,博士学位论文,北京大学,2017 年。

[3]杨欣:《资本视角下人力资源服务行业投资策略及投资机会——以上海 YL 公司为例》,硕士学位论文,北京大学,2018 年。

其他成果:举办会议等②

[1]中国人力资源服务业管理与风控创新峰会,北京,2017 年 8 月

---

　① 　硕博士论文类名单选自学位论文数据库,为 2017—2018 学年通过答辩且所在学校为"世界一流大学建设高校",题目包含有"人力资源服务"字样或以人力资源服务业各业态为主题,按照作者姓名拼音顺序排序。搜集不全面等不当之处,恳请读者斧正。

　② 　其他类名单来自于中国知网、中国人力资源研究会官网、中国国家人才网、中国人力资源市场网等网站。搜集不全面等不当之处,恳请读者斧正。

23 日。

[2]中国领导人才论坛暨中国人力资源开发研究会测评分会年会,北京,2017 年 10 月 28 日。

[3]中国人力资源服务战略发展大会,北京,2017 年 11 月 30 日。

[4]第四届中国人力资源服务业创新大会,苏州,2017 年 12 月 3 日。

[5]亚太人力资源开发与服务博览会暨第十六届中国国际人才交流大会,深圳,2018 年 4 月 14 日。

参考文献

1.《中共中央办公厅　国务院办公厅印发〈聘任制公务员管理规定(试行)〉》,http://www.gov.cn/zhengce/2017-09/29/content_5228595.htm。

2.《中共中央办公厅、国务院办公厅印发〈国税地税征管体制改革方案〉》,http://www.xinhuanet.com/politics/2018-07/20/c_1123156533.htm。

3.《中办国办印发〈国税地税征管体制改革方案〉》,http://www.xinhuanet.com/mrdx/2018-07/21/c_137339351.htm。

4.《人社部全面实施失业保险援企稳岗"护航行动"》,http://www.mohrss.gov.cn/SYrlzyhshbzb/dongtaixinwen/buneiyaowen/201709/t20170928_278422.html。

5.《五部门联合实施高校毕业生基层成长计划》,http://www.mohrss.gov.cn/SYrlzyhshbzb/dongtaixinwen/buneiyaowen/201711/t20171123_282142.html。

6.《中共中央、国务院关于全面深化新时代教师队伍建设改革的意见》,http://www.gov.cn/zhengce/2018-01/31/content_5262659.htm。

7.《教育部负责人解读新时代教师队伍建设改革意见》,http://www.gov.cn/zhengce/2018-01/31/content_5262676.htm。

8.《李克强签署国务院令公布〈人力资源市场暂行条例〉》,http://www.gov.cn/home/2018-07/17/content_5307063.htm。

9.《人力资源社会保障部关于工伤保险待遇调整和确定机制的指导意见》,http://www.mohrss.gov.cn/gkml/zcfg/gfxwj/201708/t20170818_275938.html。

10.《国务院关于印发划转部分国有资本充实社保基金实施方案的通

知》,http://www.gov.cn/zhengce/content/2017-11/18/content_5240652.htm。

11.《人力资源社会保障部、财政部关于建立城乡居民基本养老保险待遇确定和基础养老金正常调整机制的指导意见》,http://www.mohrss.gov.cn/ncshbxs/NCSHBXSzhengcewenjian/201803/t20180329_291007.html。

12.《城乡居民养老保险跨入新时代》,http://insurance.jrj.com.cn/2018/04/02165224339242.shtml。

13.《人社部相关负责人就〈关于建立城乡居民基本养老保险待遇确定和基础养老金正常调整机制的指导意见〉答记者问》,http://www.mohrss.gov.cn/SYrlzyhshbzb/zcfg/SYzhengcejiedu/201803/t20180329_291012.html。

14.《我国居民养老保险进入机制建设轨道》,http://www.mohrss.gov.cn/wap/zc/qwjd/201804/t20180402_291433.html。

15.《国务院印发〈关于改革国有企业工资决定机制的意见〉》,http://www.gov.cn/xinwen/2018-05/25/content_5293682.htm。

16.《国有企业工资决定机制改革取得重大突破》,http://news.gmw.cn/2018-05/26/content_28979370.htm。

17.《政策"红包"扶持残疾人就业创业——中国残联联合5部门印发〈关于扶持残疾人自主就业创业的意见〉》,http://www.xinhuanet.com/gongyi/2018-02/01/c_129800853.htm。

18.《关于扶持残疾人自主就业创业的意见》,http://www.newjobs.com.cn/Details?newsId=02C6A588E713C84E。

19.《关于切实做好社会保险扶贫工作的意见》,http://www.mof.gov.cn/zhengwuxinxi/caizhengxinwen/201708/t20170810_2670326.htm。

20.《国务院办公厅关于印发保障农民工工资支付工作考核办法的通知》,http://www.gov.cn/zhengce/content/2017-12/12/content_5246271.htm。

21.《人社部、财政部联合印发〈企业年金办法〉》,http://www.gov.cn/xinwen/2017-12/22/content_5249399.htm。

22.《人力资源社会保障部关于贯彻落实〈关于提高技术工人待遇的意见〉精神的通知》,http://www.chrm.gov.cn/Content/825/2018/04/171021.html。

23.《专家解读中办国办〈关于提高技术工人待遇的意见〉》,http://

www.sohu.com/a/228374319_497872。

24.《中共中央、国务院关于实施乡村振兴战略的意见》，http://www.gov.cn/zhengce/2018-02/04/content_5263807.htm。

25.《实施乡村振兴战略全面解读（党课讲稿）》，http://www.doc88.com/p-0991773662516.html。

26.《〈关于实施乡村振兴战略的意见〉政策解读》，http://www.scio.gov.cn/34473/34515/Document/1623029/1623029.htm。

27.《深入理解乡村振兴战略的总要求》，http://paper.people.com.cn/rmrb/html/2018-02/05/nw.D110000renmrb_20180205_2-07.htm。

28.《中共中央办公厅、国务院办公厅印发〈关于分类推进人才评价机制改革的指导意见〉》，http://www.gov.cn/zhengce/2018-02/26/content_5268965.htm。

29.《人力资源社会保障部有关负责人就〈国务院关于推行终身职业技能培训制度的意见〉答记者问》，http://www.gov.cn/xinwen/2018-05/12/content_5290921.htm。

30.《提高就业质量，缓解技能人才短缺——解读〈关于推行终身职业技能培训制度的意见〉》，http://m.xinhuanet.com/2018-05/09/c_1122808837.htm。

31.《推动新时代人力资源市场建设创新发展》，http://www.mohrss.gov.cn/rlzyscs/RLZYSCSshichangdongtai/201803/t20180328_290796.html。

32.《2017年度人力资源和社会保障事业发展统计公报》，http://www.mohrss.gov.cn/ghcws/BHCSWgongzuodongtai/201805/t20180521_294290.html。

33.《人力资源社会保障部2017年贯彻落实〈法治政府建设实施纲要（2015—2020年）〉情况报告》，http://www.mohrss.gov.cn/SYrlzyshshbzb/dongtaixinwen/buneiyaowen/201803/t20180329_291030.html。

34.《人力资源服务业发展行动计划》，http://www.mohrss.gov.cn/SYrlzyshshbzb/jiuye/zcwj/renliziyuanshichang/201710/t20171011_278956.html。

35.孙建立:《中国人力资源服务业发展报告2018》，中国人事出版社2018年版。

36．《人力资源服务迎来新契机》,http://www.mohrss.gov.cr/SYrlzyhsh-bzb/dongtaixinwen/buneiyaowen/201804/t20180418_292525.html。

37．孟续铎:《"人力资源服务业+互联网"的发展方向与模式》,《工会理论研究》2017年第1期。

38．李天歌:《陕西省产业集群发展评价及对策研究》,硕士学位论文,西安理工大学,2017年。

39．岳昕:《政府人才服务机构改革与发展研究》,《辽宁省哲学社会科学获奖成果汇编》(2003—2004年度)。

40．孟昭霞、张平平:《我国政府人才服务机构的定位、问题与改革思路》,《北京教育学院学报》2012年第6期。

41．《中共中央组织部、人力资源社会保障部等五部门关于进一步加强流动人员人事档案管理服务工作的通知》,http://www.mohrss.gov.cn/gkml/xxgk/201412/t20141215_146304.htm。

42．陈力:《事业单位分类改革视角下政府人才服务机构的职能定位与分类》,《人事天地》2013年第9期。

43．陈建辉、孙一平:《人才就业公共服务管理体系建设的问题和对策》,《中共天津市委党校学报》2008年第1期。

44．高子平:《政府人才服务机构的职能定位探析》,《中国行政管理学会2008年哲学年会论文集》。

45．《深化人才发展体制机制改革,推动军民融合不断深化拓展》,http://rencai.people.com.cn/n1/2017/0922/c414452-29552390.html。

46．《微博发布2018年第一季度未经审计财报》,http://tech.sina.com.cn/i/2018-05-09/doc-ihaichqz0519812.shtml。

47．《企鹅智酷:"微信"影响力报告》,http://www.yanbao.info/archives/17271.html。

48．萧鸣政等:《中国人力资源服务业蓝皮书2017》,人民出版社2018年版。

49．《深圳经济特区人才工作条例》,深圳市第六届人民代表大会常务委员会公告第80号(2017年8月21日)。

50．《四川省就业创业促进条例》,四川省第十二届人民代表大会常务委员会公告第 93 号(2017 年 9 月 22 日)。

51.《山东省青岛西海岸新区条例》,山东省人民代表大会常务委员会公告第 226 号(2017 年 12 月 1 日)。

52.《江苏省开发区条例》,江苏省人大常委会公告第 68 号(2018 年 1 月 24 日)。

53.《辽宁省首个国家级人力资源服务产业园预计 8 月全面入驻》,http://www.ln.xinhuanet.com/gundong/2018-03/06/c_1122494274.htm。

54.《关于开展吉林省与浙江省人力资源服务业对口合作活动的通知》,吉人社函字〔2018〕57 号。

55.《四川省人力资源和社会保障厅关于印发〈四川省贯彻国务院《"十三五"促进就业规划》的实施意见〉的通知》,川人社发〔2018〕17 号。

56.《洛阳市人民政府关于做好当前和今后一段时期就业创业工作的实施意见》,洛政〔2018〕12 号。

57.《山东省发展和改革委员会关于印发〈山东省服务业创新发展行动纲要(2017—2025 年)〉的通知》,鲁发改服务〔2017〕1553 号。

58.《人力资源社会保障部关于印发人力资源服务业发展行动计划的通知》,人社部发〔2017〕74 号。

59.《人力资源市场暂行条例》,国令第 700 号。

60.《京津冀发布首个人力资源服务区域协同地方标准》,http://society.people.com.cn/n1/2018/0426/c1008-29951420.html。

61.《"2018 年京津冀人力资源服务业骨干人才培训班"在京举行》,http://www.hebei.gov.cn/hebei/11937442/10757006/11111865/14313247/index.html。

62.《全国首个城市人力资本集团在深圳成立》,http://difang.gmw.cn/sz/2018-01/25/content_27451984.htm。

63.《穗人力资源服务业年度盛典暨粤港澳大湾区人力资本论坛拉开帷幕》,http://wemedia.ifeng.com/54178373/wemedia.shtml。

64.《江苏省人力资源和社会保障厅关于开展江苏省人力资源服务业领军人才选拔培养的通知》,苏人社函〔2018〕181 号。

65.《省人力社保厅 2018 年工作计划》,http://www.zjhrss.gov.cn/

art/2018/2/2/art_1390156_15449968.html。

66．《关于印发〈杭州市加快发展人力资源服务业实施细则〉的通知》，http：//www.zjhz.lss.gov.cn/html/zcfg/zcfgk/jyyzjy/77840.html。

67．《鄞州区人力资源服务产业三年行动计划发布》，http：//gtog.ning-bo.gov.cn/art/2018/5/25/art_17_919397.html。

68．《河北省人民政府关于加快推进现代服务业创新发展的实施意见》，冀政发〔2018〕14号。

69．《山东省发展和改革委员会关于印发〈山东省服务业创新发展行动纲要（2017—2025年）〉的通知》，http：//www.sdwht.gov.cn/html/2018/whfx_0108/45766.html。

70．《关于印发服务业"一业一策"行动计划（2017—2021）的通知》，ht-tp：//www.huangdao.gov.cn/n10/n27/n31/n39/n45/180423101554764124.ht-ml。

71．《关于开展2018年湖北省人力资源服务业领军人才评选工作的通知》，鄂人社函〔2018〕149号。

72．《关于加快发展人力资源服务产业的意见》，荆政发〔2018〕7号。

73．《我区加快实施人力资源服务业行动计划》，http：//www.nx.gov.cn/zwxx_11337/zwdt/201801/t20180116_670090.html。

74．张轩：《人力资源服务业统计指标体系研究》，硕士学位论文，北京大学，2012年。

75．萧鸣政、郭丽娟、李栋：《中国人力资源服务业白皮书2013》，人民出版社2014年版。

76．章梦昱：《基于SCP范式的人力资源服务产业分析》，硕士学位论文，北京大学，2014年。

77．董小华：《人力资源服务效能评价与服务效能影响因素的实证研究——基于北京市人力资源服务业发展情况样本》，博士学位论文，北京大学，2015年。

78．吴思寒：《网络招聘服务业发展与评价指标体系研究——基于北京市样本数据的分析》，硕士学位论文，北京大学，2016年。

79．丁肇启：《区域人力资源服务业与经济社会发展关系研究》，博士学位论文,北京大学,2017 年。

80．曹伟晓:《人力资源服务业区域竞争力评价及竞争力提升策略研究——基于北京市样本》,博士学位论文,北京大学,2017 年。

81．孙林:《人力资源服务业评价指标体系的构建与实践——以北京市人力资源服务业为例》,《中国市场》2015 年第 35 期。

82．俞安平:《江苏人力资源服务业发展研究报告(2016)》,南京大学出版社 2017 年版。

83．李江帆:《第三产业的产业性质、评价依据和衡量指标》,《华南师范大学学报》1994 年第 3 期。

84．单晓娅、张冬梅:《现代服务业发展环境条件指标体系的建立及评价——以贵阳市为例》,《贵州财经学院学报》2005 年第 1 期。

85．李艳华、柳卸林、刘建兵:《现代服务业创新能力评价指标体系的构建及应用》,《技术经济》2009 年第 2 期。

86．冯华、孙蔚然:《服务业发展评价指标体系与中国各省区发展水平研究》,《东岳论丛》2010 年第 12 期。

87．魏建、张旭、姚红光:《生产性服务业综合评价指标体系的研究》,《理论探讨》2010 年第 1 期。

88．邓泽霖、胡树华、张文静:《我国现代服务业评价指标体系及实证分析》,《技术经济》2012 年第 10 期。

89．陈凯:《中国服务业增长质量的评价指标构建与测度》,《财经科学》2014 年第 7 期。

90．刁伍钧、扈文秀、张建锋:《科技服务业评价指标体系研究——以陕西省为例》,《科技管理研究》2015 年第 4 期。

91．洪国彬、游小玲:《信息含量最大的我国现代服务业发展水平评价指标体系构建及分析》,《华侨大学学报(哲学社会科学版)》2017 年第 1 期。

92．王钰、张维今、孙涛:《"一带一路"沿线区域服务业发展水平评价研究》,《中国软科学》2018 年第 5 期。

93．汪怿:《人力资源服务业支撑上海全球科技创新中心建设策略研究》,《科学发展》2017 年第 4 期。

94．来有为:《人力资源服务业发展的新特点与政策建议》,《发展研究》2010 年第 5 期。

95．董小华:《加快首都人力资源服务业产业化发展》,《中国人力资源开发》2012 年第 2 期。

96．来有为:《新时代推动我国人力资源服务业转型升级的政策选择》,《西部论坛》2017 年第 6 期。

97．王文静:《我国人力资源服务企业发展现状、存在问题及对策——基于企业问卷的调查分析》,《中国劳动》2016 年第 18 期。

98．[美]詹姆斯・A.菲茨西蒙斯:《服务管理:运营、战略和信息技术》,机械工业出版社 2000 年版。

99．[美]詹姆斯・赫斯克特、厄尔・萨塞、伦纳德・施莱辛格:《服务利润链》,华夏出版社 2001 年版。

100．何卫、夏伟怀:《快递企业竞争力分析与评价》,《铁道科学与工程学报》2017 年第 11 期。

101．韩树杰:《我国人力资源服务业的发展现状与趋势》,《中国人力资源开发》2008 年第 1 期。

102．王振、周海旺:《上海人力资源发展报告:2005—2006》,学林出版社 2006 年版。

103．余兴安:《中国人力资源发展报告 2014》,社会科学文献出版社 2014 年版。

104．《国务院关于推行终身职业技能培训制度的意见》,http://www.gov.cn/zhengce/content/2018-05/08/content_5289157.htm。

105．《国务院印发〈关于建立企业职工基本养老保险基金中央调剂制度的通知〉》,http://www.gov.cn/xinwen/2018-06/13/content_5298321.htm。

106．《促进企业职工基本养老保险制度可持续发展》,http://www.gov.cn/zhengce/2018-06/15/content_5298843.htm。

107．《新华网评:激活大国工匠"一池春水"》,http://m.xinhuanet.com/comments/2018-03/24/c_1122584575.htm。

108．《首张全国统一电子社保卡亮相! 拿手机看病,全国通用!》,http://www.sohu.com/a/229203747_118392。

责任编辑:李媛媛
封面设计:胡欣欣
责任校对:陈艳华

图书在版编目(CIP)数据

中国人力资源服务业蓝皮书.2018/萧鸣政 等 编著. —北京:人民出版社,
　2019.3
ISBN 978－7－01－020375－1

Ⅰ.①中…　Ⅱ.①萧…　Ⅲ.①人力资源-服务业-研究报告-中国-2018
　Ⅳ.①F249.23

中国版本图书馆 CIP 数据核字(2019)第 026573 号

中国人力资源服务业蓝皮书 2018

ZHONGGUO RENLI ZIYUAN FUWUYE LANPISHU 2018

萧鸣政　等　编著

人民出版社 出版发行
(100706　北京市东城区隆福寺街 99 号)

天津文林印务有限公司印刷　新华书店经销

2019 年 3 月第 1 版　2019 年 3 月北京第 1 次印刷
开本:710 毫米×1000 毫米 1/16　印张:20
字数:306 千字

ISBN 978－7－01－020375－1　定价:63.00 元

邮购地址 100706　北京市东城区隆福寺街 99 号
人民东方图书销售中心　电话 (010)65250042　65289539